법률과 일상생활

알아두면 쓸모 있는 생활 법 지식

법률과 일상생활

박한성 지음

가정 생활, 직장 생활에서 금융거래까지
일상에 꼭 필요한 법률 기본서

이혼, 재산상속, 부동산거래, 노동 환경, 고소 · 고발, 주식, 투자 등

HU:iNE

머리말

법이란 사회와 인간관계를 규율하는 사회규범이다. 이러한 법은 모든 사람과 조직의 권리 및 의무에 대한 행동 기준으로 정립하게 되고 그에 따라 행동함으로써 분쟁 발생을 방지하고 사회질서를 유지하는 기능을 하게 된다. 따라서 법치국가의 모든 국민이 다양한 사회생활을 하면서 법을 알게 되고 법에 맞추어 행동하게 되더라도 법을 자유롭게 활용하는 것은 결코 쉬운 일은 아닐 것이다. 또한 실제 사건에 대한 분쟁 발생 시 어떠한 권리구제기관을 통하여 어떠한 방법으로 해결할 수 있는지에 대하여 궁금증이 수반될 수가 있다. 사람들은 법이라는 사회규범 속에서 사회질서를 유지하면서 다양한 사회생활을 하고 있지만 법에 대한 지식이 많이 부족할 수가 있다.

이러한 점을 감안하여 『법률과 일상생활』 교재는 급변하고 있는 현대사회에서 쉽게 발생할 수 있는 다양한 법률문제를 사례를 통해 쉽게 이해할 수 있도록 구성하였다. 본서 제2편과 제3편에서는 실질적 사례를 [생각해 보기]로 구성하여 사례를 해결할 수 있는 방안을 모색하였고, 해당 사례에 대한 해결책은 [사안의 해결]을 통해 해결할 수 있도록 했다. 또한 본문에서 언급된 법조문들은 이해를 돕기 위해 각주로 표시하였다. 본서는 다양한 사회 영역에서 나타날 수 있는 문제들을 법이 어떻게 규율하는지 설명하고 있고, 이러한 내용들을 앎으로써 우리가 살아가고 있는 일상생활에 많은 도움을 줄 것으로 기대된다.

본서는 다음과 같이 구성하였다.

1. 제1편 [법학 입문]에서는 법의 본질 및 목적, 법의 연원 및 체계, 법의 효력 및 해석, 권리와 의무, 법률행위와 법률의 규정 등으로 구성하였다.

2. 제2편 [일상생활과 법]에서는 가정생활과 법, 경제생활과 법, 상인활동과 법, 직장생활과 법, 헌법과 기본권, 형사사건과 법, 분쟁해결 및 권리구제 등으로 구성하였다.

3. 제3편 [경제생활과 법]에서는 금전거래, 임대차보호법, 부동산등기제도, 금융거래, 상

품거래 및 서비스거래, 경제와 법, 손해배상책임법, 경제활동과 형법적 규제 등으로 구성하였다.

4. 제4편 [금융생활과 법]에서는 금융법 일반, 금융거래법, 금융거래 분쟁 및 구제 등으로 구성하였다.

현대사회에서 단순한 이론법학으로 머무는 것이 아닌 실생활에서 적용할 수 있고, 살아 숨쉬는 실용 법학의 중요성이 높아지고 있는 실정을 감안할 때 『법률과 일상생활』에 대한 이해와 학습의 필요성이 제기된다. 따라서 본서는 법학 전공자뿐만 아니라 교양 법학으로써 법학을 전공하지 않은 비법대생, 로스쿨 진학을 희망하시는 분, 나아가 일반인과 수능을 준비하는 수험생들도 현대사회에서 반드시 알아야 할 법률 상식을 함양하고 법적 사고를 형성하는데 좋은 교재가 될 것이다.

부족함이 많은 원고를 필자의 책으로 출판할 수 있도록 기회를 주신 한국외국어대학교 지식출판콘텐츠원 관계자 여러분 및 편집에 공을 들인 관계자님과 집필에 도움을 주신 많은 분들께 다시 한번 이 자리를 빌려 깊이 감사를 드린다. 특히 자식을 위해 평생 헌신적으로 사랑을 베풀어 주셨던 하늘에 계신 아버지와 지금도 수고해 주시는 어머니, 늘 아낌없는 응원과 격려를 해 준 아내 이은현과 사랑하는 딸 경주, 아들 기연이와 함께 출판의 기쁨을 나누고자 한다. 무엇보다 이 모든 은혜와 기쁨을 베풀어 주신 주 하나님께 모든 영광을 올려 드립니다.

2024년 정초(正初) 법학연구소에서
저자 씀

차례

제4장 권리와 의무

제5장 법률행위와 법률의 규정

제2편 일상생활과 법

제1장 가정생활과 법(1) - 부부의 관계(혼인과 이혼)

제10장 형사사건과 법(1) - 범죄와 형벌

제11장 형사사건과 법(2) - 형사사건과 절차

제12장 분쟁해결 및 권리구제 - 사법기관 및 비사법기관에 의한 분쟁해결과 권리구제

제3편 경제생활과 법

제1장 금전거래(1) - 금전소비대차계약, 금전거래 서식, 채권담보

제4편 금융생활과 법

제1장 금융법 일반(1) - 일반론

제2장 금융법 일반(2) - 금융거래의 대상 및 당사자

제3장 금융거래법(1) - 금융계약법 일반 및 금전(예금)거래와 법

제1편

법학 입문

제1장

법의 본질 및 목적(이념)

Ⅰ 법의 본질

1. 법의 개념

법학자들은 아직도 법의 개념에 관한 정의를 탐구하고 있다. 그만큼 법에 대한 정의를 설명하기 어렵다는 의미이다. 법은 인간의 공동생활에 있어서 행위의 준칙으로서 국가에 의하여 강제되는 사회규범 또는 인간의 사회생활규범의 하나로서 국가 권력을 비롯한 조직적인 사회력에 의하여 정치적으로 정립되며 강행되는 규범이다. 따라서 다음과 같이 정의될 수 있다.

(1) 법은 규범이다.

(2)법은 정치적으로 조직된 사회의 규범이다.

(3)법은 국가에 의하여 승인된 규범이다.

(4)법은 국가의 중심 권력에 의하여 강제되는 규범이다.

2. 법의 구조

(1) 행위규범

법규범은 "채무를 이행해야 한다.", "사람을 살인해서는 아니 된다."라고 금지하기도 한다. "~해야 한다.", "~하여서는 안 된다."라고 명령하거나 금지한다. 이러한 면에서 법규범은 사회생활에서 인간이 행할 바를 명령하거나 금지하는 것이므로 행위규범이라고 한다.

(2) 강제규범

먼저 명령하거나 금지하였다가 그 명령에 불복하거나 그 금지에 위반하는 때는 비로소 강제력을 발휘하는 것이다. 즉 채무불이행자에게 강제집행을, 살인한 자에 대한 형벌을 가하는 것이다.

(3) 조직규범

국가, 지방자치단체(이하 '지자체'라 함) 등의 조직 또는 제도에 관한 사항을 규정하는 규범을 말한다. 즉 조직규범은 법규범의 제정, 적용, 집행을 담당하는 기관(국회, 법원, 행정기관)의 조직과 이 조직을 구성하는 기관에 일정한 권한을 부여하는 규범이다.

3. 법과 타 규범과 관계

(1) 법과 도덕 내용상 차이

법은 사회생활규범이고, 도덕은 개인생활규범이다. 법이 규율하는 대상은 외부적 행동이고, 도덕은 내부적 심리 상태를 규율 대상으로 한다. 법의 요청은 행위의 합법성이고, 도덕의 요청은 행위의 도덕성이다. 법은 경험적, 상대적 규범이고, 도덕은 초경험적, 절대적 규범이다. 법은 문자로 표시되지만, 도덕은 형식적 표현이 없다.

(2) 법과 종교의 차이

법은 국가 권력에 의해 강행되지만, 종교는 각 개인의 신앙을 바탕으로 성립하고 존속된다. 법은 적용 범위가 모든 국민에 미치고, 종교는 신자들에게만 미친다. 법은 사회적 질서와 복리를 위해서 인간의 외부적 행위를 규율하고, 종교는 인간의 영적 행복을 위해서 인간의 내부적 양심을 규율하는 것이다. 법은 의무와 권리가 있고, 종교는 종교상 의무라는 일면성만 가진다.

(3) 법과 관습

관습이란 일정한 관행이 장기간 동안 계속 반복됨으로써 발생하는 일종의 사회규범이다. 도덕과 마찬가지로 자연 발생적, 비강제적이다. 관습법[1)]과는 차이가 있다.

1) 관습법의 성립요건은 사회의 거듭된 관행이 있어야 하고, 그 관행으로 형성된 사회생활규범이 사회의 법적 확신에 이르고, 이는 전체 법질서에 반하지 않아야 한다.

Ⅱ 법의 목적(이념)

1. 법의 목적

법은 무엇을 위해서 존재하는가, 법은 왜 있는가 하는 문제이다. 즉 법의 이념은 법의 존재 근거를 말한다.

(1) 정의

정의는 인간과 사회와의 관계에 있어서 이상적 상태로서 인간이 추구하여야 할 가치 기준이다. 정의는 바른 것이고, 바르지 않는 것은 법이 아니다.

평균적 정의란 인간은 인간으로서 동일한 가치를 가지고 있는 것을 뜻한다. 따라서 인간은 평등하게 다루어져야 한다. '같은 것은 같은 방법으로의 원칙'이다. 배분적 정의란 실질적 평등으로서 능력 있는 자에게 많은 급여를 주고, 부유한 자에게 세금을 많이 부과하는 것이다. 일반적(법률적) 정의란 사회에 있어서 개인의 권리와 상호적 존중을 규정하고 개인이 단체의 일원으로서 단체에 의무를 다하는 것을 뜻한다. 모든 사람에게 요구되는 필요한 모든 조치를 말한다.

(2) 정의의 내용

상대적 정의란 사람마다 다르고, 역사적이고 경험적인 사회의 변천에 따라 일정하지 않다는 상대적인 면이 있다. 또한 자유란 모든 외적 속박 내지 제약으로부터 해방되어 독립한다는 것을 의미한다. 평등이란 국민과 국민 사이 그 가치에 있어서 차별을 인정하지 않는 것이다. 오늘날에는 실질적 평등을 추구한다.

(3) 합목적성

법에 있어서 구체적인 정당성을 실현시킬 수 있는 두 번째 법의 이념 내지 가치가 필요하다. 그것이 바로 합목적성이다. 즉 법이 그 가치관에 구체적으로 합치되는 것을 말한다.

(4) 법적 안정성

법의 내용이 명확해야 하고, 그 내용이 자주 변경되어서는 안 되고, 법의 실행은 실제로 확실히 행해지고, 국민의 의식에 맞아야 하는 요건을 구비해야 한다.

2. 법 이념의 상호관계

라드브루흐는 법의 이념으로 정의, 합목적성, 법적 안정성은 서로 연관되면서 서로 모순된다고 보았다. 정의는 일반화 경향이 있고, 합목적성은 개별화 경향이 있다. 정의나 합목적성은 이념적이고 법적 안정성은 실질성을 지닌다. 또한 법적 안정성은 법질서의 정립이라는 법의 기능에 관한 이념인 데 반하여, 정의나 합목적성은 법의 내용에 관한 법 이념이다.

법의 연원 및 체계

I 법의 계통

1. 대륙법계

독일, 프랑스를 중심으로 하는 유럽대륙에서 생성, 발달한 법계이다. 성문법 중심으로 구성되어 이론성, 논리성이 우수하다. 성문법은 code(법전화), 체계화(헌법, 민법, 형법, 상법, 민사소송법, 형사소송법 등)되어 있는 법계이다.

2. 영미법계

영국과 미국을 중심으로 법계를 이룬다. 법질서의 조화, 일반화보다 구체적인 사실을 존중하고 개개 사건의 판례로 이루어진 판례법이 중심을 이룬다. 법전화가 안 되어 있고, 구체적 사실을 기초로 법원이 판단한 것이 판례이다. 이러한 판례가 계속 반복되어 판례법이 된다. 이는 불문법에 해당하게 된다.

II 법의 연원

1. 성문법

문서의 형식을 갖추고(법전화) 일정한 절차와 형식에 따라 권한 있는 기관(국회, 행정부, 사법부)이 제정, 공포한 법이다(제정법). 성문법이 법의 연원에서 중요한 위치를 차지한 것은 인간의 법적 사고의 발전에서 나오는 정신적이고 문화적 소산이기 때문이다. 사회생활이 복잡해지며 개인이 중시해야 하는 법규범을 명시해야 했고, 개인의 기본권 보장에 대한 정치적 요청이 늘어감에 따라 성문법이 필요해졌다. 입법자의 의사를 반영시키는 데 용이하므로 입법자가 자의에 빠지는 경향이 있고, 국민의 법적 확신과 사회적 기반을 무시하여 성문법 만능주의를 가져올 우려가 있다. 법질서의 안정, 법의 의미와 내용이 명확하지만, 입법의 기술화로 법에 대한 이해도 어렵다.

(1) 헌법(최고의 규범, 최상위 규범)

국가의 조직 및 작용에 관한 국가의 근본법으로 '규칙 중의 규칙'의 성질의 갖는 국가의 최고의 규범이다. 따라서 하위의 규범인 법률, 명령, 규칙 등은 헌법에 위반되어선 안 된다. 일반적 법률보다 그 개정은 엄격한 절차를 요한다(헌법 제128조, 제139조, 제130조).[2] 국가의 통치질서를 규범화하였으므로, 개인의 기본권과 국가의 통치 권력과의 관계(국회, 정부, 법원)를 주요 내용으로 한다.

(2) 법률

넓은 의미에서 법 일반을 의미, 좁은 의미에서 입법기관인 국회에서 제정한 성문법을 말한다. 행정부(명령, 규칙)와 사법부(규칙)에서 제정한 법규와 구별된다. 법률은 헌법에 위배되면 무효이고 법치국가에서 국민의 기본권에 관한 사항은 법률로 정한다. 입법권은 국회에서 갖는 유일한 권한이다. 따라서 국회는 입법기관이다(원칙). 법률 제정 절차는 법률안의 제출, 의결 및

---

2) [헌법 개정 절차]

> 제안 → 공고(대통령 20일 이상) → 의결(공고된 날로부터 60일 이내, 의결은 재적의원 2/3 이상 찬성) → 국민투표(국회 의결 후 30일 이내, 국회의원선거권자 과반수 투표와 투표권자 과반수 찬성) →확정(찬성을 얻은 때) → 공포(대통령 즉시 O, 20일 경과 후 X)

[헌법 제128조]
① 헌법 개정은 국회재적의원 과반수 또는 대통령의 발의로 제안된다.
② 대통령의 임기연장 또는 중임변경을 위한 헌법 개정은 그 헌법 개정 제안 당시의 대통령에 대하여는 효력이 없다.
[헌법 제129조] 제안된 헌법개정안은 대통령이 20일 이상의 기간 이를 공고하여야 한다.
[헌법 제130조]
① 국회는 헌법개정안이 공고된 날로부터 60일 이내에 의결하여야 하며, 국회의 의결은 재적의원 3분의 2 이상의 찬성을 얻어야 한다.
② 헌법개정안은 국회가 의결한 후 30일 이내에 국민투표에 붙여 국회의원선거권자 과반수의 투표와 투표자 과반수의 찬성을 얻어야 한다.
③ 헌법개정안이 제2항의 찬성을 얻은 때에는 헌법 개정은 확정되며, 대통령은 즉시 이를 공포하여야 한다.

공포의 3단계이다.[3)]

(3) 명령

국회의 의결을 거치지 않고 행정기관에 의해 제정되는 성문법이다. 국회의 의결을 요하지 않고 제정권자가 행정기관이라는 점에서 법률과 상이하다. 형식적 효력에 있어서 법률보다 하위에 있기 때문에 명령에 의하여 헌법 또는 법률을 개폐하지 못한다. 단, 법률적 효력을 가진 긴급명령은 예외가 된다.

기초 다지기

1. 명령의 종류

(1) 제정권자 기준: 대통령령, 총리령, 부령

(2) 수권의 근거 기준: 위임명령, 집행명령

(3) 법률에 대한 관계 기준[4)]: 비상명령, 긴급명령, 위임명령

2. 위임명령 : 법률이 그 범위와 기준을 정하여 명령에 위임하는 것이다.

3. 집행명령 : 법을 현실적으로 집행하기 위하여 각각 발하는 명령이다.

예) 헌법 제38조에서 "모든 국민은 법률이 정하는 바에 의하여 납세의 의무를 진다."는 규정에 의하여 국세기본법이 제정되어 있고, 이를 집행하기 위하여 대통령령으로 국세기본법 시행령이 있으며, 구체적으로 시행하기 위한 세부적인 입법으로 기획재정부령인 국세기본법 시행규칙이 있다.

---

3) [법률 제정(제출→의결→공포) 절차]

법률안(A) 제출(국회의원 또는 정부) → 국회 의결(A, 정부로 이송, 15일 이내 대통령 공포, 만약 이 기간 내에 재의나 공포 X 때 법률로 확정) → 이의 O (15일 이내 이의서 붙여 국회로 환부, 재의 요구 → 일부, 수정재의 요구 X) → 재의(재적의원 과반수 출석과 출석의원 2/3 이상 찬성으로 의결 → 법률로 확정) → 공포(지체 없이, 만약 확정된 후 또는 확정법률 이송된 후 5일 이내 대통령이 공포 X 면, 국회의장이 공포) → 공포한 날로부터 20일 경과 시 효력 발생.

[헌법 제52조] 국회의원과 정부는 법률안을 제출할 수 있다.

[헌법 제53조]

① 국회에서 의결된 법률안은 정부에 이송되어 15일 이내에 대통령이 공포한다.

② 법률안에 이의가 있을 때에는 대통령은 제1항의 기간내에 이의서를 붙여 국회로 환부하고, 그 재의를 요구할 수 있다. 국회의 폐회 중에도 또한 같다.

③ 대통령은 법률안의 일부에 대하여 또는 법률안을 수정하여 재의를 요구할 수 없다.

④ 재의의 요구가 있을 때에는 국회는 재의에 붙이고, 재적의원 과반수의 출석과 출석의원 3분의 2 이상의 찬성으로 전과 같은 의결을 하면 그 법률안은 법률로서 확정된다.

⑤ 대통령이 제1항의 기간 내에 공포나 재의의 요구를 하지 아니한 때에도 그 법률안은 법률로서 확정된다.

⑥ 대통령은 제4항과 제5항의 규정에 의하여 확정된 법률을 지체없이 공포하여야 한다. 제5항에 의하여 법률이 확정된 후 또는 제4항에 의한 확정법률이 정부에 이송된 후 5일 이내에 대통령이 공포하지 아니할 때에는 국회의장이 이를 공포한다.

⑦ 법률은 특별한 규정이 없는 한 공포한 날로부터 20일을 경과함으로써 효력을 발생한다.

4) 비상명령이란 법률의 위임에 의하거나 법률을 집행하기 위한 것이 아니고, 헌법의 직접위임에 의한 명령을 말한다. 반면 긴급명령이란 긴급한 국가위기상황에서 국가원수나 이에 준하는 권한이 있는 사람이 법에 따른 권한에 상관없이 긴급한 조치를 취할 수 있는 명령이다.

(4) 규칙

헌법은 입법부, 사법부 및 중앙선거관리위원회에 각각 규칙제정권을 부여한다. 국회는 그 자율권에 의하여 법률에 저촉되지 않는 범위 안에서 의사와 내부규율에 관한 규칙을 제정할 수 있다.[5] 대법원은 그 규칙제정권에 의하여 법률에 저촉되지 않는 범위 안에서 소송절차, 내부규율, 사무처리에 관한 규칙을 제정할 수 있다.[6] 중앙선거관리위원회는 법령의 범위 안에서 선거관리, 국민투표관리 또는 정당사무에 관한 규칙을 제정할 수 있다.[7] 헌법재판소는 법률에 저촉되지 않는 범위 안에서 심판에 관한 절차, 내부규율과 사무처리에 관한 규칙을 제정할 수 있다.[8] 행정기관의 내부 질서와 공법상 특별권력관계를 규율하기 위한 행정규칙(훈령, 지시, 예규 등)을 제정한다. 그 법적 성질이 법규명령인 것으로 국회규칙, 대법원규칙 등이 있다. 자치법규로서 규칙이 있다.

(5) 자치법규(규칙과 조례)

지방자치단체가 법령의 범위 내에서 제정한 자치에 관한 규정이다. 지방자치단체는 헌법이 보장한 자치입법권에 의해 조례와 규칙을 제정한다. 조례는 지방자치단체가 법령의 범위 내에서 그 사무에 관한 지방의회의 의결을 거쳐 제정하고, 규칙은 지방자치단체의 장이 법령 또는 조례가 위임한 범위 내에서 그 권한에 속하는 사무에 관하여 제정한 자치법규를 말한다.

(6) 조약, 국제법규

조약은 문서에 의한 국가 간의 명시적 합의이다. 조약은 대통령에 의해 체결되고, 국회의 동의를 얻어 대통령이 공포함으로써 그 효력이 발생한다. 헌법에 의해 체결, 공포된 조약과 일반적으로 승인된 국제법규는 국내법과 동일한 효력을 가진다.[9]

---

5) [헌법 제64조] ① 국회는 법률에 저촉되지 아니하는 범위 안에서 의사와 내부규율에 관한 규칙을 제정할 수 있다.

6) [헌법 제108조] 대법원은 법률에 저촉되지 아니하는 범위 안에서 소송에 관한 절차, 법원의 내부규율과 사무처리에 관한 규칙을 제정할 수 있다.

7) [헌법 제114조] ⑥ 중앙선거관리위원회는 법령의 범위 안에서 선거관리·국민투표관리 또는 정당사무에 관한 규칙을 제정할 수 있으며, 법률에 저촉되지 아니하는 범위 안에서 내부규율에 관한 규칙을 제정할 수 있다.

8) [헌법 제113조] ② 헌법재판소는 법률에 저촉되지 아니하는 범위 안에서 심판에 관한 절차, 내부규율과 사무처리에 관한 규칙을 제정할 수 있다.

9) [헌법 제6조]
① 헌법에 의하여 체결·공포된 조약과 일반적으로 승인된 국제법규는 국내법과 같은 효력을 가진다.
② 외국인은 국제법과 조약이 정하는 바에 의하여 그 지위가 보장된다.

2. 불문법

문장으로 표현된 제정법이 아니고, 실질상 관행으로 존재하는 법원이다. 불문법에는 관습법, 판례법, 조리 등이 포함되고 입법기관의 제정 절차를 거치지 않고 발생한 법이다. 판례법이란 일정한 사건을 법원에서 판단한 결론이 반복되어질 때 판례가 법으로 된다. 또한 조리란 사물의 이치, 판단, 도리이다. 변화되고 복잡한 사회에서 성문법만으로 대응한다는 것이 법의 적용에 많은 문제점과 결함이 필연적으로 나타나기 때문에 현대사회에서는 불문법의 법원성이 중요시된다.

(1) 관습법

국가의 입법기관에 의한 제정이 아니라 사회생활 속에서 관습이 반복하여 행하여져 일반인이 법적 확신 내지 인식을 가짐으로써 법적 가치를 얻는 불문 형식의 법이다. 관습은 하나의 관행으로서 특정한 사람들에게만 행해지고 있는 한 아직 사회규범의 일종이다. 관습이 지켜지지 않을 때 비난의 대상이 될 뿐이다. 예컨대 혼인신고가 없는 사실혼의 경우에도 관습법상 혼인으로서 요건을 구비해야 사실혼으로서 보호를 받는 경우이다.

관습법 근거에는 관행설, 법적 확신설, 국가승인설 등이 있다. 관습법의 성립요건으로 다음 요건 구비 후 국가의 승인을 얻음으로써 관습법으로 성립된다. ① 사실적 관습이 존재(다수인에 의하여 반복, 계속)해야 한다. ② 관습의 내용이 법규범으로서 의식을 갖는 법적 가치를 지녀야 한다. ③ 공서양속에 반하지 않아야 한다(공서양속이란 선량한 풍속 기타 사회질서에 반하지 않아야 함). ④ 관습이 법령의 규정에 의하여 인정되거나 또는 원칙적으로 법령에 규정이 없는 사항에 관한 것이어야 한다.

예컨대 관습헌법의 예는 다음과 같다. 우리나라 수도는 서울이다. 이는 헌법에 규정되어 있지 않지만 수도가 서울이라는 관행과 그 인식이 관습처럼 반복되었다. 즉 서울이 수도란 개념과 관행이 반복되었다가 법관에게 법적 확신이 생기게 되었다. 결국 관습법이 된다. 그리고 전체적 법질서에도 반하지 않아야 한다.

(2) 판례법

법원의 판례를 통해서 형성되는 불문의 규범 중 하나이다. 법원의 판결 그 자체가 판례법이 되는 것이 아니라 법원의 동일한 취지의 판결이 반복됨으로써 판례를 법원으로 인정하는 것이다. 판례의 법원성은 불문법주의에서는 법원이 되나, 성문법주의에서는 부정한다.

(3) 조리

사물의 합리적, 본질적 법치에 합치해야 한다. 이성에 의하여 사회 공동생활에 있어 본질적인 이치에 합치해야 한다.

Ⅲ 법의 체계

1. 실정법의 분류

(1) 국내법과 국제법

국내법에는 한국의 법(헌법, 각종 법률, 명령, 규칙, 조례 등이)이 해당된다. 국제법은 국가 간 협의에 따라 국가간의 권리와 의무를 규정하는 법이다. 국제법에는 국제적인 국가마다 힘의 원리가 작용하게 된다.

(2) 공법, 사법, 사회법

공법은 당사자 일방이 국가(헌법, 형법, 행정법, 민사소송법, 형사소송법)이고 사법은 당사자가 개인(사적 자치)이다. 사법에는 민법, 상법 등이 속한다. 공법과 사법의 영역을 다 갖춘 것이 사회법(제3의 법)이다. 사회법에는 노동법, 경제법 등이 속한다.

기초 다지기

1. 공법

- 당사자 일방이 국가(헌법, 형법, 행정법, 형사소송법, 민사소송법 등)가 된다.
- 헌법, 형법, 형사소송법, 민사소송법 등이 속하고, 단일 법전으로 존재한다.
- 행정법은 행정기본법, 행정절차법, 행정구제법 등으로 구성된다.
  단일 법전이 존재하지 않는다. 즉 행정법 제1조, 제2조 등은 존재하지 않는다.

2. 사법

- 사적 자치를 원칙으로 하며, 국가의 개입이 불필요하다.
- 민법, 상법 등이 대표적이고, 단일 법전으로 존재한다.

3. 사회법

- 공법과 사법의 중간 영역이다.(일정한 경우 공법적 성격과 사법적 성격을 동시에 지닌다.)
- 노동법, 경제법 등이 속한다.
  (1) 노동법 : 노동법은 근로기준법, 노사관계법(쟁의), 사회보장법 등으로 구성된다.
  단일 법전이 존재하지 않는다. 즉 노동법 제1조, 제2조 등이 존재하지 않는다.
  (2) 경제법 : 경제법은 독점규제 및 공정거래에 관한 법률(공정거래법), 소비자기본법, 방문판매법, 할부판매법, 약관규제법, 전자상거래법 등으로 구성된다.
  단일 법전이 존재하지 않는다. 즉 경제법 제1조, 제2조 등이 존재하지 않는다.

(3) 일반법과 특별법

일반법의 대표가 민법일 경우(개인과 개인 간의 법률관계), 이에 대한 특별법이 상법이 된다(상인 간의 법률관계).

(4) 실체법(재판을 받을 수 있는 근거법)과 절차법(재판을 진행하는 절차에 관한 법)

1) 실체법에는 민법과 형법이 있다.

예컨대 A(소비차주)가 B(소비대주)에게 금 3억 원을 소비대차(빌렸다)하였다. A가 변제하지 않았다(상환 또는 갚지 않았다). 결국 손해배상청구권 및 채무이행청구권이 발생하게 된다. 이러한 근거가 바로 실체법인 민법 제390조 채무불이행에 있기 때문이다.

2) 절차법에는 민사소송법과 형사소송법이 있다.

예컨대 A가 B를 살해했다. A가 살인자로 의심받는다. 이는 실체법(형법 제250조 - 사람을 살해한 자는 사형, 무기징역, 5년 이상의 징역에 처한다)에 따라 처벌 근거가 마련된다. 따라서 A가 진짜 살인을 하고 그에 대한 형벌을 받기 위해서는 형사소송법에 의한 절차에 따라 수사를 받고 공판(재판) 절차에서 판결의 선고를 받게 된다.

(5) 강행법과 임의법

강행법규는 반드시 지켜야 할 규범이고 임의법규는 반드시 지키지 않아도 되는 규범이다.

2. 불문법 분류

불문법적 분류에는 관습법, 판례법이 있다.

법의 효력 및 해석

Ⅰ 법의 효력

1. 법의 타당성과 실효성

법 자체가 실현되어야 한다는 당위성의 요구를 법의 타당성이라 한다. 법이 구속력을 가질 수 있는 법의 가치를 의미한다. 법이 사람들에 의하여 실제로 준수되는 것을 법의 실효성이라 함, 즉 법이 강제규범으로서 국가권력에 의하여 보장받아 강행되는 것이다.

2. 법 효력의 근거

법의 효력은 법 존립의 기초가 된다. 법이 효력을 갖고 실행된다는 것은 하나의 행위규범으로서 현실 사회에서 인간의 행위를 구속하게 된다. 법규범이 행위규범인 동시에 강제규범을 동시에 지닌 복합적 성격을 띠는 것은 규범적 타당성을 갖기 때문이다.

3. 법의 형식적 효력

(1) 시간적 효력

제정법의 효력은 시행일로부터 폐지일까지 계속된다. 이 기간을 법의 시행기간 또는 유효기간이라 한다. 법은 이 기간 안에 발생한 사항에 대해서만 적용되는 것이 원칙이다. 법의 폐지란 법이 구속력을 잃는 것을 뜻한다. 법률불소급원칙이란 법은 시행 기일 이전에 발생한 사항에 대해서는 적용되지 아니하고, 시행 후에 생긴 사항에 대해서만 적용됨을 원칙으로 한다.

(2) 장소적 효력

1) 속지주의

형법에는 범죄인의 국적 여하를 불문하고 자국 영토 안에서 발생한 일체의 범죄에 대하여 우리나라 법을 적용한다. 국적법에는 대한민국 국적인 자가 미국에서 아이를 출생한 경우 그 아이는 속지주의에 의하여 미국 국적을 취득한다.

2) 속인주의

범죄지 여하를 불문하고(외국에서의 행위라도) 자국민의 범죄에 대하여 우리나라 법이 적용된다. 국적법에 따라 대한민국 국적인 사람은 어느 나라에서 아이를 출생하더라도 그 아이는 우리나라 국적을 취득한다.

3) 보호주의

형법에는 범죄지 및 범죄인의 여하를 불문하고, 자국 또는 자국민의 법익을 침해하는 범죄에 대하여 우리나라 법이 적용된다.

4) 세계주의

형법상 범죄에 대한 사회방위의 국제적 연대성 견지에서 범죄인 및 범죄지 여하 불문하고 우리나라 법이 적용된다.

(3) 인적 효력

사람에 관한 효력은 법이 어떠한 사람에게 적용되는가의 문제이고, 장소 및 시간에 관한 효력이 미치는 범위 안에서는 모든 사람에게 적용된다. 법의 사람에 대한 효력은 결국 예외로서 법률의 적용을 받지 않는 사람에 관한 문제로 귀결된다.

II 법의 적용과 해석

1. 법의 적용

입법부(국회)에서 법률을 제정하고 행정부에서 법을 집행하고, 사법부에서 법률을 적용(판단)한다. 법규가 적용되는 것은 재판 과정에서 명확히 표시해야 한다.

(1) 사실확정

소전제가 되는 사실이 확정되어야 한다. 예컨대 절도 행위를 했다는 사실확정, 폭행을 했다는 사실확정이 있어야 한다.

1) 입증(증거제시)

사실확정은 증거에 따른다. 재판에서 사실의 존부에 관하여 확신을 얻게 하는 자료가 증거이다. 재판관의 사실인정의 객관성을 담보하게 된다.

2) 추정

추정이란 어떠한 사실이 명확하지 않은 경우에 그 사실의 존부를 일단 가정하고 법률효과를 발생시키는 것(일응 그럴 것이다)이다. 반증으로 추정된 사실의 번복이 가능하고 간주와 다르다. 동시 사망은 추정되고, 실종선고는 간주된다. 예컨대 비행기에 아버지(A)와 딸(B), 손녀(C)가 함께 동승하고 있다가 그 비행기가 추락했다. 뉴스에 전원 사망으로 보도가 되었고 A와 B와 C가 동시에 사망했다고 추정된다. 그런데 잔해 물건을 수집하는 중 B의 녹음기가 발견되었는데 그 녹음기 음성을 확인하는 과정에서 B가 울고 있었다. 즉 동시사망으로 추정되었던 것이 B가 우는 과정이 생김으로써(반증) 이 추정은 번복된다. 그 추정이 깨어지고 동시사망은 번복되어 순차사망이 된다.

3) 간주(의제)

간주란 사실 여하를 불문하고 법에 의하여 일정한 효과를 부여하는 것이다. 이는 법문에 "~본다.", "~간주한다."라고 표현된다. 이는 반증으로 번복되지 않는 것이 추정과 차이점이다. 예컨대 A와 B가 부부이다. A는 부재자(일정한 주소를 떠나 돌아오지 않는 자)이다. 이해관계인에 의해 실종선고를 청구하고, 실종선고 기간 만료 시에 사망한 것으로 본다(간주). 이후

A가 종래의 주소로 살아서 돌아온 경우(반증)에도, 실종선고에 의한 간주는 번복되지 않는다. 즉 재판을 통해서 번복되어야 한다.

(2) 법의 발견

만약 A의 절도 사실이 증거로 확정되면 다음에는 그 사실에다 '적용'할 법을 발견해야 한다. 법을 발견하려면 법의 의미 내용을 명확히 알아야 한다. 법의 내용을 명확히 할 필요가 있고, 이것이 법의 해석이다.

2. 법의 해석

(1) 의의

법규의 진의를 밝히고 법의 구체적 적용을 위하여 법규의 뜻을 체계적으로 이해하고, 법의 목적에 따라 규범의 의미를 명확히 하는 논리적 작업을 말한다.

(2) 해석 방법

1) 유권해석

입법 해석이란 민법 제98조에서 '물건'이라는 용어를 풀이하여 "본 법에서 물건이라 함은 유체물 및 기타 관리할 수 있는 자연력(전기)을 말한다."라고 규정하는데, 이것은 동일한 법률 중에 법의 해석규정을 두는 예이다. 사법해석이란 법원에 의하여 행해지는 법의 해석. 보통 판결형식으로 이루어진다. 행정해석이란 행정관청에서 법을 집행할 때, 상급관청이 하급관청에 대한 훈령, 지령 등을 내리면서 법을 해석하는 것이다.

2) 문리해석

법규의 문장의 의미를 밝힌 후 조문 전체 문장의 구성을 검토하여 그 의미 내용을 파악하는 해석 방법이다. 여기에는 축소해석, 확장해석, 유추해석 등이 있다. 축소해석이란 법조문 문구를 문리적으로 해석하여 법조문의 언어적 표현 자체보다 더 좁게 해석하는 경우이다. 예컨대 형법 제329조의 절도죄의 객체인 '재물'에는 부동산은 포함되지 않는다. 확장해석이란 문장의 의미를 확장하여 널리 이해하는 법의 해석의 한 방법이다. 유추해석이란 직접 규정한 법규가 없는 경우, 가장 비슷한 사항을 규정한 법규를 적용하는 방법이다. 예컨대 이 교량은 소가 지나다닐 수 있다. 그럼 소와 크기가 비슷한 말과 당나귀도 가능하다고 보면 된다는 의미이다.

3) 논리해석

논리해석이란 법규의 문자나 문장의 문법적 의미에 구애받지 않고 입법목적, 사회적 요구 등을 참작하여 또 입법자의 심리적 의사에 관계없이 법문의 논리적 추리에 의하여 행하는 법의 해석이다. 여기에는 비교해석, 물론해석, 반대해석, 목적해석, 의사해석, 보정해석 등이 있다.

제4장

권리와 의무

Ⅰ 법률관계

인간의 사회생활은 여러 가지 사회규범에 의해서 규율되어 사회질서가 유지된다. 그중 법은 인간과 인간의 사회생활관계를 규율하고 그 법규범의 실현이 국가권력에 의해 보장되는데 이와 같이 법의 규율을 받는 사회생활 측면을 법률관계라 한다.

Ⅱ 권리

권리는 권익을 향유할 수 있도록 법에 의해 주어지는 힘이고, 객관적, 추상적인 법에 대한 주관적, 구체적 표현이다.

1. 권리의 개념

법에 의한 권리, 법률상의 힘으로써 권리, 권익을 향유(권리로써 이익을 향유)할 수 있는 권리로 이해할 수 있다. 또한 권리와 구별되는 개념은 아래의 [기초 다지기]를 참조 바란다.

기초 다지기

1. **권원** : 정당화의 근거(법률상 원칙)가 된다. 예) 소유권, 임차권, 전세권

2. **권능** : 권리를 행사하고 주장할 수 있는 것이다. 예) 소유권의 사용, 수익, 처분

3. **권한** : 대통령의 권한, 법인 대표기관의 권한 등이 속한다.

4. **반사적 이익** : 반사적 효과로서 받는 간접 이익을 말한다.

2. 권리의 분류

(1) 공권

공권이란 공법관계에서 당사자의 어느 한 편이 가지는 권리를 말한다.

(2) 사권

사권이란 사법상의 권리를 말한다. 사권은 다음과 같이 분류된다.

1) 내용에 따른 분류

인격권이란 권리자 자신과 분리할 수 없는 권리(생명, 신체, 자유, 명예, 정조 등)이고, 신분권은 친족, 부부 등에 관한 권리다. 재산권은 경제적 이익을 내용(물권, 채권, 무체재산권)으로 하는 권리이다. 사원권이란 단체의 구성인이 갖는 권리로써 학습동아리, 동창회 구성원의 단체가 향유하는 권리이다.

기초 다지기

1. 물권의 성질
- 대세적 효력을 가진다.(모든 사람에게 권리를 주장할 수 있다.)
- 물권의 종류는 다음과 같다.
  (1) 본권
    1) 소유권(사용, 수익, 처분)
    2) 제한물권(권능을 제한)
      가. 사용, 수익 - 용익물권(지상권, 지역권, 전세권)
      나. 처분 - 담보물권(저당권, 질권, 유치권)
  (2) 점유권(사실상 점유 상태)

2. 채권의 성질
- 청구권을 갖는다(대인적 효력을 가진다. 즉 특정인에게만 권리를 주장할 수 있다.)
  (1) 예1: A가 B를 다치게 히야 B의 치아가 손상되었다. B는 A에게 치료비 청구권(채권)을 가지게 되고, A는 B의 치료비를 부담해야 한다.
  (2) 예2: A가 B에게 금 2억원 소비대차계약을 했다(돈을 빌려준다). A는 B에게 금 2억원을 받을 권리(채권)을 얻고, B는 채무를 부담하게 된다.

3. 무체재산권의 종류
- 저작권, 발명, 특허, 소프트웨어 개발, 상표 등의 지적재산권이 해당된다.

2) 작용에 따른 분류

지배권은 권리의 객체(물건)를 직접 배타적으로 지배하는 권리이다. 여기에는 소유권, 점유권 등이 있다. 청구권은 특정인이 다른 특정인에게 일정한 행위를 요구할 수 있는 권리를 말한다. 청구권은 주로 채권에서 발생하게 된다. 형성권은 권리자의 일방적 의사표시로 법률관계를 형성(상대방 있는 단독행위)하는 권리이다. 즉 형성권은 상대방의 의사표시를 묻지 않고 일방적 의사표시가 있으면 바로 법률효과가 발생하게 된다.

A(미성년자)와 매매계약을 B(성인)가 있다. 이들 사이의 법률행위(매매계약)는 A가 법정대리인의 동의 얻어야 유효하게 되고 만약 법정대리인이 동의가 없다면 그 법률행위는 취소할 수 있게 된다. 법정대리인 甲(아버지)은 B에게(상대방) 법정대리인의 동의 없이 미성년자(A)와 거래를 했다면서 그 계약을 취소하는 일방적 의사표시를 하면 바로 취소의 법률효과가 발생하게 된다. 이를 형성권이라 한다. 또한 항변권의 대표적인 것으로 동시이행의 항변권이 있다. 예컨대 A(매도인)가 아파트를 7억에 사고파는 매매계약을 B(매수인)와 체결하였다. 이 경우 A는 B에게 소유권(등기)을 넘겨주고, 동시에 B는 대금을 교부해야 한다. A와 B 사이의 법률관계는 동시이행관계에 놓이게 된다. 만약 A가 이행하지 않는다면 B도 이행을 거절할 수 있다. 이를 항변권이라 한다. 한편 채권자와 보증인 사이에는 또 다른 최고 및 검색의 항변권이 있다.

3) 효력 범위에 따른 분류

절대권이란 대세권(모든 사람이 주장할 수 있음)이라 하고, 상대권이란 특정인을 의무자로 하여서만 주장(대인권)하는 권리이다.

4) 이전성에 따른 분류

일신전속권이란 권리자에게만 전속되어 권리자로부터 분리할 수 없는 성질의 것이다. 신분관계가 대표적이다. 예컨대 일상가사대리권이란 A(남편)와 B(아내)가 부부이고, A가 퇴근 시 동네 마트 주인이 B의 외상값을 달라고 한 경우 A는 지불해야 한다. 반면 비전속권은 권리자로부터 분리할 수 있고 타인에게 양도 가능한 권리(재산권)를 말한다.

5) 사권의 독립성에 따른 분류

주된 권리란 다른 권리와 종속관계에 있지 않고 완전히 독립된 권리(원본채권)를 말하고, 종된 권리란 다른 권리의 효력을 담보하거나 또는 증가시키기 위하여 그 권리에 종속하는 권리(이자채권)를 말한다. 예컨대 금 2억 원 대출 시 연 2% 이자를 지급하기로 한 경우에 주된 권리는 원금(2억 원)이고 종된 권리는 연 2% 이자가 된다. 만약에 원본채권을 변제하면 종된 권리는 소멸하게 된다.

(3) 사회권(헌법에 명시)

사회권은 주로 헌법에 명시되어 있다. 사법, 공법이 아닌 혼합적 중간 영역인 사회권은 생존권적 기본권에 속하고 교육을 받을 권리, 근로의 권리, 근로 3권, 혼인 및 가족생활과 보건에 관한 권리 등이 있다.

Ⅲ 의무

자기 의사와 관계없이 일정한 작위 또는 부작위를 강제당하는 법률상의 구속이다. 의무와 구별되는 것은 책임이다. 의무가 자기의 의사와 관계없이 일정한 작위 또는 부작위를 하여야 할 법률상의 구속인 것에 비하여, 책임은 의무 위반으로 말미암아 형벌, 강제집행, 손해배상 등의 제재를 받게 되는 기초이다. 의무는 공의무와 사의무, 적극적 의무(작위 의무: 어떤 행위를 해야 하는 것)와 소극적 의무(부작위 의무: 어떤 행위를 하지 않는 것)로 분류된다.

Ⅳ 권리 및 의무의 주체와 객체

1. 권리 및 의무의 주체

권리와 의무의 주체가 될 자격을 권리능력이라 한다. 즉 권리와 의무가 귀속하는 법률관계의 주체는 자연인과 법인이다.

(1) 자연인과 법인

권리능력이란 권리와 의무의 주체가 될 수 있는 자격을 말하고 자연인은 출생 시에 법인은 설립등기를 마치면 권리능력을 향유하게 된다. 자연인은 사망 시에 법인은 청산사무 완전 종결 시에 권리능력이 소멸하게 된다.

(2) 미성년자

성인은 현행 민법상 만 19세(사법상-민법상)이상이다. 미성년자는 법률행위(계약)를 단독으로 못 하고 반드시 법정대리인의 동의가 있어야 한다.[10] 그러나 예외가 있다. 처분이 허락된 재산(용돈)[11]은 법정대리인의 동의를 요하지 않는다. 예컨대 고2(만 16~17세)학생이 편의점에서 빵과 우유를 샀다. 빵과 우유의 값은 5천 원이고, 용돈으로 받은 돈이 1만 원이었다. 이러한 1만 원은 처분이 허락된 재산에 해당하기 때문에 법정대리인의 동의를 요하지 않는다. 따라서 이러한 법률행위는 취소하지 못한다.

2. 권리와 의무 객체

권리 또는 의무의 목적으로서 지배되는 대상을 말한다. 즉 민법상 물건[12]이 여기에 해당된다.

---

10) [민법 제5조] (미성년자의 능력)
① 미성년자가 법률행위를 함에는 법정대리인의 동의를 얻어야 한다. 그러나 권리만을 얻거나 의무만을 면하는 행위는 그러하지 아니하다.
② 전항의 규정에 위반한 행위는 취소할 수 있다.

11) [민법 제6조] (처분을 허락한 재산) 법정대리인이 범위를 정하여 처분을 허락한 재산은 미성년자가 임의로 처분할 수 있다.

12) [민법 제98조] (물건의 정의) 본법에서 물건이라 함은 유체물 및 전기 기타 관리할 수 있는 자연력을 말한다.

Ⅴ 권리의 행사와 그 제한

권리자가 권리를 주장하여 권리의 내용을 실현하려는 행위로써 권리 행사의 방법, 지배권 행사, 청구권 행사, 형성권 행사, 항변권 행사 등이 있다. 또한 권리행사(사적 자치) 제한에는 신의성실 원칙, 사정변경 원칙, 실효의 원칙, 권리남용금지[13] 등이 있다.

Ⅵ 권리와 의무의 변동

1. 권리, 의무의 취득

절대적 취득(원시 취득), 상대적 취득(승계 취득) 등이 있다. 예컨대 봄날에 등산을 가다 갑자기 산토끼가 A의 가슴에 안긴다. 이러한 경우에 산토끼의 소유권은 바로 A다. 왜냐하면 무주물은 원시 취득이 되기 때문이다. 그리고 A가 소유한 아파트를 B에게 매매를 하는 경우가 승계 취득이 된다. 즉 A의 소유권이 B에게 이전되는 것을 상대적 취득(승계취득)이라 한다.

2. 권리, 의무 변경

동일성을 유지하면서 그 주체, 객체, 작용 등 형태에 관한 변경이 발생하게 된다.

13) [민법 제2조] (신의성실)
① 권리의 행사와 의무의 이행은 신의에 좇아 성실히 하여야 한다.
② 권리는 남용하지 못한다.

법률행위와 법률의 규정

I 법률행위

1. 법률행위(의사표시 필수불가결의 요소)

법률행위란 일정한 법률효과의 발생을 목적으로 하여, 한 개 또는 수개의 의사표시를 불가결의 요소(법률사실)로 하는 법률요건이다. 즉 의사표시를 필수불가결의 요소로 하고 있다. 이러한 법률행위는 의사표시의 수에 따라, 행위자 한 사람의 한 개의 의사표시만으로 성립하는 단독행위, 서로 대립되는 두 개 이상의 의사표시의 합치로써 성립하는 계약, 두 개 이상의 의사표시의 합치로써 성립하는 합동행위로 나눌 수 있다.

단독행위에는 상대방 있는 단독행위와 상대방 없는 단독행위로 구별된다. 상대방 있는 단독행위는 권리자의 일방적 의사표시로 법률효과가 발생하는 일종의 형성권이 된다. 예컨대, 취소, 해제, 추인, 해지, 상계 등이 해당된다. 상대방 없는 단독행위에는 재단법인의 설립행위, 유언 등이 있다. 계약은 매매, 교환, 증여, 소비대차, 임대차, 사용대차, 고용, 도급, 현상광고, 위임, 임치, 조합, 종신정기금, 화해, 여행계약 등이 15종의 전형계약이 있다. 합동행위에는 사단법인의 설립행위가 해당된다.

2. 행위능력

행위능력이란 단독으로 유효한 법률행위(매매계약)를 할 수 있는 능력을 말한다. 이러한 능력이 없는 자를 제한능력자라고 한다. 미성년자(만 19세에 달하지 않은 자), 피성년후견인, 피한정후견인, 피특정후견인 등이 해당된다. 이러한 제한능력자는 단독으로 유효한 법률행위를 할 수 없기 때문에 이들이 한 법률행위를 취소할 수 있게 하여 이들을 보호하고, 반면 제한능력자와 거래한 상대방은 이에 대처할 수 있도록 상대방의 확답을 촉구할 권리(민법 제15조)[14]를 인정하고 있다. 또한, 상대방에게 철회권, 거절권 등을 인정하고, 제한능력자의 속임수에 의한 취소권은 제한하고 있다.

3. 의사표시

일정한 법률효과를 발생시키려고 하는 권리 주체의 의사를 표시하는 행위로서 의사표시를 함에는 행위능력과 의사능력이 필요하다. 의사표시가 행해지는 경과를 보면, 일정한 법률효과의 발생을 의욕 하는 효과의사를 결정하고, 이러한 효과 의사를 외부에 발현하고자 하는 표시의사를 가지고, 효과 의사를 외부에 표시하는 표시행위로 이루어진다. 의사와 표시가 불일치하는 경우(비진의 의사표시, 통정허위표시, 착오)와 의사와 표시가 일치하지만 하자가 있는 경우(착오, 사기)로 나뉜다. 민법에서는 내심의 효과의사가 표시상의 효과의사와 일치 않을 경우 다음과 같이 해결하고 있다.

(1) 비진의 의사표시

표의자가 내심의 의사와 표시상의 의사가 일치하지 않음을 알면서 하는 의사표시이다. 비진의 의사표시는 원칙적으로 표시한 대로 효과가 발생하지만, 상대방이 그러한 사실을 알았거나 알 수 있었을 때에는 무효이다(민법 제107조). 이때 선의라 함은 어떠한 사정을 모르고 있음을 말하고, 악의라 함은 어떠한 사정을 알고 있다고 보면 된다.

(2) 통정 허위 표시

상대방과 통정한 허위의 의사표시는 당사자 간에는 무효이다. 다만, 선의의 제3자에 대하여는 그 무효를 주장하지 못한다(민법 제108조).

14) [민법 제15조] (제한능력자의 상대방의 확답을 촉구할 권리)
① 제한능력자의 상대방은 제한능력자가 능력자가 된 후에 그에게 1개월 이상의 기간을 정하여 그 취소할 수 있는 행위를 추인할 것인지 여부의 확답을 촉구할 수 있다. 능력자로 된 사람이 그 기간 내에 확답을 발송하지 아니하면 그 행위를 추인한 것으로 본다.
② 제한능력자가 아직 능력자가 되지 못한 경우에는 그의 법정대리인에게 제1항의 촉구를 할 수 있고, 법정대리인이 그 정하여진 기간 내에 확답을 발송하지 아니한 경우에는 그 행위를 추인한 것으로 본다.
③ 특별한 절차가 필요한 행위는 그 정하여진 기간 내에 그 절차를 밟은 확답을 발송하지 아니하면 취소한 것으로 본다.

(3) 착오

내심의 효과 의사와 표시된 내용이 일치하지 아니함을 표의자 자신이 모르고 한 의사표시이다. 착오는 법률행위의 중요한 부분에 착오가 있었을 때에는 그 의사표시를 취소할 수 있으나, 표의자에게 중대한 과실이 있는 경우에는 취소하지 못한다. 다만, 그 사정을 모르는 선의의 제3자에 대하여 그 취소의 효과를 주장하지 못한다(민법 제109조).

(4) 하자 있는 의사표시

사기(사람을 기망하여 착오에 빠지게 하는 행위) 또는 강박(공포심을 일으키게 하는 행위)에 의한 의사표시를 하는 경우이다. 사기 및 강박에 의한 의사표시는 취소할 수 있다(민법 제110조). 이러한 의사표시가 취소되더라도 그 사정을 모르는 선의의 제3자에 대하여는 취소할 수 없다.

4. 대리

(1) 의의

대리인(B)이 본인의 이름(A)으로 법률행위(임대차 또는 매매)를 C(상대방)에게 하거나 또는 의사표시를 수령함으로써 그 법률효과를 직접 본인(A)에게 발생시키는 제도이다.

(2) 종류

1) 법정대리

법정대리란 법률에 의해 대리권이 발생하고 대리인의 자격 및 대리권의 범위도 법률의 규정에 의해 정해진다. 부모, 후견인 등이 이에 속한다.

2) 임의대리

임의대리란 본인의 수권행위에 의해 대리권이 발생하고 본인의 의사에 따라 대리권의 범위가 정해진다.

3) 무권대리

무권대리는 대리권이 없는 자가 행한 대리행위이다.

4) 표현대리(외관의 법리)

민법상 표현대리에는 민법 제125조(대리권 수여 표시에 대한 표현대리)[15], 민법 제126조(권한을 넘은 표현대리)[16], 민법 제129조(대리권 소멸 후 표현대리)[17] 등이 있다.

(3) 대리효과

대리인이 대리권의 범위 내에서 한 대리행위에 의한 법률효과는 모두 직접 본인에게 귀속된다.

5. 무효와 취소

(1) 무효

법률행위가 성립한 때로부터(처음부터) 법률상 당연히 그 효력이 생기지 아니하는 것을 말한다.예컨대 비진의 의사표시에서 상대방이 악의인 경우, 통정허위표시인 경우, 반사회질서 위반[18], 폭리행위[19]에 해당할 경우이다.

(2) 취소[20]

취소권자가 취소하기 전까지 일단 법률효과가 발생하나 취소의 의사를 표시하면 처음부터 소급하여 법률효과가 소멸되는 것을 말한다. 예컨대 제한능력자의 법률행위, 중요한 부분에 착오가 있을 경우, 사기 또는 강박에 의해 의사표시를 한 경우가 해당된다.

---

15) [민법 제125조] (대리권수여의 표시에 의한 표현대리) 제삼자에 대하여 타인에게 대리권을 수여함을 표시한 자는 그 대리권의 범위내에서 행한 그 타인과 그 제삼자간의 법률행위에 대하여 책임이 있다. 그러나 제삼자가 대리권없음을 알았거나 알 수 있었을 때에는 그러하지 아니하다.

16) [민법 제126조] (권한을 넘은 표현대리) 대리인이 그 권한외의 법률행위를 한 경우에 제삼자가 그 권한이 있다고 믿을 만한 정당한 이유가 있는 때에는 본인은 그 행위에 대하여 책임이 있다.

17) [민법 제129조] (대리권소멸후의 표현대리) 대리권의 소멸은 선의의 제삼자에게 대항하지 못한다. 그러나 제삼자가 과실로 인하여 그 사실을 알지 못한 때에는 그러하지 아니하다.

18) [민법 제103조] (반사회질서의 법률행위) 선량한 풍속 기타 사회질서에 위반한 사항을 내용으로 하는 법률행위는 무효로 한다.

19) [민법 제104조] (불공정한 법률행위) 당사자의 궁박, 경솔 또는 무경험으로 인하여 현저하게 공정을 잃은 법률행위는 무효로 한다.

20) [민법 제140조] (법률행위의 취소권자) 취소할 수 있는 법률행위는 제한능력자, 착오로 인하거나 사기·강박에 의하여 의사표시를 한 자, 그의 대리인 또는 승계인만이 취소할 수 있다.[전문개정 2011. 3. 7.]

[민법 제141조] (취소의 효과) 취소된 법률행위는 처음부터 무효인 것으로 본다. 다만, 제한능력자는 그 행위로 인하여 받은 이익이 현존하는 한도에서 상환(償還)할 책임이 있다.[전문개정 2011. 3. 7.]

[민법 제142조] (취소의 상대방) 취소할 수 있는 법률행위의 상대방이 확정한 경우에는 그 취소는 그 상대방에 대한 의사표시로 하여야 한다.

기초 다지기

1. 취소
일단 법률행위가 유효하지만 취소 사유(미성년자와 거래) 발생 시에 취소권자의 취소의 의사표시로 그 법률행위 효과가 소급하여 무효로 되는 것이다.

2. 무효
처음부터 법률효과가 발생하지 않는 것이다.

6. 조건과 기한

(1) 조건

법률행위 효과의 발생 또는 소멸을 장래의 도래가 불확실한 사실의 성부에 의존시키는 법률행위의 부관이다. 정지 조건은 법률행위의 효력의 발생을 장래의 불확실한 사실에 의존시키는 조건이다(변호사 시험에 합격하면 자동차를 사주겠다). 해제 조건은 법률행위의 효력의 소멸을 장래의 불확정한 사실에 의존시키는 조건이다(변호사 시험에 합격할 때까지 돈을 지원해 주겠다).

(2) 기한

법률행위 효력의 발생하거나 변경 또는 채무의 이행을 도래할 것이 확실한 장래의 사실 발생에 의존시키는 법률행위의 부관으로 확정 기한과 불확정 기한이 있다. 확정 기한은 기한의 내용이 되는 사실이 발생하는 시기가 확정되어 있는 기한이다(오는 12월 25일에 선물을 주겠다). 불확정 기한은 기한의 내용이 되는 사실이 발생하는 시기가 확정되어 있지 않은 기한이다(내년에 첫 눈이 내리면 목도리를 사주겠다).

Ⅱ 법률의 규정

1. 기간

어느 시점으로부터 어느 시점까지의 계속된 시간의 구분을 의미한다. 일시적인 시점인 기일 및 법률행위 부관과는 다르다. 자연적 계산법(기간을 시, 분, 초로 정한 때에는 즉시로부터 기산)과 역법적 계산법(기간을 일, 주, 월 또는 년으로 정한 때에는 기간의 초일을 산입하지 않고, 그 기간이

오전 영시로부터 시작하는 때에는 산입, 만료점은 기간 말일의 종료인 오후 12시로 만료)이 있다.

2. 소멸시효

(1) 의의

특정한 사실 상태가 일정한 기간 이상 계속되는 경우 그 상태가 진실한 권리관계에 합치하는지 여부를 묻지 않고 그 사실 상태를 존중하여 그대로 권리관계를 인정하는 법률상 제도이다.

(2) 존재 이유

오랫동안 계속되어 온 일정한 사실 상태에 대한 신뢰를 보호하여 거래의 안전과 사회질서의 안정성을 위하거나 시간의 경과로 인하여 정당한 권리관계에 대한 증명의 어려움을 해결하기 위하거나 오랫동안 자신의 권리를 행사하지 않은 '권리 위에 잠자는 자'를 보호할 가치가 없기 때문이다.

(3) 소멸시효 기간

소멸시효 기간으로는 20년(채권 및 소유권 이외 재산권)[21], 10년[22], 5년(상사채권), 3년(이자, 급료 등)[23], 1년(여관, 음식점 등)[24] 등이 있다.

---

21) [민법 제162조] (채권, 재산권의 소멸시효)
① 채권은 10년간 행사하지 아니하면 소멸시효가 완성한다.
② 채권 및 소유권 이외의 재산권은 20년간 행사하지 아니하면 소멸시효가 완성한다.

22) 민법 제165조(판결 등에 의하여 확정된 채권의 소멸시효)
① 판결에 의하여 확정된 채권은 단기의 소멸시효에 해당한 것이라도 그 소멸시효는 10년으로 한다.
② 파산절차에 의하여 확정된 채권 및 재판상의 화해, 조정 기타 판결과 동일한 효력이 있는 것에 의하여 확정된 채권도 전항과 같다.
③ 전2항의 규정은 판결확정당시에 변제기가 도래하지 아니한 채권에 적용하지 아니한다.

23) [민법 제163조] (3년의 단기소멸시효) 다음 각호의 채권은 3년간 행사하지 아니하면 소멸시효가 완성한다. <개정 1997. 12. 13.>
1. 이자, 부양료, 급료, 사용료 기타 1년 이내의 기간으로 정한 금전 또는 물건의 지급을 목적으로 한 채권
2. 의사, 조산사, 간호사 및 약사의 치료, 근로 및 조제에 관한 채권
3. 도급받은 자, 기사 기타 공사의 설계 또는 감독에 종사하는 자의 공사에 관한 채권
4. 변호사, 변리사, 공증인, 공인회계사 및 법무사에 대한 직무상 보관한 서류의 반환을 청구하는 채권
5. 변호사, 변리사, 공증인, 공인회계사 및 법무사의 직무에 관한 채권
6. 생산자 및 상인이 판매한 생산물 및 상품의 대가
7. 수공업자 및 제조자의 업무에 관한 채권

(4) 소멸시효 중단 사유[25]

소멸시효 중단 사유는 청구, 압류, 가압류, 가처분, 승인 등이 있다.

III 법률행위에 의한 채권 발생 및 법률의 규정에 의한 채권 발생

1. 법률행위에 의한 채권 발생(계약에 의한 채권 발생)

법률행위에 의한 채권이 발생하는 경우에는 주로 계약에 의해 발생하게 된다. 민법상 전형계약에는 매매, 증여, 교환, 임대차, 소비대차, 사용대차, 위임, 임치, 고용, 도급, 조합, 화해, 종신 종기금, 현상광고, 여행계약 등 15종이 해당된다.

2. 법률의 규정에 의한 채권 발생

사무관리(민법 제743조), 부당이득(민법 제741조), 불법행위(민법 제750조)가 여기에 해당된다. 사무관리는 법률상의 의무 없이 타인을 위하여 그의 사무를 관리 내지 처리하는 행위를 말한다. 부당이득이란 법률상 원인 없이 타인의 재산 또는 노무에 의하여 이익을 얻고 이로 인하여 타인에게 손해를 가한 경우를 말한다. 이 경우 수익자는 타인이 입은 손실의 한도 내에서 그 이익을 반환하여야 할 의무가 있다. 여기에는 비체변제와 불법원인급여[26]가 있다.

불법행위란 고의 또는 과실에 의하여 위법하게 타인의 권리를 침해하는 행위를 말한다. 불법행위를 한 자는 피해자에게 그 행위에 의하여 생긴 손해를 배상하여야 한다. 특수한 불

---

24) [민법 제164조] (1년의 단기소멸시효) 다음 각호의 채권은 1년간 행사하지 아니하면 소멸시효가 완성한다.
1. 여관, 음식점, 대석, 오락장의 숙박료, 음식료, 대석료, 입장료, 소비물의 대가 및 체당금의 채권
2. 의복, 침구, 장구 기타 동산의 사용료의 채권
3. 노역인, 연예인의 임금 및 그에 공급한 물건의 대금채권
4. 학생 및 수업자의 교육, 의식 및 유숙에 관한 교주, 숙주, 교사의 채권

25) [민법 제168조] (소멸시효의 중단사유) 소멸시효는 다음 각호의 사유로 인하여 중단된다.
1. 청구
2. 압류 또는 가압류, 가처분
3. 승인

26) [민법 제744조] (도의관념에 적합한 비채변제) 채무없는 자가 착오로 인하여 변제한 경우에 그 변제가 도의관념에 적합한 때에는 그 반환을 청구하지 못한다.
[민법 제746조] (불법원인급여) 불법의 원인으로 인하여 재산을 급여하거나 노무를 제공한 때에는 그 이익의 반환을 청구하지 못한다. 그러나 그 불법원인이 수익자에게만 있는 때에는 그러하지 아니하다.

법행위로는 감독자 책임[27], 사용자 책임[28], 도급인의 책임[29], 공작물의 점유자 및 소유자 책임[30], 동물의 점유자 책임[31], 공동불법행위책임[32] 등이 있다.

27) [민법 제755조] (감독자의 책임)
① 다른 자에게 손해를 가한 사람이 제753조 또는 제754조에 따라 책임이 없는 경우에는 그를 감독할 법정의무가 있는 자가 그 손해를 배상할 책임이 있다. 다만, 감독의무를 게을리하지 아니한 경우에는 그러하지 아니하다.
② 감독의무자를 갈음하여 제753조 또는 제754조에 따라 책임이 없는 사람을 감독하는 자도 제1항의 책임이 있다.[전문개정 2011. 3. 7.]

28) [민법 제756조] (사용자의 배상책임)
① 타인을 사용하여 어느 사무에 종사하게 한 자는 피용자가 그 사무집행에 관하여 제삼자에게 가한 손해를 배상할 책임이 있다. 그러나 사용자가 피용자의 선임 및 그 사무감독에 상당한 주의를 한 때 또는 상당한 주의를 하여도 손해가 있을 경우에는 그러하지 아니하다.
② 사용자에 갈음하여 그 사무를 감독하는 자도 전항의 책임이 있다. 〈개정 2014. 12. 30.〉
③ 전2항의 경우에 사용자 또는 감독자는 피용자에 대하여 구상권을 행사할 수 있다.

29) [민법 제757조] (도급인의 책임) 도급인은 수급인이 그 일에 관하여 제삼자에게 가한 손해를 배상할 책임이 없다. 그러나 도급 또는 지시에 관하여 도급인에게 중대한 과실이 있는 때에는 그러하지 아니하다.

30) [민법 제758조] (공작물등의 점유자, 소유자의 책임)
① 공작물의 설치 또는 보존의 하자로 인하여 타인에게 손해를 가한 때에는 공작물점유자가 손해를 배상할 책임이 있다. 그러나 점유자가 손해의 방지에 필요한 주의를 해태하지 아니한 때에는 그 소유자가 손해를 배상할 책임이 있다.
② 전항의 규정은 수목의 재식 또는 보존에 하자있는 경우에 준용한다.
③ 전2항의 경우 점유자 또는 소유자는 그 손해의 원인에 대한 책임있는 자에 대하여 구상권을 행사할 수 있다. 〈개정 2022. 12. 13.〉

31) [민법 제759조] (동물의 점유자의 책임)
① 동물의 점유자는 그 동물이 타인에게 가한 손해를 배상할 책임이 있다. 그러나 동물의 종류와 성질에 따라 그 보관에 상당한 주의를 해태하지 아니한 때에는 그러하지 아니하다.
② 점유자에 갈음하여 동물을 보관한 자도 전항의 책임이 있다. 〈개정 2014. 12. 30.〉

32) [민법 제760조] (공동불법행위자의 책임)
① 수인이 공동의 불법행위로 타인에게 손해를 가한 때에는 연대하여 그 손해를 배상할 책임이 있다.
② 공동 아닌 수인의 행위중 어느 자의 행위가 그 손해를 가한 것인지를 알 수 없는 때에도 전항과 같다.
③ 교사자나 방조자는 공동행위자로 본다.

제2편

일상생활과 법

가정생활과 법(1)

- 부부의 관계(혼인과 이혼)

생각해 보기

Q1 A는 만 18세 남자이다. D는 만 19세 여자이다. A와 D는 혼인할 수 있는가?

Q2 B와 C는 결혼식을 올리고 혼인신고를 하지 않았다. 사실혼관계 중에 B의 불륜 사실을 확인하고 C가 사실혼관계를 유지할 의사가 없다고 판단하여 B에 대하여 재산분할청구와 손해배상청구를 할 수 있을까?

Q3 E와 F는 부부이다. F는 E의 부모로부터 욕설과 폭행을 당했다. F는 재판상 이혼을 청구할 수 있을까?

I 혼인과 가정생활에 관한 특성과 기본 원칙

1. 혼인과 가정생활에 관한 특성

혼인 당사자와 가정의 자율성을 최대한 존중한다. 개인의 존엄과 양성의 평등을 중시한다.

2. 기본 원칙

혼인과 가족생활은 개인의 존엄과 양성의 평등을 기초로 성립되고 유지되어야 한다. 국가는 이를 보장한다(헌법 제36조 제1항). 헌법재판소는 동성동본금혼제도(1997. 7. 16. 선고)[1], 호주제(2005. 2. 3. 선고)[2]에 대해 헌법불합치 결정을 내렸다. 또한 미성년 자녀의 복리를 최우선

1) 헌재 1997.7.16. 선고, 95헌가6 결정 참조.

2) 헌재 2005.2.3. 선고, 2001헌가9 결정 참조.

적으로 고려해야 한다.

Ⅱ 혼인 성립요건(법률혼) 및 그 절차

1. 성립요건

당사자 사이에 진정한 혼인 의사의 합치가 있을 것, 당사자의 연령이 혼인적령(만18세) 이상일 것, 근친혼이 아닐 것[3], 중혼(배우자가 있는 자의 혼인)이 아닐 것, 동의를 받을 것[4], 혼인신고를 할 것 등이 요구된다.

2. 절차

이러한 법률혼은 「가족관계의 등록 등에 관한 법률」이 정한 바에 따라 행정관청에 신고함으로써 효력이 발생하게 된다.

Ⅲ 사실혼

1. 사실혼

사실혼이란 혼인의 실질적 요건을 구비하였지만 혼인신고를 하지 않은 혼인을 말한다. 이러한 사실혼 배우자는 상속권이 없다. 다만, 상속인이 모두 없는 경우 특별연고자로서 상속재산에 대한 분여권을 가질 수 있다. 사실혼 배우자 사이에 출생한 자녀는 혼인외의 자녀가 된다.

---

3) 혈족(혈연을 통한 친족) 사이의 혼인(8촌 이내), 인척(혼인을 통한 친족)이거나 인척이었던 자 사이의 혼인, 6촌 이내의 혈족의 배우자(형수, 며느리, 의붓아버지 등), 배우자의 6촌 이내의 혈족(시동생, 처제 등), 배우자의 4촌 이내의 혈족의 배우자(시누이의 남편, 처남의 부인 등) , 6촌 이내의 양부모계의 혈족이었던 자와 4촌 이내의 양부모계의 인척이었던 자 사이의 혼인 등이 아닐 것.

4) 미성년자(만19세 미만자)는 부모나 미성년후견인의 동의를 받을 것, 피성년후견인(만19세 이상자 중 질병, 장애, 노령 그밖의 사유로 인한 정신적 제약으로 사무를 처리할 능력이 지속적으로 결여된 사람)은 부모나 성년후견인의 동의를 받을 것.

2. 사실혼 배우자에게 인정되는 권리

사실혼의 배우자는 교통사고나 불법행위의 피해 유족으로서 손해배상청구권과 재산분할청구권, 사실혼관계 파탄으로 인한 손해배상청구권, 「국민연금법」과 「공무원연금법」 및 「산업재해보상보험법」에 따른 유족급여 수급권을 가진다.

Ⅳ 혼인의 신분적 효력

1. 일반적 효력

혼인에 따른 신분적 효력으로 배우자의 지위가 발생, 배우자의 혈족, 배우자의 혈족의 배우자와 인척관계가 발생, 상대방 배우자에 대하여 동거, 부양, 협조, 성적 순결의 의무가 발생한다. 한편 헌법재판소의 간통죄에 대한 위헌결정(2015. 2. 26. 선고)[5)]으로 간통죄 폐지(2016.1.6.)에 따라 배우자에 대한 성적 성실(정조) 의무는 발생·유지되어야 하지만, 일방이 위반 시 손해배상의무가 발생하게 된다.

2. 일상가사대리권 및 성년의제

부부는 일상의 가사에 관하여 서로 대리권이 있다. 미성년자가 혼인을 한 때에는 「민법」상 성년자로 본다(성년의제). 부부는 미성년자인 자녀에 대한 친권과 양육권을 공동으로 행사한다.

Ⅴ 혼인의 재산적 효력

1. 일반적 효력

혼인에 따른 재산적 효력으로 혼인 당사자가 혼인 성립 전에 부부의 재산관계에 관하여 체결한 약정(부부재산계약)의 효력이 발생한다. 부부재산계약은 혼인 중 변경하지 못하는 것이 원칙이다. 다만 정당한 사유가 있는 때에는 법원의 허가를 얻어 변경이 가능하다. 부부

---

5) 헌재 2015. 2. 26. 선고, 2009헌바17 결정 참조.

가 그 재산에 관하여 따로 약정을 하고 그 약정이 제3자에게 효력을 미치려면 혼인 성립까지 등기를 해야 한다. 부부재산계약이 없는 부부는 「민법」이 정한 법정부부재산제도(부부별산제)를 적용받는다.

2. 기타의 효력

부부의 일방이 혼인 전부터 가진 고유재산과 상속 등으로 혼인 중 자기의 명의로 취득한 재산은 그 특유재산으로 한다. 부부는 그 특유재산을 각자 관리, 사용, 수익한다. 부부가 공동으로 또는 협력하여 취득한 재산이더라도 배우자 일방의 명의로 등기한 재산은 명의자의 재산으로 추정한다. 부부의 누구에게 속한 것인지 분명하지 아니한 재산은 부부의 공유로 추정한다.

부부의 일방이 일상의 가사에 관하여 제3자와 법률행위를 한 경우 다른 일방은 일상가사연대채무를 부담한다. 제3자에 대하여 다른 일방의 책임 없음을 명시한 때에는 예외로 한다. 부부의 공동생활에 필요한 비용은 당사자 간에 특별한 약정이 없으면 부부가 공동으로 부담한다.

Ⅵ 협의이혼 성립요건 및 그 절차

1. 성립요건

협의이혼이 성립하기 위해서는 부부 사이에 진정한 이혼 의사의 합치가 있을 것, 부부가 가정법원에 협의이혼의사확인신청서를 제출하고 가정법원의 이혼에 관한 안내를 받을 것[6], 이혼숙려 기간을 가질 것[7], 미성년 자녀가 있는 경우 양육과 친권자 결정에 관한 협의서 또는 가정법원의 심판정본을 제출할 것, 부부가 등록기준지 또는 주소지를 관할하는 가정법원에 출석하여 판사의 협의이혼의사확인을 받을 것, 협의이혼 신고를 할 것 등이다.

6) 부부 중 양쪽 또는 한쪽이 이혼의사확인신청을 한 다음 날부터 3개월 안에 이혼에 관한 안내를 받지 아니한 때에는 확인신청을 취하한 것으로 본다.

7) 미성년 자녀가 있거나 임신 중인 경우에는 3개월, 그 외의 경우에는 1개월, 특히 가정폭력으로 인하여 당사자 일방에게 참을 수 없는 고통이 예상되는 등 이혼을 하여야 할 급박한 사정이 있는 경우에는 기간의 단축 또는 면제가 가능하다.

2. 절차

가정법원으로부터 확인서등본을 교부 또는 송달받은 날부터 3개월 이내에 그 등본을 첨부하여 행정관청(자신의 등록기준지, 주소지 또는 현재지 시·읍·면의 장)에게 신고하여야 한다. 이 기간이 경과한 때에는 그 가정법원의 확인은 효력을 상실하게 되는 점을 반드시 확인해야 한다. 이혼의사의 확인을 받은 당사자 일방은 다른 일방의 이혼신고가 접수되기 전에는 이혼의사확인서등본을 첨부한 이혼의사철회서를 제출할 수 있다.

Ⅶ 재판상 이혼 성립요건 및 그 절차

1. 재판상 이혼 사유

재판상 이혼의 사유는 「민법」 제840조[8]에서 정한 재판 이혼의 사유가 있어야 한다. 즉 배우자에게 부정한 행위가 있었을 때, 배우자가 악의로 다른 일방을 유기한 때, 배우자 또는 그 직계존속으로부터 심히 부당한 대우를 받았을 때, 자기의 직계존속이 배우자로부터 심히 부당한 대우를 받았을 때, 배우자의 생사가 3년 이상 분명하지 아니한 때, 기타 혼인을 계속하기 어려운 중대한 사유가 있을 때 등이다.

2. 절차

재판상 이혼 사유에 어느 하나에 해당되면 조정(調停)의 절차를 먼저 거쳐야 한다(조정전치주의). 법원은 유책주의에 의하여 혼인파탄에 책임이 있는 배우자의 조정 청구는 원칙적으로 불허용하고 있다. 판사의 이혼선고가 있으면 재판상 이혼은 이혼의 효력이 발생한다. 이혼신고는 이혼의 효력 발생요건이 아니라 보고의 성격을 가지는 절차이다.

---

8) [민법 제840조] (재판상 이혼원인) 부부의 일방은 다음 각호의 사유가 있는 경우에는 가정법원에 이혼을 청구할 수 있다. 〈개정 1990. 1. 13.〉
1. 배우자에 부정한 행위가 있었을 때
2. 배우자가 악의로 다른 일방을 유기한 때
3. 배우자 또는 그 직계존속으로부터 심히 부당한 대우를 받았을 때
4. 자기의 직계존속이 배우자로부터 심히 부당한 대우를 받았을 때
5. 배우자의 생사가 3년 이상 분명하지 아니한 때
6. 기타 혼인을 계속하기 어려운 중대한 사유가 있을 때

Ⅷ 이혼에 따른 신분적 효력

1. 일반적 효력

이혼의 효과가 발생하게 되면 혼인으로 발생한 배우자의 지위, 인척관계, 부부의 동거·부양·협조·성적 순결에 관한 의무, 일상가사대리권이 소멸된다.

2. 기타의 효력

미성년자의 혼인으로 발생한 성년의제의 효력은 유지된다. 이는 사법상 관계에서만 효력이 있다. 공법상 관계에서는 여전히 미성년자이다. 또한 미성년 자녀의 친권자와 양육자가 부부의 협의 또는 가정법원의 직권으로 지정된다. 이혼으로 자녀를 직접 양육하지 않는 부모 한쪽과 자녀 사이에 상호 면접교섭권이 생긴다.

Ⅸ 이혼에 따른 재산적 효력

1. 일반적 효력

이혼에 의한 재산적 효력으로 우선 일상가사연대채무가 소멸한다.

2. 재산분할청구권 및 위자료청구권

이혼한 부부의 일방은 혼인 파탄의 책임 유무와 관계없이 상대방 배우자에 대하여 재산분할을 청구할 수 있다. 이 권리는 이혼한 날부터 2년을 경과한 때에는 소멸한다. 혼인 파탄의 책임이 없는 배우자는 유책 배우자에게 이혼한 날로부터 3년 이내에 위자료 청구권(혼인 파탄의 불법행위로 인한 정신적·물질적 손해배상청구권)을 가진다.

사안의 해결

Q1 A는 만 18세 남자이다. D는 만 19세 여자이다. A와 D는 혼인할 수 있는가?

A1 혼인 적령기는 남녀 모두 만 18세 이상이다. A와 D는 혼인 적령기이나, A는 미성년자이므로 법정대리인의 동의를 얻어 혼인을 할 수 있다. 이러한 경우 A는 성년의제가 된다. 이혼으로 부부관계가 해소되더라도 사법상 A는 성년이 된다. A와 D는 혼인할 수 있다.

Q2 B와 C는 결혼식을 올리고 혼인신고를 하지 않았다. 사실혼관계 중에 B의 불륜 사실을 확인하고 C가 사실혼관계를 유지할 의사가 없다고 판단하여 B에 대하여 재산분할청구와 손해배상 청구를 할 수 있을까?

A2 사실혼 배우자도 교통사고나 불법행위 피해 유족으로서 손해배상청구권, 재산분할청구권, 사실혼 파탄으로 인한 손해배상청구권 등을 행사할 수 있다. 나아가 국민연금법, 공무원연금법, 산업재해보상보험범 등에 따라 유족급여 수급권도 지닌다.

Q3 E와 F는 부부이다. F는 E의 부모로부터 욕설과 폭행을 당했다. F는 재판상 이혼을 청구할 수 있을까?

A3 민법 제840조 재판상 이혼 사유에 해당하게 된다. 배우자 또는 그 직계존속으로부터 심히 부당한 대우를 받았을 때에 해당되어, F는 재판상 이혼을 청구할 수 있게 된다. 당연히 협의이혼도 가능하다.

가정생활과 법(2)

- 부모와 자녀의 관계(양자, 친양자, 자녀의 본과 성)

생각해 보기

Q1 남편 A는 아내 B와 혼인하기 전 동거녀인 C와의 사이에서 아들 D를 낳았다. A가 D를 자신의 자로 인정하려면 어떻게 해야 하는가?

Q2 재혼 남편인 E와 아내 F는 F의 전남편 H 사이에 낳은 15세 딸 J를 친양자로 입양하려고 한다. 어떠한 요건이 필요한가?

Q3 남편 X와 아내 Y 사이에 친생자 Z의 성과 본은 누구의 것을 따라야 하는가?

I 친생자

1. 친생자

친생자란 부부가 혼인의 실질적 요건을 갖추고 혼인신고를 하여 법률혼이 성립된 후 출생한 자녀를 말한다. 친생자 추정되는 경우는 아내가 혼인 중에 임신한 자녀는 남편의 자녀로 추정되고, 혼인이 성립한 날부터 200일 후, 혼인관계가 종료된 날부터 300일 이내에 출생한 자녀는 혼인 중에 임신한 것으로 추정한다.[9)]

9) [민법 제844조] (남편의 친생자의 추정)
① 아내가 혼인 중에 임신한 자녀는 남편의 자녀로 추정한다.
② 혼인이 성립한 날부터 200일 후에 출생한 자녀는 혼인 중에 임신한 것으로 추정한다.
③ 혼인관계가 종료된 날부터 300일 이내에 출생한 자녀는 혼인 중에 임신한 것으로 추정한다.
[전문개정 2017. 10. 31.][2017. 10. 31. 법률 제14965호에 의하여 2015. 4. 30. 헌법재판소에서 헌법불합치 결정된 이 조를 개정함.]

2. 친생자 추정의 부인

친생자 추정을 부인하려면 남편 또는 아내가 다른 일방 또는 자녀를 상대로 하여 그 사유 있음을 안 날로부터 2년 이내에 친생부인의 소를 제기해야 한다.[10] 어머니 또는 어머니의 전남편은 혼인관계가 종료된 날부터 300일 이내에 출생한 자녀에 대하여 가정법원에 친생부인의 허가를 청구할 수 있다. 다만, 혼인 중의 자녀로 출생신고가 된 경우에는 그러하지 아니하다. 가정법원은 혈액 채취에 의한 혈액형 검사, 유전인자의 검사 등 과학적 방법에 따른 검사 결과 또는 장기간의 별거 등 그 밖의 사정을 고려하여 허가 여부를 정한다.

3. 헌법재판소의 입장

헌법재판소는 "혼인관계 종료의 날로부터 300일 내에 출생한 자녀는 혼인 중에 포태한 것으로 추정한다."는 조항에 대하여 헌법불합치 결정을 내렸다.[11] 이에 따라 2017.10.31. 개정된 「민법」은 그 조항을 폐지하지 않고 유지하는 한편, 제854조의2(친생부인의 허가 청구)[12]와 제855조의2(인지의 허가 청구)[13]를 신설하였다.

---

10) [민법 제847조] (친생부인의 소) ①친생부인(親生否認)의 소(訴)는 부(夫) 또는 처(妻)가 다른 일방 또는 자(子)를 상대로 하여 그 사유가 있음을 안 날부터 2년내에 이를 제기하여야 한다.

11) 헌재 2015. 4. 30. 선고, 2013헌마623 결정 참조.

12) [민법 제854조의2] (친생부인의 허가 청구)
① 어머니 또는 어머니의 전(前) 남편은 제844조 제3항의 경우에 가정법원에 친생부인의 허가를 청구할 수 있다. 다만, 혼인 중의 자녀로 출생신고가 된 경우에는 그러하지 아니하다.
② 제1항의 청구가 있는 경우에 가정법원은 혈액채취에 의한 혈액형 검사, 유전인자의 검사 등 과학적 방법에 따른 검사결과 또는 장기간의 별거 등 그 밖의 사정을 고려하여 허가 여부를 정한다.
③ 제1항 및 제2항에 따른 허가를 받은 경우에는 제844조 제1항 및 제3항의 추정이 미치지 아니한다.
[본조신설 2017. 10. 31.]

13) [민법 제855조의2] (인지의 허가 청구)
① 생부(生父)는 제844조 제3항의 경우에 가정법원에 인지의 허가를 청구할 수 있다. 다만, 혼인 중의 자녀로 출생신고가 된 경우에는 그러하지 아니하다.
② 제1항의 청구가 있는 경우에 가정법원은 혈액채취에 의한 혈액형 검사, 유전인자의 검사 등 과학적 방법에 따른 검사결과 또는 장기간의 별거 등 그 밖의 사정을 고려하여 허가 여부를 정한다.
③ 제1항 및 제2항에 따라 허가를 받은 생부가 「가족관계의 등록 등에 관한 법률」 제57조 제1항에 따른 신고를 하는 경우에는 제844조 제1항 및 제3항의 추정이 미치지 아니한다.
[본조신설 2017. 10. 31.]

Ⅱ 혼인외의 자

1. 혼인외의 자

혼인외의 자란 부모의 법률혼 중에 출생하지 않은 자녀[14], 부모의 사실혼에서 출생한 자녀를 포함한다.

2 인지[15] 및 인지청구의 소[16]

인지는 혼인외의 자에 대하여 생부 또는 생모가 행정관청에서 자기의 자녀라고 인정하고 신고함으로써 법률상 친자관계를 발생시키는 행위이다. 생부가 인지하면 출생한 날부터 생부와 친자관계가 성립된다.[17] 생부가 생존하는 중에는 혼인외의 자 또는 생모는 언제든지 인지청구의 소를 제기할 수 있다.

Ⅲ 일반 입양[18]

입양(入養)이란 혈연관계가 없는 사람들인 양부모와 양자를 친자관계로 맺어 주는 행위이다. 양자가 될 사람은 부모의 입양 동의를 얻어 입양승낙을 한다. 미성년자를 입양하려면 가정법원의 허가를 받아야 한다. 양자는 입양신고한 날부터 양부모의 친생자가 되지만, 양

14) 부모의 혼인이 무효인 때 즉, 8촌 이내 혈족 사이의 혼인, 직계인척관계 사이의 혼인, 양부모와 양자 사이의 혼인 등이 해당된다.

15) [민법 제855조] (인지)
① 혼인외의 출생자는 그 생부나 생모가 이를 인지할 수 있다. 부모의 혼인이 무효인 때에는 출생자는 혼인외의 출생자로 본다.
② 혼인외의 출생자는 그 부모가 혼인한 때에는 그때로부터 혼인 중의 출생자로 본다.

16) [민법 제863조] (인지청구의 소) 자와 그 직계비속 또는 그 법정대리인은 부 또는 모를 상대로 하여 인지청구의 소를 제기할 수 있다.

17) [민법 제860조] (인지의 소급효) 인지는 그 자의 출생시에 소급하여 효력이 생긴다. 그러나 제삼자의 취득한 권리를 해하지 못한다.

18) [민법 제866조] (입양을 할 능력) 성년이 된 사람은 입양(入養)을 할 수 있다.
[민법 제867조] (미성년자의 입양에 대한 가정법원의 허가) ① 미성년자를 입양하려는 사람은 가정법원의 허가를 받아야 한다.
[민법 제869조] (입양의 의사표시)
① 양자가 될 사람이 13세 이상의 미성년자인 경우에는 법정대리인의 동의를 받아 입양을 승낙한다.
② 양자가 될 사람이 13세 미만인 경우에는 법정대리인이 그를 갈음하여 입양을 승낙한다.
[민법 제871조] (성년자 입양에 대한 부모의 동의)
① 양자가 될 사람이 성년인 경우에는 부모의 동의를 받아야 한다. 다만, 부모의 소재를 알 수 없는 등의 사유로 동의를 받을 수 없는 경우에는 그러하지 아니하다.
② 가정법원은 부모가 정당한 이유 없이 동의를 거부하는 경우에 양부모가 될 사람이나 양자가 될 사람의 청구에 따라 부모의 동의를 갈음하는 심판을 할 수 있다. 이 경우 가정법원은 부모를 심문하여야 한다.
[민법 제877조] (입양의 금지) 존속이나 연장자를 입양할 수 없다.

자의 입양 전의 친족관계는 존속한다.

Ⅳ 친양자 입양

1. 친양자[19)]

친양자란 입양으로 양부모의 친생자가 되고 친부모와의 친자관계는 단절되는 양자이다. 이러한 점에서 일반양자제도와 차이가 발생하게 된다.

2. 절차

친양자를 입양하려면 혼인 기간이 3년 이상이어야 하고 부부가 공동으로 입양하여야 한다. 다만, 재혼 부부가 부부 일방의 친생자를 친양자로 입양하는 경우에는 혼인 기간이 1년 이상이면 된다. 친양자가 될 사람은 미성년자(19세 미만자)이어야 하고, 입양승낙을 해야 한다. 친양자가 될 사람의 친생부모의 동의를 받아야 한다.

다만, 친생부모가 친권상실의 선고를 받거나 소재를 알 수 없거나 그 밖의 사유로 동의할 수 없는 경우, 자녀를 학대 또는 유기한 경우 등에는 예외 사유가 된다. 친양자를 입양하려는 자는 가정법원에 친양자 입양을 청구하여야 한다. 가정법원은 심판 절차를 거쳐 친양자 입양 여부를 확정된다.

3. 친양자 입양의 효력

친양자 입양의 확정되면 친양자는 부부의 혼인 중의 출생자로 본다. 친양자의 입양 전의 친족관계는 가정법원에서 친양자 입양이 확정된 때에 종료한다. 다만, 부부의 일방이 그 배우자의 친생자를 단독으로 입양한 경우에 있어서의 배우자 및 그 친족과 친생자 간의 친족관계는 그러하지 아니하다. 친양자의 성은 양부모의 것으로 변경된다. 친양자의 친권은 양부모가 가진다.

---

19) [민법 제908조의3] (친양자 입양의 효력) ① 친양자는 부부의 혼인중 출생자로 본다.
[민법 제908조의7] (친양자 입양의 취소 · 파양의 효력) ① 친양자 입양이 취소되거나 파양된 때에는 친양자관계는 소멸하고 입양 전의 친족관계는 부활한다.

V 자녀의 성과 본

1. 원칙

자녀의 성과 본은 아버지의 것에 따르고 변경되지 않는 것이 원칙이다.

2. 예외

어머니의 성과 본을 따를 수 있는 경우로는 부모가 혼인신고 시 모의 성과 본을 따르기로 협의한 경우, 아버지가 외국인인 경우, 아버지를 알 수 없는 경우, 부모를 알 수 없는 자녀가 법원의 허가를 받아 성과 본을 창설한 후 어머니를 알게 된 경우, 자녀의 복리를 위하여 어머니의 성과 본으로 변경하고자 법원의 허가를 받은 경우이다.

또한 혼인외의 자가 인지된 경우 자녀는 부모의 협의에 따라 종전의 성과 본을 계속 사용할 수 있다. 다만, 부모가 협의할 수 없거나 협의가 이루어지지 아니한 경우에는 자녀는 법원의 허가를 받아 종전의 성과 본을 계속 사용할 수 있다. 양자의 성은 친아버지의 성을 유지한다. 「입양특례법」에 따른 입양된 요보호아동과 친양자의 성은 양아버지의 성으로 변경된다.

VI 미성년 자녀에 대한 친권

1. 미성년 자녀에 대한 친권

부모가 혼인 중인 때에는 부모가 공동으로 친권을 행사한다. 그러나 부모의 의견이 일치하지 아니하는 경우에는 당사자의 청구에 의하여 가정법원이 이를 정한다. 부모의 일방이 친권을 행사할 수 없을 때에는 다른 일방이 이를 행사한다. 양자와 친양자에 대한 친권은 양부모가 가진다.

2. 가정법원의 개입

가정법원은 혼인의 취소, 재판상 이혼 또는 인지청구의 소의 경우에는 직권으로 친권자를 정한다. 이혼 후 단독 친권자로 정해진 부모의 일방이 사망한 경우 생존하는 부 또는 모, 미성년자, 미성년자의 친족은 그 사실을 안 날부터 1개월, 사망한 날부터 6개월 내에 가정법원에 생존하는 부 또는 모를 친권자로 지정할 것을 청구할 수 있다. 가정법원은 직권으로 미성년후견인을 선임하거나 생존하는 부 또는 모, 친생부모 일방 또는 쌍방을 친권자로 지정하여야 한다.

Ⅶ 면접교섭권

1. 부모의 면접교섭권

자녀를 직접 양육하지 아니하는 부모의 일방과 자녀는 상호 면접교섭할 수 있는 권리를 가진다.

2. 손자녀와의 면접교섭권

자녀를 직접 양육하지 아니하는 부모 일방의 직계존속은 그 부모 일방이 사망하였거나 질병, 외국거주, 그 밖에 불가피한 사정으로 면접교섭권을 행사할 수 없는 경우 가정법원에 손자녀와의 면접교섭을 청구할 수 있다. 이 경우 가정법원은 손자녀의 의사, 면접교섭권을 청구한 사람과의 관계, 청구의 동기, 그 밖의 사정을 참작하여야 한다.

사안의 해결

Q1 **남편 A는 아내 B와 혼인하기 전 동거녀인 C와의 사이에서 아들 D를 낳았다. A가 D를 자신의 자로 인정하려면 어떻게 해야 하는가?**

A1 생부 A가 혼인외의 자 D를 자신의 자녀로 인정하려면 "가족관계등록 등에 관한 법률"이 정하는 바에 따라 행정관청에 인지의 신고를 해야 한다. 인지는 신고함으로써 효력이 생긴다. 따라서 D는 출생한 날로 소급하여 친생자의 지위를 가지게 된다.

Q2 **재혼 남편인 E와 아내 F는 F의 전남편 H 사이에 낳은 15세 딸 J를 친양자로 입양하려고 한다. 어떠한 요건이 필요한가?**

A2 재혼 부부 E와 F가 J를 친양자로 입양하려면 혼인 기간이 1년 이상이어야 하고, 친생부모 H의 동의와 J의 입양승낙을 얻어 가정법원에 친양자 입양을 청구해야 한다.

Q3 **남편 X와 아내 Y 사이에 친생자 Z의 성과 본은 누구의 것을 따라야 하는가?**

A3 자녀 Z의 성과 본은 아버지 X의 것을 따르고 변경되지 않는 것이 원칙이다. 그러나 어머니(Y)의 혼인신고 시 모(Y)의 성과 본을 따르기로 한 경우, 아버지(X)의 국적이 외국인일 경우, 아버지를 알 수 없는 경우 등이다.

가정생활과 법(3)

- 가족과 친족의 관계 및 재산상속(상속, 유언)

생각해 보기

Q1 부모님과 나 그리고 여동생과 함께 살다가 여동생이 지방으로 이직을 하게 되었다. 이러한 경우 동생은 가족에 포함되는가?

Q2 나와 남동생은 통신사에 가족 상품으로 가입할 경우 많은 혜택을 볼 수 있다. 통신사 대리점에서 두 분이 형제란 사실을 증명해야 한다고 한다. 어떻게 증명할 수 있을까?

Q3 A가 2억 원의 채무와 1억 원의 전세금을 남기고 사망한 경우, 상속인 B가 할 수 있는 방법은 무엇인가?

Q4 A는 배우자 B와 작은아들 C, 외동딸 D, 어머니 E와 함께 살고 있다. 큰아들 F는 출가하여 며느리 G와 손자 H와 살고 있다. A는 작곡가이고 그의 명의로 된 재산 3억 원의 집과 5천만 원의 정기적금이 있다. 어느 날 갑자기 A가 교통사고를 당해 사망하였다. A가 사망함에 따라 작곡가로서 저작권료 5천만 원, 교통사고 배상금 1억 원을 받게 되었다. 그리고 A는 은행에 대출이 3천만 원 있었고, A의 장례 비용으로 1천만 원, 묘지 구입 비용 1천만 원이 소요되었다.

Q4-1 위 Q4 사례의 경우 A의 상속재산은 총 얼마인가?

Q4-2 위 Q4 사례의 경우 상속인은 누구이며, 각각 얼마를 상속받는가?

I 가족의 범위

1. 범위

배우자, 직계혈족 및 형제자매는 생계를 같이 하지 않아도 가족이 된다.

2. 예외적 범위

직계혈족의 배우자(며느리, 사위 등), 배우자의 직계혈족(장인·장모, 시부모 등) 및 배우자의 형제자매(시동생, 처제 등)는 생계를 같이 하는 경우에 한하여 가족이 된다.

Ⅱ 친족의 범위

1. 친족의 범위

친족의 범위는 배우자, 혈족 및 인척이다. 친족관계로 인한 법률상 효력은 특별한 규정이 없는 한 부계 및 모계 8촌 이내의 혈족과 4촌 이내의 인척, 배우자에게 미친다.

2. 인척의 범위

인척[20)]이란 혼인을 통한 친족관계를 말하며 혈족의 배우자, 배우자의 혈족, 배우자의 혈족의 배우자를 말한다. 인척은 혼인의 취소 또는 이혼으로 종료된다. 배우자의 사망으로 종료되지는 않으나 생존 배우자가 재혼한 때에는 종료된다.

Ⅲ 가족과 친족에 대한 부양의무

1. 부양

부양이란 자기의 자력 또는 근로에 의하여 생활을 유지할 수 없는 친족에게 경제적 도움을 주어야 하고 받을 수 있는 가족과 친족의 권리·의무를 말한다. 부부는 서로 부양하여야 한다.

2. 부양해야 할 경우

직계혈족(부모, 조부모, 자녀 등) 및 그 배우자(며느리, 사위 등)은 생계를 같이 하지 않아도 서로 부양의 의무가 있다. 그 밖의 친족간은 생계를 같이 하는 경우에 한하여 서로 부양의 의

20) 인척에 대한 친족의 범위는 4촌 이내이고 그 촌수 계산은 상대방 배우자의 촌수에 따른다. 인척의 종류에는 혈족의 배우자, 배우자의 혈족, 배우자의 혈족의 배우자, 혈족의 배우자의 혈족이 있다. 이 중 혈족의 배우자의 혈족(사돈지간)은 인척의 범위에서 제외된다.

무가 있다. 부양의무자는 가족 상황에 따라 여러 명이 있을 수 있으며, 그 경우에 부양을 할 자의 순위에 관하여 당사자 간에 협정이 없는 때에는 법원은 당사자의 청구에 의하여 이를 정한다.

Ⅳ 가족 및 친족 간 고소와 처벌

1. 고소

우리 「형사소송법」상 자기 또는 배우자의 직계존속을 고소하지 못하는 것이 원칙이나, 성폭력범죄와 가정폭력범죄 등에 대하여는 예외로 한다.

2. 처벌

직계혈족, 배우자, 동거친족, 동거가족 또는 그 배우자(며느리, 사위 등)에 대한 절도죄와 횡령죄 등 재산에 관한 범죄는 형을 면제한다. 그 외의 친족간에 그러한 죄를 범한 때에는 피해자의 고소가 있어야 검사가 공소를 제기할 수 있다. 특히 자기 또는 배우자의 직계존속에 대한 살인죄·학대죄 등은 가중처벌 되지만, 폭행죄는 피해자의 명시한 의사에 반하여 공소를 제기할 수 없다.

Ⅴ 가정폭력범죄

1. 가정폭력

가정폭력이란 가정구성원 사이의 신체적, 정신적 또는 재산상 피해를 수반하는 행위를 말한다.

2. 가정구성원

가정구성원은 배우자(사실상 혼인관계에 있는 사람 포함) 또는 배우자였던 사람(전남편, 전부인), 자기 또는 배우자와 직계존비속관계(사실상의 양친자관계 포함)에 있거나 있었던 사람, 계부모와 자녀의 관계 또는 적모와 서자의 관계에 있거나 있었던 사람, 동거하는 친족 등이다.

3. 범죄의 행태

가정폭력범죄의 행태로는 상해와 폭행, 유기와 학대, 체포와 감금, 협박, 명예훼손, 주거 침입과 신체수색, 강요, 공갈, 재물손괴, 강간, 유사강간, 강제추행 등이다. 이혼하거나 사실혼의 관계에 있는 배우자의 폭행과 재물손괴도 가정폭력범죄에 해당된다.

Ⅵ 일반적 민원(1) - 출생과 사망, 혼인과 이혼 등에 대한 신고

1. 출생신고 및 사망신고

출생과 사망은 1개월 이내에 행정관청에 신고하여야 하며, 이를 어기면 과태료를 부과받는다. 신고는 신고자의 거주지에 있는 주민자치센터(동사무소)에서도 할 수 있다.

2. 혼인신고 및 이혼신고

혼인과 이혼의 신고는 본인의 등록기준지 또는 신고인의 주소지나 현재지의 행정관청(시청, 군청, 구청 등)에서 할 수 있다. 주민자치센터에서는 신고할 수 없는 점 반드시 확인해야 한다. 혼인신고는 「가족관계의 등록 등에 관한 법률」이 정한 바에 따라 당사자 쌍방과 성년자인 증인 2인의 연서한 서면으로 행정관청(본인의 등록기준지 또는 신고인의 주소지나 현재지)에 신고한다. 신고 기간은 정해져 있지 않다. 혼인신고를 하면 법률혼이 된다. 즉 혼인의 실질적 요건을 갖추고 혼인신고를 하지 않으면 사실혼이 된다.

협의이혼의 신고는 가정법원으로부터 협의이혼확인서등본을 교부 또는 송달받은 날부터 부부 중 어느 한쪽 또는 쌍방이 3개월 이내에 신고해야 한다. 재판 이혼의 신고는 재판이 확정된 경우에 소를 제기한 사람이 재판의 확정일부터 1개월 이내에 재판서의 등본 및 확정증명서를 첨부하여 그 취지를 신고해야 한다. 협의이혼은 반드시 신고해야 효력이 발생하지만 재판상 이혼의 경우는 신고가 보고적 신고이다.

Ⅶ 일반적 민원(2) - 가족관계등록부

1. 가족관계등록부

가족관계등록부의 증명서에는 가족관계증명서, 기본증명서, 혼인관계증명서, 입양관계증명서, 친양자입양관계증명서가 있고 증명목적에 따라 각기 발급된다. 발급내용에 따라 일반과 상세로 구분된다.

2. 내용

가족관계증명서는 본인의 인적 사항(등록기준지·성명·성별·본·출생연월일 및 주민등록번호), 부모·배우자·자녀의 인적 사항만이 기재된다. 그러므로 나와 남동생이 형제임을 증명하려면 부모의 가족관계증명서를 발급받아야 한다.

참고로 남녀가 혼인관계 중에 아이를 출산하여 그 아이가 미성년자인 상태에서, 남편인 남자가 성전환 수술로 인하여 가족관계등록부상 성별 정정이 가능한지에 대하여 대법원은 혼인 중이 아닌 상태(이혼 상태)에서는 정정이 가능하다고 판시하였다.[21)]

Ⅷ 상속

1. 재산상속의 개시와 산정

재산상속이란 피상속인의 사망으로 그 재산에 대한 권리·의무가 상속인에게 포괄적이고 무상으로 승계되는 것을 말한다. 재산상속은 피상속인의 사망(호흡과 심장이 정지하는 때)으로 인하여 개시된다. 특히 상속재산에 피상속인의 적극재산(동산, 부동산, 저작권료와 배상금 등), 소극재산(대출금, 채무 등)이 포함된다. 그러나 장례식 비용과 묘지 구입비는 상속재산에서 공제된다.

21) 대판 2022. 11. 24. 선고, 2020스616 전원합의체 판결 참조.

2. 법정상속인

피상속인의 법률혼 배우자는 피상속인에게 직계비속(자녀, 손자녀 등)이나 직계존속이 있는 경우에는 그 상속인과 같은 순위로 공동상속인이 되고 그 상속인이 없는 때에는 단독상속인이 된다. 법정상속인은 피상속인의 직계비속(1순위), 직계존속(2순위), 형제자매(3순위), 4촌 이내의 방계혈족(4순위)이다. 예컨대 피상속인에 아들과 어머니, 여동생, 조카가 있는 경우 1순위자인 아들만 상속을 받는다.

같은 순위의 상속인이 여러 명이 있는 때에는 최근친을 선순위로 하고 같은 친족 등의 상속인이 여러 명이 있는 때에는 공동상속인이 된다. 그러므로 직계비속으로 아들과 손자가 있는 경우에 아들만 상속받고 손자는 상속받지 못한다. 며느리, 사위는 인척이므로 법정상속인에 포함되지 않는다.

3. 대습상속인

상속인이 될 피상속인의 직계비속과 형제자매가 상속개시 전에 사망하거나 결격자가 된 경우에 그 직계비속이 있는 때에는 그 직계비속이 사망하거나 결격된 자의 순위에 갈음하여 상속인이 된다. 대습상속의 경우에 상속개시 전에 사망 또는 결격된 자의 배우자는 직계비속과 같은 순위로 공동상속인이 되고 그 상속인이 없는 때에는 단독상속인이 된다.

4. 법정상속분

공동 순위의 상속인이 여러 명인 때에는 그 상속분은 균분으로 한다. 피상속인의 배우자의 상속분은 직계비속이나 직계존속과 공동으로 상속하는 때에는 직계비속이나 직계존속의 상속분의 5할을 가산한다.

5. 유류분제도[22)]

유류분제도란 피상속인의 재산을 임의로 증여 또는 유증을 하였더라도 법정상속인이 법정상속분의 일부를 받을 수 있도록 하는 제도를 말한다. 법정상속인 중 4촌 이내의 방계혈

22) 2024년 4월 25일 헌법재판소에서는 피상속인의 형제자매에게 유류분을 규정한 민법 제112조 제4호 규정을 위헌결정을 하였고 유류분 상실 사유를 별도로 규정하지 아니한 민법 제1112조 제1호부터 제3호까지는 헌법불합치 결정을 하였다(단, 2025년 12월 31일을 시한으로 입법자가 개정할 때까지 계속적용한다).

족을 제외하고 모두 유류분권리자가 된다. 유류분은 피상속인의 직계비속과 배우자는 그 법정상속분의 2분의 1, 피상속인의 직계존속과 형제자매는 그 법정상속분의 3분의 1이다.

유류분은 피상속인의 상속재산의 가액에 상속개시 전의 1년간에 증여한 재산의 가액을 가산하고 채무의 전액을 공제하여 이를 산정한다. 다만, 당사자 쌍방이 유류분권리자에 손해를 가할 것을 알고 증여를 한 때에는 1년 전에 한 것도 가산한다. 유류분권리자가 피상속인의 증여 및 유증으로 인하여 그 유류분에 부족이 생긴 때에는 부족한 한도에서 그 재산의 반환을 청구할 수 있다.

6. 유언에 의한 재산상속

유언의 종류에는 자필증서, 녹음, 공정증서, 비밀증서, 구수증서에 의한 유언 등 5가지 방식만 있다. 유언은 「민법」이 정한 방식에 의하지 아니하면 효력이 발생하지 아니한다. 자필증서에 의한 유언은 유언자가 그 전문과 연월일, 주소, 성명을 자서하고 날인하여야 한다. 녹음에 의한 유언은 유언자가 유언의 취지, 그 성명과 연월일을 구술하고 이에 참여한 증인이 유언의 정확함과 그 성명을 구술하여야 한다. 공정증서, 비밀증서, 구수증서에 의한 유언에는 2인 이상의 증인이 필요하다. 만 17세에 달하지 못한 자는 유언을 하지 못한다. 유언은 유언자가 사망한 때로부터 그 효력이 생긴다.

7. 상속의 포기

상속인은 상속개시 있음을 안 날로부터 3월 내에 가정법원에 단순승인, 상속포기 또는 한정승인의 신고를 할 수 있다. 그 기간은 이해관계인 또는 검사의 청구에 의하여 가정법원이 이를 연장할 수 있다. 상속의 승인이나 상속포기는 취소하지 못하며, 상속개시 된 때에 소급하여 그 효력이 있다. 상속인이 수인인 경우에 어느 상속인이 상속을 포기한 때에는 그 상속분은 다른 상속인의 상속분의 비율로 그 상속인에게 귀속된다.

그러나 피상속인의 배우자는 한정승인하고 상속인 자녀 전부가 상속포기한 경우, 그 자녀의 직계비속인 손자녀에게 상속이 되지 않는다고 판시하였다.[23)]

23) 2023. 3. 23. 선고, 2020그42 전원합의체 판결 참조.

8. 상속의 한정승인

상속인은 상속으로 인하여 취득할 재산의 한도에서 피상속인의 채무와 유증을 변제할 것을 조건으로 상속을 한정승인할 수 있다. 상속인은 상속채무가 상속재산을 초과하는 사실을 중대한 과실 없이 상속개시 있음을 안 날로부터 3개월 내에 알지 못하고 단순승인을 한 경우에는 그 사실을 안 날부터 3개월 내에 한정승인을 할 수 있다. 상속인이 한정승인을 함에는 상속재산의 목록을 첨부하여 법원에 한정승인의 신고를 하여야 한다.

한정승인자는 한정승인을 한 날로부터 5일 내에 일반상속채권자와 유증받은 자에 대하여 한정승인의 사실과 일정한 기간 내에 그 채권 또는 수증을 신고할 것을 공고하여야 한다. 그 기간은 2월 이상이어야 한다. 한정승인자는 공고 기간의 만료 후에 상속재산으로서 그 기간 내에 신고한 채권자와 한정승인자가 알고 있는 채권자에 대하여 각 채권액의 비율로 변제하여야 한다. 그러나 우선권 있는 채권자의 권리를 침해하지 못한다.

민법 제1019조 제4항에 따라 미성년자인 상속인이 상속재산보다 상속채무가 많을 경우 성년 전 단순승인은 성년이 된 후 그 상속의 상속채무권과 사실을 안 날로부터 3개월 내에 한정승인 가능하다.(신설)

9. 상속회복의 소

상속권이 참칭상속권자에 의해 침해된 때에는 상속권자 또는 그 법정대리인은 그 침해를 안 날부터 3년, 상속권의 침해행위가 있은 날부터 10년 이내에 상속회복의 소를 제기할 수 있다.

사안의 해결

Q1 **부모님과 나 그리고 여동생과 함께 살다가 여동생이 지방으로 이직을 하게 되었다. 이러한 경우 동생은 가족에 포함되는가?**

A1 가족의 범위는 배우자, 직계혈족 및 형제자매는 생계를 같이 하지 않아도 가족이 된다. 또한 직계혈족의 배우자(며느리, 상위), 배우자의 직계혈족(시부모, 장인, 장모) 및 배우자의 형제자매(처제, 시동생) 등은 생계를 같이 하는 경우 가족이 된다. 따라서 동생과는 가족이다.

Q2 **나와 남동생은 통신사에 가족 상품으로 가입할 경우 많은 혜택을 볼 수 있다. 통신사 대리점에서 두 분이 형제란 사실을 증명해야 한다고 한다. 어떻게 증명할 수 있을까?**

A2 증명서에는 가족관계증명서, 기본증명서, 혼인관계증명서, 입양관계증명서, 친양자입양관계증명서가 있다. 가족관계증명서에는 본인의 인적 사항, 부모, 배우자, 자녀의 인적 사항만 기재되기 때문에 나의 동생과 형제자매임을 증명하려면 부모님의 가족관계증명서를 발급받아야 한다.

Q3 **A가 2억 원의 채무와 1억 원의 전세금을 남기고 사망한 경우, 상속인 B가 할 수 있는 방법은 무엇인가?**

A3 두 가지 방법이 있다. 먼저, 상속채무가 상속재산을 초과하는 경우 상속인은 상속개시 있음을 안 날로부터 3개월 내에 가정법원에 상속포기를 신고할 수 있다. 상속의 포기는 상속개시된 때에 소급하여 효력이 생긴다. 둘째, 상속인은 상속으로 인하여 취득할 재산의 한도에서 피상속인의 채무와 유증을 변제할 것을 조건으로 한정승인 할 수 있다.

Q4 A는 배우자 B와 작은아들 C, 외동딸 D, 어머니 E와 함께 살고 있다. 큰아들 F는 출가하여 며느리 G와 손자 H와 살고 있다. A는 작곡가이고 그의 명의로 된 재산 3억 원의 집과 5천만 원의 정기적금이 있다. 어느 날 갑자기 A가 교통사고를 당해 사망하였다. A가 사망함에 따라 작곡가로서 저작권료 5천만 원, 교통사고 배상금 1억 원을 받게 되었다. 그리고 A는 은행에 대출이 3천만 원 있었고, A의 장례 비용으로 1천만 원, 묘지 구입 비용 1천만 원이 소요되었다.

Q4-1 위 Q4 사례의 경우 A의 상속재산은 총 얼마인가?

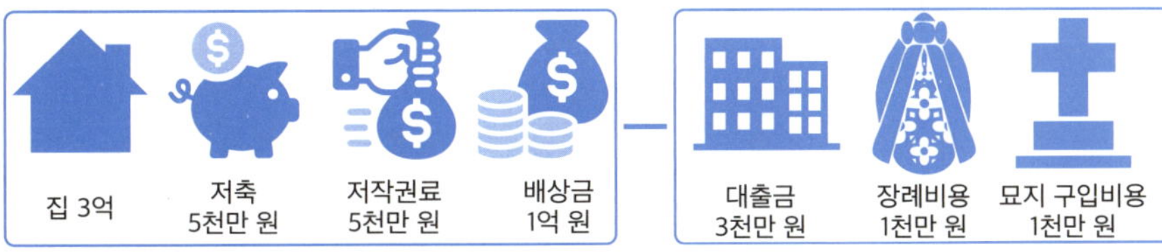

A4-1 결론적으로 A의 상속재산은 4억 5천만 원이다(민법 제998조의2).

Q4-2 위 Q4사례의 경우 상속인은 누구이며, 각각 얼마를 상속받는가?

A4-1 따라서 A의 상속재산 4억 5천만 원에서 B는 1.5/4.5 × 4.5 = 1.5억, C, D, F는 각각 1/4.5 × 4.5 = 1억 원씩 상속받는다

경제생활과 법(1)

- 계약과 금전거래 및 상품의 서비스거래

생각해 보기

Q1 대학 신입생 A씨는 강의실에 찾아온 영업사원 B로부터 영어학습교재 패키지를 30% 할인 금액인 20만 원에 구입했다. 주위에서 비싸게 구입했다고도 하고 충동적으로 구매하였기에 계약을 취소하기로 하였다. 그런데 B는 취소하지 않는 조건으로 할인해 준 것이라며 계약 취소를 거절했다. 과연 A는 취소를 할 수 있을까?

Q2 A는 가전제품 코너에서 전기밥솥을 구매했다. 밥솥에서 증기가 나오고 밥이 잘되지 않았지만 불량으로 생각하지 않고 계속 사용하다 전기밥솥이 폭발하여 화상을 입고 벽지가 타서 50만 원 상당의 손해가 발생하였다. 제품설명서에는 고무 패킹을 다시 끼우라는 설명만 있을 뿐 다른 설명은 없었다. A는 화상 치료비와 벽지 비용은 누구에게 어떻게 배상 받을 수 있을까?

I 계약

계약이란 사법상의 일정한 법률효과의 발생을 목적으로 하는 당사자의 합의이고, 약관이란 계약의 한쪽 당사자가 여러 명의 상대방과 계약을 체결하기 위해 일정한 형식으로 미리 마련한 계약의 내용을 말한다.

1. 계약의 성립

청약은 일방이 타방에게 일정한 내용의 계약을 체결할 것을 제안하는 상대방 있는 의사표시이다. 상대방의 승낙만 있으면 곧 계약이 성립하는 확정적 의사표시이다. 청약은 상대방에게 도달한 때로부터 그 효력이 생긴다(도달주의). 계약의 청약은 구속력이 있으므로 이를 철회하지 못한다(민법 제527조).

승낙은 계약을 성립시킬 목적으로 청약 상대방이 청약자에게 하는 의사표시이다. 청약에 대한 승낙 여부는 자유이나, 청약자가 승낙 기간을 정하여 청약의 의사표시를 한 경우에는 그 기간 내에 청약자에게 승낙의 의사표시가 도달하여야 한다. 민법은 격지자 간의 계약은 승낙의 통지를 발송한 때 그 효력이 발생하는 것으로 정하고 있다(민법 제531조).

2. 계약체결 방법

계약은 구두로 성립함을 원칙으로 한다. 당사자 사이의 의사표시가 합치하기만 하면 계약이 성립되고 그 밖에 다른 형식이나 절차를 필요로 하지 않는다. 그러므로 반드시 계약서를 작성해야 계약이 성립하는 것은 아니다(계약서 작성은 후일 분쟁 발생 시 증거자료). 하지만 일정한 경우 요식계약을 요하는 경우도 있다. 계약서의 작성은 거래의 사실과 내용을 명확하게 하므로 법적 분쟁이 발생할 소지가 적게 한다.

3. 계약의 효력

계약이 성립하면 계약의 당사자들은 보통 서로 대가적인 채무를 지는데(쌍무계약), 그 채무는 대가적인 재산상 출연을 전제로 하는 경우가 많다(유상계약). 쌍무계약에서 계약의 당사자는 상대방이 계약의 내용에 따른 채무를 이행할 때까지 자신의 채무이행을 거절할 수 있고(동시이행의 항변권), 유상계약에서 계약의 목적물에 하자가 있는 경우에는 그러한 목적물을 제공한 채무자가 책임을 진다(하자담보책임). 쌍무계약의 당사자 일방의 채무가 당사자 쌍방의 책임 없는 사유로 이행할 수 없게 된 때에는 채무자는 상대방에게 채무의 이행을 청구하지 못한다(채무자위험부담주의).

4. 계약의 해지와 해제

계약(법률행위) 또는 법률의 규정에 의하여 당사자의 일방이나 쌍방이 해지 또는 해제의 권리가 있는 때에는 상대방에 대한 의사표시(단독행위=형성권)로 계약을 해지 또는 해제할 수 있다. 계약에서 당사자 일방이 채무를 불이행하는 경우(채무불이행에는 이행불능, 이행거절, 이행지체, 불완전이행 등이 있음) 다른 당사자는 바로 계약을 해제할 수 있는 것은 아니고 상대방에게 채무불이행의 사실과 이행의 제공 여건을 알리고 일정한 기간 내에 채무를 이행하라고 요구하는 최고와 그때까지 채무를 이행하지 않으면 계약을 해제한다는 의사표시를 통지한 후에 해제할 수 있다.

해제는 일시적 계약에서 나타나고 소급효가 있다. 해지는 계속적 계약에서 나타나고 장래효가 발생한다. 계약금을 수수한 경우 다른 약정이 없으면 당사자의 일방이 이행에 착수하기 전까지는 계약금을 교부한 측은 계약금을 포기하고, 계약금을 수령한 측에서는 계약금의 배액을 상환함으로써 계약을 해제할 수 있다. 계약의 내용은 사회질서에 반하지 않아야 한다. 사회질서에 반하는 계약(첩계약, 도박자금 대여 계약 등)의 경우 손해배상청구나 부당이득반환청구는 불가능하다.

II 금전의 거래

1. 소비대차

소비대차란 당사자 일방이 금전 기타 대체물의 소유권을 상대방에게 이전할 것을 약정하고, 상대방은 동종, 동질, 동량의 물건을 반환할 것을 약정함으로써 성립하는 낙성계약이다. 소비대차계약 후 계약의 내용에 따른 이행이 없을 경우에는 채무불이행책임이나 불법행위책임을 물을 수 있다.

이자가 계약의 내용에 포함된 소비대차인 경우에는 이자에 관한 특약의 합의가 있어야 한다. 특약이 없으면 이자는 법정이자(민법 5%, 상법 6%)로 한다. 차용증이란 돈을 빌리는 사람이 채권자에게 채권자의 돈이나 물건을 빌려 쓴다는 증거로 작성하는 문서이다. 차용증은 채무자가 채무를 불이행하는 경우 채권자가 법적 대응을 할 근거가 된다. 돈을 갚은 사람은 채권자에게 영수증을 청구할 권리가 있다.

2. 보증

보증이란 금전소비대차 등에서 채무자가 계약을 지키지 않고 채무의 내용을 이행하지 않을 경우를 대비하여 채권자가 채권의 확보 방안으로 채무자 이외의 제3자의 재산으로 채권을 인적 담보하는 제도이다. 보증계약 시 보증인이 갚게 될 채무의 상한액을 서면으로 미리 특정하지 않은 보증은 무효가 된다.

3. 공증

공증이란 국민들의 거래와 관련한 증거를 보전하고 권리실행을 쉽게 하기 위해 공증인(법무법인 등)이 특정한 사실이나 법률관계의 존부를 공적으로 증명하는 제도이다.

4. 채무이행 방법(채권의 소멸)

(1) 변제

채무를 이행하는 것을 변제라고 한다. 변제를 해야 할 사람은 채무자이지만, 누가 갚아도 상관없는 채무인 경우에도 제3자도 변제할 수 있다.

(2) 대물변제

대물변제란 본래의 급부에 갈음하여 다른 급부를 현실적으로 제공함(요물계약)으로써 채권을 소멸시키는 변제 당사자 사이의 계약이다.

(3) 상계

상계란 채무자가 채권자에 대해 빚이 있는데 마침 채권자도 채무자에게 빚이 있는 경우 이를 서로 상쇄시키는 것이다. 상계하려면 각자의 빚이 모두 갚을 시기(상계적상)가 되어야 하고, 상계를 하면 각자의 빚의 액수만큼 채무가 없어진다.

(4) 공탁

공탁이란 돈이나 금전적 가치가 있는 증서 및 기타의 물건을 법원의 공탁소에 맡기는 것이다. 공탁에는 변제를 위한 변제공탁, 채권이나 손해배상채권의 담보를 위한 보증공탁, 강제집행을 위한 집행공탁 등이 있다. 이러한 공탁은 사채업자가 빌려준 돈을 일부러 받지 않으려고 하는 행위 등과 같은 수령 기피 행위에 대응하는 방법으로 사용된다. 변제자의 과실 없이 계약상 권리자를 알 수 없는 경우에 돈을 갚을 방법으로도 공탁을 이용할 수 있다.

Ⅲ 상품이나 서비스를 잘못 구입한 경우

1. 상품 구매계약의 취소

계약의 취소는 일단 유효하게 성립한 계약의 효력을 행위 시로 소급하여 무효로 하는 취소권자의 의사표시를 말한다. 취소할 수 있는 계약이라도 취소권자가 취소권을 포기(추인)하거나 행사 기간의 경과로 취소권이 소멸하면 그 계약은 유효한 것으로 확정된다. 미성년자가 법정대리인의 동의 없이 계약을 체결한 경우에는 미성년자와 그 법정대리인은 계약을 취소할 수 있다.

계약의 내용에 중요한 부분에 착오가 있는 경우, 소비자가 상대방의 사기나 속임수에 의하여 계약을 체결하거나, 강압적(강박)이고 위협적인 태도로 인하여 공포심을 가진 상태에서 계약을 체결한 경우 취소할 수 있다.

2. 상품 구매계약의 철회

청약 의사가 상대방에게 도달한 이후에는 철회할 수 없는 것이 원칙이나, 소비자보호관련 법들은 충동구매로부터 소비자를 보호하기 위해 계약체결 후 일정한 기간 내에 청약철회권을 인정하고 있다. 방문판매의 경우에는 계약서를 받은 날로부터 14일 이내에 철회가 가능, 할부거래의 경우에는 계약서를 받은 날로부터 7일 이내, 전자상거래와 통신판매의 경우에는 전자문서를 받은 날로부터 7일 이내에 철회가 가능하다.

3. 상품 결함으로 인한 피해

제조물 책임법에 따르면 제조물의 결함으로 인하여 생명, 신체, 재산상의 손해를 입은 경우, 그 제조물의 제조업자는 고의나 과실 없이(고의 또는 무과실) 손해배상책임을 부담한다. 특히 입증책임의 전환이 발생하게 된다. 즉 소비자는 제품의 결함과 손해의 발생 사이의 인과관계를 정확히 입증하기가 어렵다. 제조업자 측은 발생 사고가 제품의 결함이 아닌 다른 원인으로 말미암아 발생한 것으로 입증하지 못하면 손해배상을 부담하게 된다.

4. 의료서비스 이용과 권리구제

피해자 측에서 의료행위 과정에 일반인의 상식에 바탕을 둔 의료상의 과실 있는 행위를 입증하고 의료행위 이전에 그 결과의 원인이 될 만한 건강상의 이상이 없었다는 등과 같이 원인과 결과 사이에 일련의 의료행위 외에 다른 원인이 개재될 수 없다는 점을 증명한 경우에는 의료행위를 한 측에서 그 결과가 의료상의 과실로 말미암은 것이 아니라 전혀 다른 원인으로 말미암은 것이라는 입증을 하지 못하는 이상 손해배상책임을 부담한다. 의료서비스도 의료진에게 고의나 과실이 없다는 것을 입증(전환)해야 한다.

5. 보험서비스 이용

보험계약 체결 후 보험계약자는 보험증권을 받은 날로부터 15일 이내에 자신의 청약을 철회할 수 있다.

사안의 해결

Q1 **대학 신입생 A씨는 강의실에 찾아온 영업사원 B로부터 영어학습교재 패키지를 30% 할인 금액인 20만 원에 구입했다. 주위에서 비싸게 구입했다고도 하고 충동적으로 구매하였기에 계약을 취소하기로 하였다. 그런데 B는 취소하지 않는 조건으로 할인해 준 것이라며 계약 취소를 거절했다. 과연 A는 취소를 할 수 있을까?**

A1 A의 교재 구매 계약은 점포가 아닌 강의실에서 이루어졌고, 방문판매법의 적용을 받는다. 즉 계약일로부터 14일 이내 청약을 철회할 수 있다. 취소하지 않는 조건으로 할인가로 구매하였어도 계약의 내용이 소비자에게 불리하기 때문에 효력이 없다. 계속적인 거절이 있을 경우 내용증명 우편으로 철회 의사를 통지하고, 한국소비자원에 구제를 요청할 수 있다.

Q2 **A는 가전제품 코너에서 전기밥솥을 구매했다. 밥솥에서 증기가 나오고 밥이 잘되지 않았지만 불량으로 생각하지 않고 계속 사용하다 전기밥솥이 폭발하여 화상을 입고 벽지가 타서 50만 원 상당의 손해가 발생하였다. 제품설명서에는 고무 패킹을 다시 끼우라는 설명만 있을 뿐 다른 설명은 없었다. A는 화상 치료비와 벽지 비용은 누구에게 어떻게 배상 받을 수 있을까?**

A2 A는 제품이 불량품이고 제품으로 인해 화상을 입고 벽지의 수리비가 발생하였다는 사실을 증명하면 제품제조사로부터 제조물 책임법에 의하여 손해배상을 받을 수 있다. 물건을 판매한 가전제품 코너에 가서 배상을 받을 수 있고, 제품제조사가 불분명한 경우에도 제품 전문점에서 2차 손해배상도 물을 수 있다.

경제생활과 법(2)

- 부동산거래와 손해배상

생각해 보기

Q1 A는 B와 주택 매매계약을 체결한 후 계약금과 중도금까지 지급했다. 한 달 후 잔금을 치르고 등기를 이전 받기로 했는데, 그 사이 주택 주변이 재개발된다는 정책이 발표되었다. 변심한 B는 너무 싼값에 매매가 이루어졌다며 돈을 더 요구하였고 이에 응하지 않을 경우 계약을 해제한다고 한다. A는 어떻게 해야 할까?

Q2 대학에 합격한 A씨는 학교 근처 원룸에 자취를 한다. 그런데 기존 집주인이 집을 팔아 주인이 B로 바뀌었다. 새 주인 B는 계약 기간 1년이 지났으니 나가달라고 했다. 학기 중이라 당황한 A씨는 어떻게 해야 할까?

I 부동산 매매(계약)

기초 다지기

1. 부동산 - 토지 및 그 정착물

(1) 부동산을 이전: 매매계약과 등기에 의하여 물권이 변동된다.

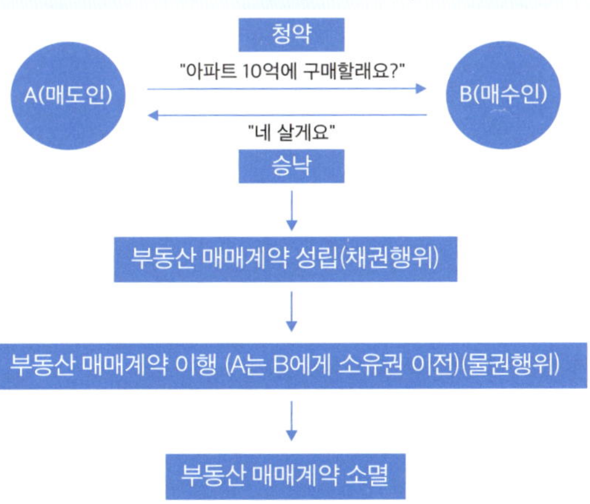

(2) 매매대금에 관하여 채권자는 A, 채무자는 B가 된다.
등기이전에 관하여 등기이전 청구권자는 B, 등기이전 의무자는 A가 된다.

(3) 부동산 이전을 위해 매매계약과 등기가있어야 한다.

※ 물권변동
① 법률행위(의사표시): 매매계약 + 등기(민법 제186조[23])
② 법률규정 : 상속, 공용징수, 판결, 경매 기타 법률규정 의한 경우에는 등기 ×, 그러나 처분하기 위해서는 등기 ○(민법 제187조[24]).
예) 상속 → 포괄승계(등기 없이 소유권 이전)되므로 등기명의는 피상속인에게 있지만 소유권은 상속인에게 있다. 제3자에게 매매를 할 경우에 상속등기를 한 후 매매(처분)을 해야 한다.

2. 동산 - 부동산 이외의 것
- 매매계약과 인도(점유이전)에 의하여 물권이 변동된다.

민법상 매매에 의한 부동산 소유권 이전을 위해서는 매매계약과 등기 두 가지 요건을 구비해야 한다.

1. 부동산 매매계약

부동산 매매는 매도인이 재산권을 이전하고 매수인이 그 대금을 지급하는 것에 관해 합의하면 성립하게 된다. 계약금은 특약이 없는 한, 원칙적으로 해약금으로 추정되고, 일방이 이행에 착수할 때까지 교부자는 이를 포기하고, 수령자는 그 배액을 상환하여 매매계약을 해제할 수 있다. 대금 지급 장소는 채권자의 주소지에서 변제하는 것이 원칙이지만, 매매목적물의 인도와 동시에 대금을 지급할 경우에는 그 인도 장소에서 지급하여야 한다.

매수인은 목적물의 인도가 없는 한 이자를 지급할 필요가 없고, 목적물의 인도를 받은 날로부터 이자를 지급하면 된다. 매수인은 그에게 동시이행의 항변권이 있거나 매매목적물에 대해 권리를 주장하는 자가 있어서 매수인이 권리를 잃을 염려가 있을 때 대금지급을 거절할 수 있다. 매도인이 이행기에 소유권이전등기에 필요한 일체의 서류를 구비하여 제

24) [민법 제186조] (부동산물권변동의 효력) 부동산에 관한 법률행위로 인한 물권의 득실변경은 등기하여야 그 효력이 생긴다.
25) [민법 제187조] (등기를 요하지 아니하는 부동산물권취득) 상속, 공용징수, 판결, 경매 기타 법률의 규정에 의한 부동산에 관한 물권의 취득은 등기를 요하지 아니한다. 그러나 등기를 하지 아니하면 이를 처분하지 못한다.

공하였는데도 매수인이 고의, 과실로 이행기에 대금 지급의무의 이행을 지체하는 경우 채무불이행이 되고, 이때 매도인은 이행청구와 지연배상을 청구하거나 상당한 기간을 정하여 이행을 청구하고 매수인이 이행하지 않으면 매매계약을 해제하고 손해배상을 청구할 수 있다.

2. 부동산 등기

부동산에 관한 법률행위로 인한 물권의 득실변경은 등기하여야 그 효력이 생긴다(민법 제186조). 본등기에는 권리변동적 효력, 순위확정적 효력, 대항적 효력, 추정력 등이 인정되고, 가등기에는 순위보전의 효력이 있다. 부동산 등기는 표제부(건물의 현황), 갑구(소유권), 을구(소유권 이외 권리)로 구성된다. 상속, 공용징수, 판결, 경매 기타 법률의 규정에 의한 부동산에 관한 물권의 취득은 등기를 요하지 아니한다. 그러나 그것을 처분하기 위해서는 취득자의 명의로 등기하도록 하고 있다(민법 제187조).

(갑구) - 소유권 관한 등기

~~1~~	~~보존~~	~~소유자 갑~~
2	~~가등기~~	~~가등기권자 을~~
	가등기 기한 본등기 실행	소유권자 을
3	~~이전~~	~~소유자 병~~

(을구) - 소유권 이외의 등기

1	설정	근저당권자 갑
2	설정	근저당권자 을

3. 부동산의 이중매매

부동산 이중매매라고 하더라도 계약자유의 원칙상 유효한 법률행위가 된다. 다만, 제2매수인이 매도인의 배임 또는 횡령에 적극 가담한 경우 이중매매는 무효가 된다.

이중매매

A(매도인)이 B(제1매수인)에게 D아파트를 3억에 매도하고,C(제2매수인)에게 D아파트를 6억에 매도할 경우,

1. 이중매매의 유효 또는 무효
   이중매매가 유효하였을 때 A는 B에게 계약금의 두 배를 배상해야 한다. 그러나 C가 배임 또는 횡령에 적극 가담한 경우 매매는 무효가 된다.

2. B의 구제 수단
   무효일 경우, A에게 손해배상청구, 등기청구권도 행사할 수 있다. C에게는 행사할 수 없다. 왜냐하면 B와 C는 아무런 법률관계가 없기 때문이다.

4. 부동산의 명의신탁

부동산 실권리자명의 등기에 관한 법률에 따라 명의신탁약정 및 명의신탁약정에 따라 행하여진 등기에 의한 부동산에 관한 물권변동은 무효가 된다. 예컨대 A가 명의신탁자, B가 명의수탁자일 경우 A가 B와 명의신탁약정을 하고 B 명의로 등기가 되면 무효가 된다. 그러나 부동산에 관한 물권을 취득하기 위한 계약에서 명의수탁자(B)가 그 일방 당사자(B)(매도인 혹은 매수인)가 되고 그 타방 당사자(제3자)C는 명의신탁약정이 있다는 사실을 알지 못한 경우(선의)에는 유효하다. 명의수탁자로부터 전득한 제3자는 명의신탁약정을 알았더라도 유효하게 소유권을 취득한다. 따라서 B(명의 수탁자)와 거래한 제3자의 거래는 유효하다. 단, 제3자가 선의이고 이러한 제3자 C가 D에게 매매한 경우 D가 악의이더라도 거래는 유효하게 된다.

II 부동산임대차

전세와 전세권

전세권은 물권(등기)으로써 모든 사람에게 전세권을 주장 가능(대항력)하고, 전세는 채권으로서 효력만 있다. 전세의 경우 주택인도 및 전입신고를 마치면 그 다음 날부터 제3자에 대하여 대항력이 생긴다. 이러한 효과는 물권의 등기와 같은 효력을 가지게 된다.

1. 주택임대차

주택임대차보호법에 따라 주택임대차는 등기가 없는 경우에도 임차인이 주택을 인도받고 주민등록(전입신고)을 마친 때에 그 다음 날로부터 제3자에 대하여 효력이 생긴다(대항력은 등기와 같은 효력). 대항요건과 주택임대차 계약서상의 확정일자를 갖춘 임차인은 임차주택이 경매, 공매되는 경우에 임차주택(택지포함)의 경락대금에서 후순위 담보권자나 기타 일반채권자에 우선하여 보증금을 변제받을 수 있다.

주택임대차에 있어서 당사자가 그 존속 기간을 정하지 않았거나 2년 미만으로 정한 때에는, 존속 기간은 2년으로 본다. 다만, 임차인은 2년 미만으로 정한 기간이 유효하다고 주장할 수 있다. 그리고 임대차가 종료한 경우에도 임차인인 보증금을 반환받을 때까지 임대차관계는 존속하는 것으로 본다. 임대차 기간을 2년 계약에 했어도 총 4년까지 기간이 보장(단, 직계존비속이 거주한다면 예외)된다.

2. 상가임대차

상가건물 임대차보호법상 상가건물 임대차는 등기가 없는 경우에도 임차인이 건물의 인도와 사업자등록을 신청한 때에는 그 다음 날부터 제3자에 대하여 효력이 생긴다(대항력). 기간을 정하지 아니하거나 기간을 1년 미만으로 정한 임대차는 그 기간을 1년으로 본다. 그러나 임차인은 1년 미만으로 정한 기간이 유효함을 주장할 수 있다.

III 손해배상

손해배상 청구권 발생 근거

1. 법률행위(채무불이행): 계약책임(제390조)에 의해 손해배상청구권이 발생한다.
2. 법률의 규정(불법행위): 불법행위책임(제750조)에 의해 손배배상청구권이 발생한다.

1. 손해배상의 요건과 범위

피해자에게 손해배상청구권을 발생시키는 일반불법행위의 성립요건은 가해자의 고의 또는 과실에 의한 행위, 가해자의 책임능력, 가해행위의 위법성, 가해행위에 의한 손해 발생 등이 필요하다(민법 제750조).[26] 손해배상의 방법으로는 금전배상을 원칙으로 한다.[27] 손해배상 청구권자는 자연인, 법인을 불문하며, 피해자와 일정한 관계에 있는 자도 재산상 혹은 정신상의 손해를 가해자에게 청구할 수 있다.

손해배상의 범위는 가해행위와 발생한 손해 사이에 상당인과관계가 있는 범위의 모든 손해를 배상하고, 적극적 손해(치료비 등), 소극적 손해(일실수익), 정신적 손해(위자료)를 포함한다. 불법행위로 인한 손해배상청구권은 피해자나 그 법정대리인이 그 손해 및 가해자를 안 날로부터 3년, 불법행위가 있은 날로부터 10년이 경과하면 시효로 소멸한다.[28] 미성년자가 성폭력, 성추행, 성희롱, 그 밖의 성적(性的) 침해를 당한 경우에 이로 인한 손해배상청구권의 소멸시효는 그가 성년이 될 때까지는 진행되지 아니한다.

2. 자동차사고

자동차사고로 인한 손해배상책임의 특성은 자동차의 운행으로 사람이 사망하거나 부상한 경우의 손해배상에 관해서는 자동차손해배상 보장법이 특별법으로서 민법에 우선하여 적용된다. 이 법은 자동차의 운행 중의 사고로 사람이 사망하거나 부상한 경우의 손해배상에 적용된다. 이 법에 의해 배상책임을 지는 자는 자기를 위하여 자동차를 운행하는 자이다.

---

26) [민법 제750조] (불법행위의 내용) 고의 또는 과실로 인한 위법행위로 타인에게 손해를 가한 자는 그 손해를 배상할 책임이 있다.

27) [민법 제394조] (손해배상의 방법) 다른 의사표시가 없으면 손해는 금전으로 배상한다.

28) [민법 제766조] (손해배상청구권의 소멸시효)

① 불법행위로 인한 손해배상의 청구권은 피해자나 그 법정대리인이 그 손해 및 가해자를 안 날로부터 3년간 이를 행사하지 아니하면 시효로 인하여 소멸한다.

② 불법행위를 한 날로부터 10년을 경과한 때에도 전항과 같다.

③ 미성년자가 성폭력, 성추행, 성희롱, 그 밖의 성적(性的) 침해를 당한 경우에 이로 인한 손해배상청구권의 소멸시효는 그가 성년이 될 때까지는 진행되지 아니한다.

사안의 해결

Q1 A는 B와 주택 매매계약을 체결한 후 계약금과 중도금까지 지급했다. 한 달 후 잔금을 치르고 등기를 이전 받기로 했는데, 그 사이 주택 주변이 재개발된다는 정책이 발표되었다. 변심한 B는 너무 싼 값에 매매가 이루어졌다며 돈을 더 요구하였고 이에 응하지 않을 경우 계약을 해제한다고 한다. A는 어떻게 해야 할까?

A1 만약 계약금만 교부된 상황이라면 B는 계약금의 두 배를 주고 해약할 수 있으나, 중도금이 교부된 이상 계약의 이행의 착수가 있었기 때문에 해제할 수 없다. A와 B가 합의 해제가 가능하지만 A가 원치 않기 때문에 불가능할 것이고, 결국 A는 잔금만 지급하면 된다.

Q2 대학에 합격한 A씨는 학교 근처 원룸에 자취를 한다. 그런데 기존 집주인이 집을 팔아 주인이 B로 바뀌었다. 새 주인 B는 계약 기간 1년이 지났으니 나가달라고 했다. 학기 중이라 당황한 A씨는 어떻게 해야 할까?

A2 A는 전입신고와 주택의 인도를 마쳤기 때문에 대항력과 우선변제권을 갖춘 임차인이다. 따라서 주택임대차보호법의 적용 대상이다. 계약 기간이 1년이라도 그 기간을 2년으로 볼 수 있다. 이러한 권리는 새 주인 B에게도 그대로 적용된다. 결국 A는 2년 동안 원룸에서 살 수 있고 이사를 하지 않아도 된다.

상인활동과 법(1)

- 상인(회사), 보험

생각해 보기

Q1 만 15세 A는 사업을 하고자 한다. 과연 미성년자 A는 상인이 될 수 있을까?

Q2 A씨는 보험설계사 B의 권유로 종합보험에 가입하고 첫 보험료를 납입하였는데 그 보장 내용이 계약체결 시와 다른 경우, A는 어떻게 해야 하는가?

I 상인의 개념

실질적 관점에서 상인은 기업의 인적 조직으로서 기업활동을 촉진하는 자이고 형식적 관점에서 상인은 기업활동에서 발생하는 권리와 의무의 귀속 주체를 말한다. 우리 상법에서는 당연상인, 의제상인, 소상인으로 구별하고 있으며, 기업의 형태를 기준으로 개인기업의 상인(자연인)과 공동기업의 상인(법인)으로 규율하고 있다.

II 상인에 관한 입법례(비교법적 고찰)

상인에 관한 입법례로는 먼저 상인주의(주관주의, 형식주의)는 상인의 개념을 먼저 정하고 그가 하는 행위를 상행위로 규정하는 입법주의이다. 우리 상법 제5조(의제상인)가 해당된다. 그리고 상행위주의(객관주의, 실질주의)는 상행위의 개념을 먼저 정하고 그 행위를 하는 자를 상인으로 규정하는 입법주의이다. 우리 상법 제4조(당연상인)가 해당된다.

Ⅲ 상인의 종류

1. 당연상인

당연상인이 되기 위한 요건으로 자기명의, 기본적 상행위, 영업성을 필요로 한다. 자기명의란 권리와 의무의 귀속 주체가 본인이란 의미이다. 자기계산은 요건이 아니다. 따라서 행정청이나 주무관청의 허가를 누구의 명의로 하느냐는 상인성립과는 아무런 상관이 없다. 또한 상법 제46조의 기본적 상행위 중 하나 이상을 하고 있으면 되고, 그 업을 계속, 반복적으로 해야 한다. 이를 상사회사라 한다.

예컨대 남편이 직접 당구장을 운영하고 있고 아내의 이름으로 구청에 허가를 받고 사업장 등록을 하였다. 상인은 누구인가? 상인은 바로 남편이다. 남편은 자기명의, 기본적 상행위(공중접객업), 영업성을 가지고 하기 때문이다. 이처럼 상법상 상인이 되기 위해서는 아내의 이름으로 행정청 허가를 받는 것은 상인이 되는 것에 직접 관련성이 없다.

2. 의제상인

의제상인에는 설비 상인(점포 기타 유사한 설비~상행위 이외 영업을 하는 자)과 민사회사(상법 제46조 이외 행위(농업, 어업)을 영업으로 하는 회사)가 있다.

Ⅳ 상인자격 취득

1. 자연인

자연인은 상법 제4조, 제5조 요건을 구비하고 영업을 개시하는 경우에 상인자격을 취득하게 된다. 판례의 경우에는 개업 준비 시에 행정관청의 인, 허가 상관없이 상인자격을 취득한다고 판시한다. 영업행위를 종료하게 되면 상인자격을 상실하게 된다. 만 17세 미성년자도 자연인이기 때문에 판례에 따를 경우 개업 준비 시에 상인이 된다.

2. 법인

법인 특히 회사의 경우 설립등기를 완료함으로써 상인자격을 취득하게 된다. 회사는 태생적 상인의 성질을 지니고 있다. 또한 청산 완료 시에 상인의 자격이 상실하게 된다.

V 영업능력

미성년자의 경우 영업 자유에 제한이 발생하게 된다. 상인자격을 취득하더라도 영업능력은 결여된다. 이러한 경우 법정대리인의 동의가 필요하게 된다.

VI 상법상 회사의 종류

1. 회사의 의의

상법상 회사라 함은 상행위 기타 영리를 목적으로 하여 설립한 법인을 이른다(상법 제169조). 상법상 회사가 되기 위한 요건으로는 영리성, 법인성이 있어야 한다. 영리성이란 이윤추구로 인해 그 이익을 반드시 주주(사원)에게 분배해야 하는 성질이다. 법인성이란 법인격을 취득하는 것으로 법인은 설립등기를 마치면 상인자격과 법인격을 취득하게 된다.

2. 상법상의 회사(상법 제170조)

상법상 회사의 종류는 합명회사, 합자회사, 주식회사, 유한회사책임회사, 유한회사 5종류이다. 이러한 분류를 하는 이유는 사원(주주)이 회사채권자에 대하여 부담하는 책임의 범위에 따른 분류이다. 책임의 범위는 다음 도표와 같다.

기업 형태(소유)	회사채권자에 대한 책임의 범위 및 경영권 유무	비고
합명회사(사원)	1. 직접, 연대, 무한책임 2. 사원에게 대표권(경영) = 소유 3. 비공개, 소규모, 가족 단위 회사	인적회사 (노무, 신용출자, 개성이 강조되는 회사)
합자회사(사원)	1. 사원이 이원화 2. 무한책임사원(합명회사) + 유한책임사원(직접, 연대) └→경영권(대표권) └→배당, 감시권 3. 비공개, 소규모, 가족 단위 회사	
주식회사(주주)	1. 간접, 유한책임(출자 부분) 2. 경영권 - 전문경영인(경영) ≠ 소유(주주) 3. 공개, 대규모, 대표적 회사	물적회사 (단체성 중시)
유한회사(사원)	1. 간접, 유한책임(출자 부분) 2. 경영권 - 전문경영인(경영) ≠ 소유(사원) 3. 비공개, 소규모인 회사(주식회사와 차이점)	
유한책임회사(사원)(2012년 새로운 기업 형태로도입된 회사)	1. 간접, 유한책임(출자 부분) 2. 일정한 경우 대표권(경영) = 소유 3. 인적회사의 요소와 물적회사의 요소를 모두 가진다. 예) 세무법인, 회계법인, 법무법인 회사	

Ⅶ 보험

1. 보험의 정의

(1) 법률상 정의

법적으로 명확한 정의가 어렵고, 법적 측면 이외 경제적, 경영적 기타 다양한 측면에서 고찰될 필요가 있다. 보험의 기능에 주목할 것인지 목적을 강조할 것인지에 따라 정의가 상이하게 된다.

(2) 법률의 규정

상법 제638조[29)]와 보험업법 제2조에서는 보험계약을 규정하고 있다. 상법에서는 불확정이라는 용어를, 보험업법에서는 우연이라고 표현하고 있다.

29) [상법 제638조] (보험계약의 의의) 보험계약은 당사자 일방이 약정한 보험료를 지급하고 재산 또는 생명이나 신체에 불확정한 사고가 발생할 경우에 상대방이 일정한 보험금이나 그 밖의 급여를 지급할 것을 약정함으로써 효력이 생긴다.

(3) 일반적 정의

보험을 동질의 위험에 놓여있는 다수인이 위험 보장을 목적으로 한 위험 단체를 구성하여 통계적 기초(대수의 법칙)에 의하여 산출된 보험료를 내어 기금을 마련하고 불확정한 사고를 당한 사람에게 보험금을 지급하는 제도라 정의한다. 불확정한 사고로 인하여 입을 수 있는 경제적 불안을 제거하고 또는 경감시킬 목적으로, 대수의 법칙에 의하여 계산된 보험료를 납부하고 불확정 사고가 발생하는 경우 보험급을 지급하는 것이다.

2. 보험의 기능과 폐단

(1) 보험의 기능

경제적 안정, 자금의 공급, 신용의 수단, 사회보장제도(피해자 보호), 사고 방지 등에 기여한다.

(2) 폐단

1) 도덕적 위험

보험금을 노리고 고의로 사고를 일으키는 경우와 보험에 가입하고 사고 예방에 소홀히 한 경우가 해당된다.

2) 예방의 효과 감소

보험가입자가 보험에 가입함으로써 주의를 게을리함으로써 사고 발생의 가능성이 높아지는 경우가 해당된다.

3) 인위적 사고

보험계약자 등이 보험금을 취득할 목적으로 사고를 유발하는 것이다.

(3) 폐단 억제책

고지의무(중요한 사항은 알리고, 부실한 고지를 하지 않은 것), 위험변경증가 통지의무, 인위적 사고에 대한 면책 등이 있고, 보험범죄에 대한 제재로서 사기죄, 살인죄, 사문서위조죄 등 각종의 형벌법규가 있으며, 새로운 보험상품 개발(교통 범칙금 대행업) 등이 있다.

3. 보험계약의 내용에 따른 분류

(1) 손해보험과 인보험

상법전의 분류방식, 손해보험은 보험사고로 인하여 생길 피보험자의 재산상의 손해를 보상할 것을 목적으로 하는 보험이고(상법 제665조), 인보험은 사람의 생명 또는 신체에 관하여 보험사고가 생길 경우에 보험계약이 정하는 바에 따라 보험금액 기타의 급여를 하기로 하는 보험이다(상법 제727조). 손해보험에는 화재보험, 운송보험, 해상보험, 책임보험, 자동차보험, 보증보험 등이 있고 인보험에는 생명보험, 상해보험, 질병보험 등이 있다.

(2) 정액보험과 부정액보험

보험급부의 내용이 보험사고로 인하여 생긴 손해를 전보(전부 보충)하는 것인지, 아니면 손해액과 관련 없이 미리 약정한 금액을 지급하는 것인지에 의한 분류. 정액보험은 미리 정해진 보험금을 사고 발생 시 지급하는 것으로 생명보험이 속하고, 사고로 피해자가 입은 손해액에 따라 보험금이 정해지는 것을 부정액보험이라 한다.

4. 보험계약(상법 제638조) 성립

"보험계약은 당사자 일방이 약정한 보험료를 지급하고 재산 또는 생명이나 신체에 불확정한 사고가 발생한 경우에 상대방이 일정한 보험금이나 그 밖의 급여를 지급할 것을 약정함으로써 효력이 생긴다."

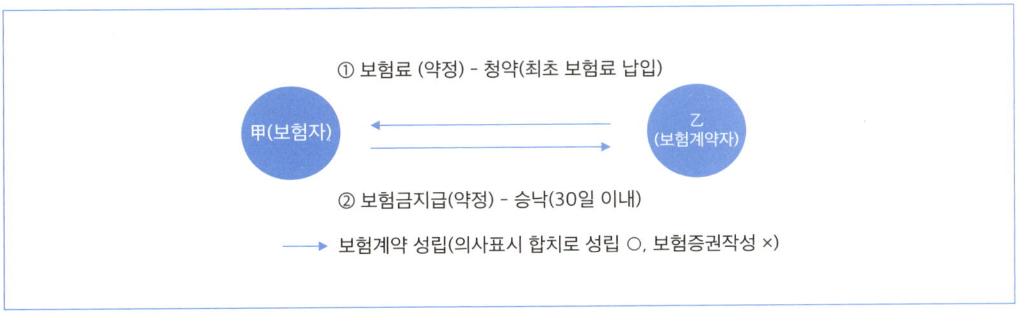

5. 보험계약의 법적 성질

(1) 낙성, 불요식

보험계약은 보험자와 보험계약자 사이의 의사 합치만으로 성립하고, 특별한 요식행위를 요하지 않는다(상법 제638조). 요식계약도 요물계약도 아니다. 보험료 수령이나 보험증권의 작성이나 발행의무와도 무관하다. 보험자의 책임은 당사자 간 다른 약정이 없으면 최초 보험료의 지급을 받은 때로부터 개시된다(상법 제656조).

(2) 유상, 쌍무

보험자와 보험계약자 간 서로 대가관계를 이루고 있으므로 유상, 쌍무계약이다.

(3) 단체성

보험자와 보험계약자 사이에 개별적으로 체결되고, 보험계약자 상호 간의 직접적인 결합관계는 존재하지 아니하며, 보험계약자는 보험자에 대하여 개별적으로 권리의무를 가질 뿐이다. 보험계약관계는 개별성과 단체성의 상관관계가 맺어지고 개별적인 보험계약도 언제나 그 단체성을 전제로 한다.

(4) 사행계약성, 최대선의성

보험계약도 복권이나 도박처럼 사행계약이다. 그러나 다른 사행계약이 공서양속에 반하여 무효로 처리되지만, 보험계약은 사회적 상당성이 있는 적법 계약이다. 이러한 보험거래의 사행성을 통제하고 보험이 투기수단화하는 것을 막는 보험계약의 내재적 속성의 하나가 보험계약의 최대선의성이다. 신의성실은 보험계약에서도 강조되고 있다.

(5) 상행위성

상법은 보험을 영업적 상행위로 규정하고 있고(상법 제46조 제17호), 보험자가 보험계약을 체결하는 것을 영업으로 하는 것을 말한다.

(6) 기타

계속계약성(일회적인 급부로 종결되는 것이 아니라 일정한 기간 계속되는 계약), 독립계약성(상법상 독립된 계약, 상법상 전형계약), 부합계약성(동일 또는 유사한 계약을 대량으로 체결되고 약관에 관한 내용과 거의 동일) 등이 있다.

보험자, 보험계약자, 피보험자, 보험수익자에 대한 용어 정리

1. 손해보험(화재보험)
   ① 보험자(회사) vs. 보험계약자(A) = 피보험자(A) → 자기를 위한 손해보험계약
   ② 보험자(회사) vs. 보험계약자(A) ≠ 피보험자(B) → 타인을 위한 손해보험계약
   예) A(임차인)가 B(임대인)를 위하여 화재보험에 가입하는 경우
   ③ 손해보험에서의 용어 정리
      ⓐ 보험자 - 보험회사
      ⓑ 보험계약자 - 계약체결자
      ⓒ 피보험자 - 보험금청구권자

2. 인보험(생명보험)
   ① 보험자(회사) vs. 보험계약자(A) = 피보험자(A) → 자기의 생명보험계약
   ② 보험자(회사) vs. 보험계약자(A) ≠ 피보험자(B) → 타인의 생명보험계약
   예) A(보험계약자)가 계약을 체결하고 B(피보험자)가 사망하면 보험금은 C(보험수익자)가 수령한다.
   ※ 농아자, 심신상실자, 심신미약자, 장애인 등 15세 미만인 자를 피보험자로 해서 계약을 부모가 체결하고 다른 사람이 보험금 수령하는 것은 절대 불가능하다.
   ③ 보험자(회사) vs. 보험계약자(A) = 보험수익자(A) → 자기를 위한 생명보험계약
   ④ 보험자(회사) vs. 보험계약자(A) ≠ 보험수익자(B) → 타인을 위한 생명보험계약
   예) A(보험계약자)가 사망하면 보험금청구권은 B(보험수익자)가 갖는다고 A(보험계약자)가 계약하는 경우
   ⑤ 인보험에서의 용어 정리
      ⓐ 보험자 - 보험회사
      ⓑ 보험계약자 - 계약체결자
      ⓒ 피보험자 - 보험의 객체
      ⓓ 보험수익자 - 보험금 수령권자(보험금청구권자)

사안의 해결

Q1 만 15세 A는 사업을 하고자 한다. 과연 미성년자 A는 상인이 될 수 있을까?

A1 자연인이 상인이 되기 위해 자격요건은 영업 개시 시와 개업 준비 시가 있다. 판례의 경우 개업 준비 시에 상인이 된다고 판시한다. 판례에 따를 경우 A는 미성년자이더라도 자연인이기 때문에 개업 준비 시에 상인이 된다.

Q2 A씨는 보험설계사 B의 권유로 종합보험에 가입하고 첫 보험료를 납입하였는데 그 보장 내용이 계약체결 시와 다른 경우, A는 어떻게 해야 하는가?

A2 보험계약의 청약의 철회는 보험증권을 받은 후 15일 이내에 가능하다. 또한 보장 내용이 다를 경우 보험계약을 체결하지 않을 것이므로 이를 이유로 보험계약을 해지할 수도 있다. 그러나 청약한 날로부터 30일 경과 시 더 이상 철회할 수 없게 된다. 보험계약자의 청약철회 시 보험자는 청약철회청구를 접수한 날로부터 3일 이내에 계약자가 이미 납부한 보험료를 반환해야 한다.

상인활동과 법(2)

- 공중접객업, 프랜차이즈(가맹업)

생각해 보기

Q1 최근 들어 매출이 늘어난 A씨는 가족들과 나들이를 가게 되었고 유명 여행지에 있는 숙박시설(콘도)을 이용하기로 했다. 거기에는 맡기지 않은 물건의 분실에 대한 책임을 부담하지 않는다는 문구가 게시되어 있었다. 객실에 도착한 A는 귀중품을 콘도 지배인 B에게 맡기고 B는 금고에 보관하였다. 그날 밤 4인조 강도가 들어 금고를 통째로 들고 갔다. 다음 날 A는 그 사실을 알고 숙박 시설에 대해 배상을 요구했다. 콘도 지배인 B는 귀중품을 금고에 보관했고 안전한 보관을 위해 최선을 다했다고 설명했다. 지배인 B로서도 어쩔 수 없는 도난 사건 때문이었음을 알게 된 A는 어떻게 해야 할까?

Q2 대학을 진학하지 않고 고등학교 졸업 후 빵 가게 점원으로 사회생활을 시작한 A는 43살에 지배인을 끝으로 퇴직하였다. A는 제빵 기술을 바탕으로 창업을 하기로 하였고 유명 프랜차이즈(가맹)를 이용하기 결심했다. 마침 A는 유명 가맹업자 B를 찾아가 5년간 가맹계약을 체결하였고 B는 A에게 상호와 설비 등을 지원하였다. 그러나 열심히 운영하였으나 2년이 지난 지금 매출이 나아지지 않아 가맹계약을 해지하고 C에게 양도하고자 할 경우 A가 가맹계약을 해지하고 C에게 양도할 수 있을까?

I 공중접객업

사례 풀이 연습

사실 관계

최근 들어 매출이 늘어나고 사업이 안정화된 A씨는 더위를 피해서 1박 2일간 경기도 소재의 콘도(숙박 시설)를 이용하기로 하였다. 맡기지 않은 물건의 분실에 책임을 지지 않는다는 문구가 크게 게시되어 있는 콘도의 입구를 지나서 객실에 도착한 A는 보석 목걸이를 콘도의 지배인 B에게 맡겼고, 지배인 B는 목걸이를 콘도의 금고에 보관하였다.

날이 어두워지고, 콘도(숙박 시설)의 조명이 꺼질 무렵 갑자기 나타난 4인조 금고 털이범은 콘도(숙박 시설)의 금고를 통째로 뜯어서 달아났다. 다음 날 보석 목걸이가 도난 당한 사실을 알게 된 A는 크게 화를 내면서 콘도에 배상을 요구했다. 그런데 콘도의 지배인B는 보석 목걸이를 금고에 보관하는 등 보석 목걸이의 안전한 보관을 위해 최선을 다하였다고 A씨에게 설명하였다. 지배인 B의 설명을 듣고서 지배인 B도 어쩔 수 없었던 도난 사건 때문이었음을 알게 된 A는 어떻게 해야 될까?

사안의 논점 상법 제152조 제1항, 제2항, 제3항의 정확한 이해

1. 고객으로부터 임치 받은 물건에 대한 책임
2. 고객으로부터 임치 받지 않은 물건에 대한 책임

※ 상법 개정 전(2010년 11월 15일 시행 이전)에는 공중접객업자는 불가항력인 경우에만 면책되었고 삭제된 내용

사안의 해결

1. 상법의 개정으로 2010년 11월 15일부터 공중접객업자는 고객으로부터 임치 받은 물건이 훼손되거나 멸실된 것에 대해 공중접객업자의 책임이 없음을 증명해야 한다(불가항력 ×), 즉 주의와 최선을 다함을 증명해야 면책된다.

2. A는 B에게 손해배상을 청구할 수 없음(B가 책임 없음을 증명한 경우), 만약 B가 주의를 게을리하지 않고 최선을 다함을 증명하지 못하면 A에게 손해배상책임을 부담하게 된다.

3. 책임이 없음을 게시된 경우에도 상법 제152조의 제1항의 책임을 면하지 못한다(입증해야 면책 가능).

1. 공중접객업

공중접객업이란 극장, 여관, 음식점 그 밖의 공중이 이용하는 시설에 의한 거래를 영업으로 하는 것을 말한다(상법 제151조).

2. 공중접객업자

공중이 이용하는 시설에 의한 거래를 영업으로 하는 자로서, 영업에 제공되는 시설의 소유자만을 의미하는 것이 아니고 공중접객업을 운영하는 기업의 주체(상인)을 말한다. 공중접객업자는 당연상인이다.

3. 공중접객업자의 책임

(1) 임치 받은 물건에 대한 책임(상법 제152조 제1항)[30)]

1) 요건

물건의 임치, 고객으로부터 임치, 물건의 멸실 또는 훼손으로 인한 손해배상(개정 상법 이전에는 공중접객업자 불가항력임을 증명하지 못하면 책임부담, 그러나 개정 상법에서는 주의를 게을리하지 아니하였음을 증명하지 아니하면(주의를 기울이고 최선을 다했다는 것을 증명하지 못하면 책임을 부담. 증명하면 면책됨) 등이 요건이다.

2) 면책 게시

면책 게시는 강행 규정이 아니므로 면책 특약에 당사자의 합의가 필요하다.

(2) 임치 받지 않은 물건에 대한 책임(상법 제152조 제2항)[31)]

1) 요건

시설 내에 휴대한 물건, 공중접객업자 또는 그 사용인의 과실, 휴대물의 멸실 또는 훼손으로 인한 손해의 발생 등이 요건이다.

2) 면책 게시

특약에 의해 감면할 수 있지만 면책의 게시만으로 책임을 면하지 못한다.

(3) 고가물에 대한 특칙(상법 제153조)

고가물에 대한 특칙이 적용되기 위한 요건으로는 화폐 또는 유가증권 기타의 고가물, 고객이 그 종류와 가격을 명시할 것, 고가물 임치, 물건의 멸실 또는 훼손으로 인한 손해의 발생 등이 요건이 된다.

---

30) [상법 제152조] (공중접객업자의 책임)
① 공중접객업자는 자기 또는 그 사용인이 고객으로부터 임치(任置)받은 물건의 보관에 관하여 주의를 게을리하지 아니하였음을 증명하지 아니하면 그 물건의 멸실 또는 훼손으로 인한 손해를 배상할 책임이 있다.
③ 고객의 휴대물에 대하여 책임이 없음을 알린 경우에도 공중접객업자는 제1항과 제2항의 책임을 면하지 못한다.

31) [상법 제152조] (공중접객업자의 책임)
② 공중접객업자는 고객으로부터 임치받지 아니한 경우에도 그 시설 내에 휴대한 물건이 자기 또는 그 사용인의 과실로 인하여 멸실 또는 훼손되었을 때에는 그 손해를 배상할 책임이 있다.
③ 고객의 휴대물에 대하여 책임이 없음을 알린 경우(게시된 경우)에도 공중접객업자는 제1항과 제2항의 책임을 면하지 못한다.

(4) 단기소멸시효

6월의 단기소멸시효가 있다(상법 제154조).[32)]

(5) 불법행위와의 관계

공중접객업자 또는 그 사용인의 고의 또는 과실에 의해 고객이 임치한 물건이나 고객의 휴대품이 멸실이나 훼손된 경우에 공중접객업자는 계약상 책임과 불법행위책을 부담하는지 문제가 된다. 이에 대하여 대법원 판례는 청구권 경합설을 취한다.

II 프랜차이즈(가맹업)

사례 풀이 연습

사실 관계

고등학교 졸업과 동시에 빵 가게의 점원으로 사회생활을 시작한 A는 40살에 점장을 끝으로 퇴직하였다. A는 곧바로 그간 익힌 제빵 기술을 바탕으로 창업을 하기로 결심하였다. 그러나 제빵시장에서 유명 프랜차이즈(가맹)를 이용하지 않으면 매출에 큰 어려움이 있을 것이라고 생각하였다. 마침 A는 유명 가맹업자 B를 찾아서 5년의 기간으로 가맹계약을 체결하게 되었다. 유명 가맹업자 B는 가맹상인 A에게 빵가게를 시작할 수 있도록 상호와 설비 등에서 지원을 하였고, A는 가맹계약 기간인 5년 동안 열심히 운영하여 꼭 성공하리라 다짐하였다. 그런데 빵 가게를 시작한 후 2년이 지나도록 매출은 나아지지 않았고, 가맹업자 B의 지원은 점점 시들해져 가고 있었다. 그러던 어느 날 A는 가맹계약을 해지하거나 다른 사람 C에게 양도하고 20여년 간 익혀 온 제빵 기술을 이용하여 새로 창업을 해야겠다는 생각을 하게 되었다. A가 가맹계약을 해지하거나 C에게 영업을 양도할 수 있는가?

---

32) [상법 제154조] (공중접객업자의 책임의 시효)
① 제152조와 제153조의 책임은 공중접객업자가 임치물을 반환하거나 고객이 휴대물을 가져간 후 6개월이 지나면 소멸시효가 완성된다.
② 물건이 전부 멸실된 경우에는 제1항의 기간은 고객이 그 시설에서 퇴거한 날부터 기산한다.
③ 제1항과 제2항은 공중접객업자나 그 사용인이 악의인 경우에는 적용하지 아니한다.
[전문개정 2010.5.14]

사안의 논점

1. 가맹업자의 의무
2. 가맹상의 영업양도와 계약의 해지.

사안의 해결

1. 기존에는 가맹계약에 기간의 약정이 있는 경우 가맹상은 부득이한 사정이 있어도 계약을 해지하기 어려웠다.
2. 「상법」의 개정으로 2010년 11월 15일 이후에 체결된 가맹계약에서 A와 같은 가맹상은 가맹업자 B의 동의를 얻어 영업을 양도하거나 상당한 기간의 예고를 거쳐서 가맹계약을 해지할 수 있게 되었다.

1. 가맹업

가맹업(franchise)이란 가맹상(franchisee)이 가맹업자(franchisor)의 상호나 상표 등의 영업표지를 자기의 영업을 위하여 이용, 그 영업과 관련하여 가맹업자의 지도, 통제를 받고, 그에 대한 일정한 대가를 지급하기로 하는 영업을 말한다.

2. 가맹상[33)]

자신의 상호, 상표 등을 제공하는 것을 영업으로 하는 자(가맹업자)로부터 그의 상호를 사용할 것을 허락 받아 가맹업자가 지정하는 품질기준이나 영업방식에 따라 영업하는 자를 말한다(상법 제168조의6).

3. 법적 성질

가맹업에 대한 법적 성질은 비전형 혼합계약이다.

4. 법률관계

(1) 가맹업자(본사)와 가맹상(사장님) 사이 법률관계

1) 계약당사자

가맹업의 계약당사자는 가맹업자와 가맹상이다. 가맹업자는 당연상인이다. 그러나 가맹

33) [상법 제168조의6] (의의) 자신의 상호·상표 등(이하 이 장에서 "상호등"이라 한다)을 제공하는 것을 영업으로 하는 자[이하 "가맹업자"(加盟業者)=본사라 한다]로부터 그의 상호등을 사용할 것을 허락받아 가맹업자가 지정하는 품질기준이나 영업방식에 따라 영업을 하는 자를 가맹상(加盟商)이라 한다. [본조신설 2010. 5. 14.]

상은 계약 당시에는 상인이거나 비상인이어야 무방하다.

2) 가맹업자의 의무[34)]

가맹업자의 의무로는 영업지원의무, 영업권보장의무, 영업양도 동의의무, 경업금지의무 등이 있다.

3) 가맹상의 의무[35)]

가맹상의 의무로는 영업권존중의무, 영업비밀준수의무, 가맹업자의 지도 및 감독에 대한 수용의무, 대가를 지급할 의무, 지정상품취급의무, 영업보고의무, 권리침해금지의무 등이 있다.

4) 가맹상의 영업양도[36)]

가맹상은 영업양도를 할 수 있지만, 가맹업자의 동의가 있어야 한다(상법 제168조의9 제1항). 특별한 사유가 없는 한 가맹업자는 영업양도에 대한 동의를 해야 한다(동조 제2항).

5) 가맹계약의 해지[37)]

존속 기간에 대한 약정의 유무와 관계없이 부득이한 사정이 있으면 가맹상과 가맹업자는 상당한 기간을 정하여 예고한 후 가맹계약을 해지할 수 있다(상법 제168조의 10).

---

34) [상법 제168조의7] (가맹업자의 의무)
① 가맹업자는 가맹상의 영업을 위하여 필요한 지원을 하여야 한다.(영업지원의무)
② 가맹업자는 다른 약정이 없으면 가맹상의 영업지역 내에서 동일 또는 유사한 업종의 영업을 하거나, 동일 또는 유사한 업종의 가맹계약을 체결할 수 없다.(경업금지의무)
[본조신설 2010. 5. 14.]

35) [상법 제168조의8] (가맹상의 의무)
① 가맹상은 가맹업자의 영업에 관한 권리가 침해되지 아니하도록 하여야 한다.(영업침해방지의무)
② 가맹상은 계약이 종료한 후에도 가맹계약과 관련하여 알게 된 가맹업자의 영업상의 비밀을 준수하여야 한다.(영업상비밀준수의무)
[본조신설 2010. 5. 14.]

36) [상법 제168조의9] (가맹상의 영업양도)
① 가맹상은 가맹업자의 동의를 받아 그 영업을 양도할 수 있다.
② 가맹업자는 특별한 사유가 없으면 제1항의 영업양도에 동의하여야 한다. [본조신설 2010. 5. 14.]

37) [상법 제168조의10] (계약의 해지) 가맹계약상 존속기간에 대한 약정의 유무와 관계없이 부득이한 사정이 있으면 각 당사자는 상당한 기간을 정하여 예고한 후 가맹계약을 해지할 수 있다. [본조신설 2010. 5. 14.]

(2) 가맹상(사장님)과 제3자(고객) 사이의 법률관계

가맹상과 제3자 사이의 법률관계는 이들 사이의 계약이나 불법행위의 일반 원칙에 따른다.

(3) 가맹업자(본사)와 제3자(고객) 사이의 법률관계

가맹업자는 가맹상과 제3자 사이의 계약 또는 불법행위에 대하여 아무런 책임을 부담하지 않는다. 그러나 예외적으로 책임을 지는 경우가 다음과 같은 경우 발생하게 된다.

① 가맹업자의 상호를 사용하는 경우에 명의대여자 책임(상법 제24조)[38)]

② 상표 등 영업표지를 사용한 경우 표현대리 책임(민법 제125조, 민법126조, 민법129조)

③ 가맹업자가 제조사인 경우 제조물 책임(제조물 책임법 제3조)[39)] 등

---

38) [상법 제24조] (명의대여자의 책임) 타인에게 자기의 성명 또는 상호를 사용하여 영업을 할 것을 허락한 자는 자기를 영업주로 오인하여 거래한 제3자에 대하여 그 타인과 연대하여 변제할 책임이 있다.

39) [제조물 책임법 제3조] (제조물 책임) ① 제조업자는 제조물의 결함으로 생명·신체 또는 재산에 손해(그 제조물에 대하여만 발생한 손해는 제외한다)를 입은 자에게 그 손해를 배상하여야 한다.

사안의 해결

Q1 최근 들어 매출이 늘어난 A씨는 가족들과 나들이를 가게 되었고 유명 여행지에 있는 숙박 시설(콘도)을 이용하기로 했다. 거기에는 맡기지 않은 물건의 분실에 대한 책임을 부담하지 않는다는 문구가 게시되어 있었다. 객실에 도착한 A는 귀중품을 콘도 지배인 B에게 맡기고 B는 금고에 보관하였다. 그날 밤 4인조 강도가 들어 금고를 통째로 들고 갔다. 다음 날 A는 그 사실을 알고 숙박 시설에 대해 배상을 요구했다. 콘도 지배인 B는 귀중품을 금고에 보관했고 안전한 보관을 위해 최선을 다했다고 설명했다. 지배인 B로서도 어쩔 수 없는 도난사건 때문이었음을 알게 된 A는 어떻게 해야 할까?

A1 상법 개정으로 2010년 11월 15일부터 공중접객업자는 고객으로부터 임치 받은 물건이 훼손되거나 멸실한 것에 대하여 공중접객업자의 책임이 없음을 증명해야 한다. 따라서 B가 책임 없음을 증명한 경우 A에 대하여 책임이 없다.

Q2 대학을 진학하지 않고 고등학교 졸업 후 빵 가게 점원으로 사회생활을 시작한 A는 43살에 지배인을 끝으로 퇴직하였다. A는 제빵 기술을 바탕으로 창업을 하기로 하였고 유명 프랜차이즈(가맹)를 이용하기 결심했다. 마침 A는 유명 가맹업자 B를 찾아가 5년간 가맹계약을 체결하였고 B는 A에게 상호와 설비 등을 지원하였다. 그러나 열심히 운영하였으나 2년이 지난 지금 매출이 나아지지 않아 가맹계약을 해지하고 C에게 양도하고자 할 경우 A가 가맹계약을 해지하고 C에게 양도할 수 있을까?

A2 과거에는 가맹계약에 기간의 약정이 있는 경우 가맹상은 부득이한 사정이 있어도 계약을 해지하기 어려웠다. 그러나 상법 개정으로 2010년 11월 15일 이후에 체결된 가맹계약에서 A와 같은 가맹상은 가맹업자 B의 동의를 얻어 영업을 양도하거나 상당한 기간의 예고를 거쳐 해지할 수 있다. B는 특별한 사정이 없는 한 동의를 해야 한다.

제8장

직장생활과 법

- 근로조건, 노동조합, 사회보장

생각해 보기

Q1 최근 경기가 나빠 A가 일하고 있는 회사의 경영 사정이 좋지 않아 A는 10개월치의 월급을 받지 못했다. 사장 B에게 여러 번 독촉을 했지만 밀린 월급을 받지 못하였다. 급기야 회사는 부도가 났고 A가 월급을 받을 수 있는 방법을 없을까?

Q2 대학생인 A는 학교 앞 커피숍에서 매일 4시간씩 아르바이트를 하였다. 7개월이 지난 후 A는 사장 B에게 여름휴가차 3일 동안 휴가를 요구하였다. B는 A가 아르바이트생이라 휴가를 거절하였고 휴가를 갈 경우 아르바이트를 그만두라고 하였다. 과연 A는 휴가를 갈 수 있을까?

I 노동법 일반론

1. 노동법의 기본 원리 및 체계

(1) 노동법의 개념

노동법이란 자본주의 사회에서 근로자와 사용자 및 국가의 관계를 규율하며, 취업과 근로조건 및 노사관계에 관하여 규정한 규범들의 총체를 말한다. 또한 노동법의 목표는 경제적·사회적 약자인 근로자의 인간다운 생활을 보장하고 노·사간의 실질적 평등, 산업평화(근로자·사용자·국가 사이의 분쟁 발생 방지와 상생의 발전)를 이루는 것이다.

(2) 노동법의 기본 원리

노동법의 기본 원리는 자본주의 체제와 시민법의 기본 원칙(소유권 보장의 원칙, 계약 자유의 원칙, 과실책임의 원칙)을 수정한다. 근로자에게 노동기본권, 즉 노동(근로)권과 노동3권(단결권,

단체교섭권, 단체행동권)을 부여한다.

(3) 노동법 체계 및 법원

1) 노동법의 체계

노동법의 체계는 헌법(제32조, 제33조)[40]과 노동 관계 법령 및 노사 자치규범(단체협약, 취업규칙, 근로계약 등)등으로 이루어진다. 또한 우리나라가 비준한 국제 협약도 포함된다.

2) 노동법의 법원

근로자와 사용자 사이의 권리 및 의무를 규정한 규범으로 근로자와 사용자 사이에 분쟁이 발생하였을 때 당사자가 주장의 근거를 삼을 수 있거나 공적 판단을 할 수 있는 사람(판사, 노동위원회 위원, 근로감독관 등)이 판단의 근거로 삼아야 하는 규범 등이 법원이 된다. 즉 노동법의 체계에 포함된 규범 모두가 노동법의 법원에 해당되지만 판례나 행정해석은 포함되지 않는다. 이러한 노동법의 법원 사이의 효력은 상위법 우선의 원칙, 신법 우선의 원칙, 특별법 우선의 원칙 등이 적용된다. 나아가 노동법의 특유한 효력으로는 근로자에게 유리한 근로조건을 정하고 있는 규범을 우선 적용하는 '유리한 조건 우선 원칙'이 있다.

2. 안전·쾌적한 근로환경

산업안전보건법에 따라 사업주는 고객이 고객응대근로자(주로 고객을 직접 대면하거나 정보통신망을 통하여 상대하면서 상품을 판매하거나 서비스를 제공하는 업무에 종사하는 근로자)에 대하여 폭언, 폭행, 그 밖에 적정 범위를 벗어난 신체적·정신적 고통을 유발하는 행위를 하여 발생하는 건강장해를 예방하기 위한 조치를 하여야 한다. 이는 2018년 10월부터 시행되었다.

---

40) [헌법 제32조]

① 모든 국민은 근로의 권리를 가진다. 국가는 사회적·경제적 방법으로 근로자의 고용의 증진과 적정임금의 보장에 노력하여야 하며, 법률이 정하는 바에 의하여 최저임금제를 시행하여야 한다.
② 모든 국민은 근로의 의무를 진다. 국가는 근로의 의무의 내용과 조건을 민주주의원칙에 따라 법률로 정한다.
③ 근로조건의 기준은 인간의 존엄성을 보장하도록 법률로 정한다.
④ 여자의 근로는 특별한 보호를 받으며, 고용·임금 및 근로조건에 있어서 부당한 차별을 받지 아니한다.
⑤ 연소자의 근로는 특별한 보호를 받는다.
⑥ 국가유공자·상이군경 및 전몰군경의 유가족은 법률이 정하는 바에 의하여 우선적으로 근로의 기회를 부여받는다.

[헌법 제33조]

① 근로자는 근로조건의 향상을 위하여 자주적인 단결권·단체교섭권 및 단체행동권을 가진다.
② 공무원인 근로자는 법률이 정하는 자에 한하여 단결권·단체교섭권 및 단체행동권을 가진다.
③법률이 정하는 주요방위산업체에 종사하는 근로자의 단체행동권은 법률이 정하는 바에 의하여 이를 제한하거나 인정하지 아니할 수 있다.

3. 고용차별

(1) 고용차별

고용차별이란 고용의 모든 과정(모집, 채용, 교육, 배치, 승진, 임금, 임금 외의 금품 지급과 복리후생, 정년, 퇴직, 해고 등)과 관련하여 어느 개인 또는 집단에 대하여 합리적 이유 없이 불이익을 주는 행위를 말한다.

(2) 고용에서의 차별을 금지하는 특별법

고용상의 남녀차별금지에 관한 「남녀고용평등과 일·가정 양립 지원에 관한 법률」(이하 '남녀고용평등법'이라 함), 비정규직의 차별적 처우 금지에 관한 「기간제 및 단시간근로자 보호 등에 관한 법률」(이하 '기간제법'이라 함)과 「파견근로자 보호 등에 관한 법률」(이하 '파견법'이라 함), 고용상의 장애인 차별 금지에 관한 「장애인차별금지 및 권리구제 등에 관한 법률」(이하 '장애인차별금지법'이라 함), 고용상 연령차별금지에 관한 「고용상 연령차별금지 및 고령자고용촉진에 관한 법률」(이하 '고령자고용법'이라 함) 등이 있다.

4. 직장 내 성희롱

(1) 직장 내 성희롱

「남녀고용평등법」에 따라 사업주, 상급자 또는 근로자는 직장 내 성희롱을 하여서는 아니 된다. 직장 내 성희롱이란 사업주, 상급자 또는 근로자가 직장 내의 지위를 이용하거나 업무와 관련하여 다른 근로자에게 성적 언동 등으로 성적 굴욕감 또는 혐오감을 느끼게 하거나 성적 언동 또는 그 밖의 요구 등에 따르지 아니하였다는 이유로 근로조건 및 고용에서 불이익을 주는 것을 말한다.

(2) 조치

사업주, 상급자 또는 근로자는 직장 내 성희롱을 하여서는 아니 된다. 고용노동부장관은 사업주가 직장 내 성희롱을 하면 과태료를 부과한다. 그런데 직장 내 성희롱의 행태가 성폭력범죄에 해당되는 경우에 그 행위자는 형사처벌을 당하게 된다. 사업주는 직장 내 성희롱을 예방하고 근로자가 안전한 근로환경에서 일할 수 있는 여건을 조성하기 위하여 직장 내 성희롱의 예방을 위한 교육을 매년 실시하여야 한다. 사업주 및 근로자는 성희롱 예방 교육을 받아야 한다. 사업주는 근로자가 성희롱을 신고하거나 피해를 입은 근로자에 대하여 해고나 그 밖의 불리한 처우를 하면 처벌당한다. 또한 고객 등으로부터의 성적 요구 등에 불응한 것을 이유로 근로자를 해고하거나 그 밖의 불이익한 조치를 하여서는 아니 된다.

5. 직장 내 괴롭힘

(1) 직장 내 괴롭힘

「근로기준법」에 따라 사용자 또는 근로자는 직장 내 괴롭힘(직장에서의 지위 또는 관계 등의 우위를 이용하여 업무상 적정 범위를 넘어 다른 근로자에게 신체적·정신적 고통을 주거나 근무환경을 악화시키는 행위)을 하여서는 아니 된다. 직장 내 괴롭힘은 2019년 1월 5일에 신설되어 2019년 7월 16일부터 시행되었다.

(2) 조치

사용자는 조사 기간 동안 피해를 입은 근로자 또는 피해를 입었다고 주장하는 근로자를 보호하기 위하여 필요한 경우 근무장소의 변경, 유급휴가명령 등 적절한 조치를 하여야 하되, 그 의사에 반하는 조치를 하여서는 아니 된다. 사용자는 직장 내 괴롭힘 발생 사실을 신고한 근로자 및 피해근로자등에게 해고나 그 밖의 불리한 처우를 하면 3년 이하의 징역 또는 3천만 원 이하의 벌금에 처한다.

6. 가족친화적 근로환경

(1) 육아휴직

사업주는 근로자가 만 8세 이하 또는 초등학교 2학년 이하의 자녀(입양한 자녀를 포함한다)를 양육하기 위하여 육아휴직을 신청하는 경우에 이를 허용하여야 한다. 다만, 대통령령으로 정하는 경우에는 그러하지 아니하다. 육아휴직의 기간은 1년 이내로 한다. 사업주는 육아휴직을 신청할 수 있는 근로자가 육아휴직 대신 근로시간의 단축을 신청하는 경우에 이를 허용하여야 한다. 다만, 대체인력 채용이 불가능한 경우, 정상적인 사업 운영에 중대한 지장을 초래하는 경우 등 대통령령으로 정하는 경우에는 그러하지 아니하다. 육아기 근로시간 단축의 기간은 1년 이내로 한다.

(2) 가족돌봄휴직

사업주는 근로자가 부모, 배우자, 자녀 또는 배우자의 부모의 질병, 사고, 노령으로 인하여 그 가족을 돌보기 위한 휴직을 신청하는 경우 이를 허용하여야 한다. 다만, 대체인력 채용이 불가능한 경우, 정상적인 사업 운영에 중대한 지장을 초래하는 경우 등 대통령령으로 정하는 경우에는 그러하지 아니하다.

II 근로기준법

1. 근로계약 및 그 내용

근로계약이란 근로자와 사용자가 상호 근로관계를 맺기로 합의한 후, 근로자가 사용자에게 근로를 제공하고 사용자는 그 대가로 임금을 지급하는 것을 목적으로 체결하는 계약을 말한다. 만 19세 이상의 정규직과 근로계약을 체결하는 방법은 서면으로 체결하는 것이 원칙이나, 명시적, 묵시적, 구두로 체결해도 성립할 수 있다. 사용자가 만 19세 이상의 정규직과 근로계약을 체결할 경우에 근로자에게 임금, 소정근로시간, 주휴일, 연차 유급휴가, 취업의 장소와 종사하여야 할 업무, 취업규칙의 필수적 기재 사항, 사업장의 부속 기숙사에 근로자를 기숙하게 하는 경우에는 기숙사 규칙에서 정한 사항을 명시하여야 한다.

한편 사용자는 임금의 구성항목·계산방법·지급방법, 소정근로시간, 주휴일, 연차 유급휴가에 대하여는 근로자의 요구가 없더라도 명시된 서면을 근로자에게 교부하여야 한다. 사용자가 근로계약을 체결할 때 명시한 근로조건이 사실과 다를 경우에 근로자는 근로조건 위반을 이유로 노동위원회에 손해의 배상을 청구할 수 있으며 즉시 근로계약을 해제할 수 있다. 또한 사용자와 근로자는 합의하여 「근로기준법」이 규정한 근로조건보다 낮은 수준의 근로조건을 근로계약에 정할 수 없다. 사용자는 근로자의 근로계약 불이행에 대한 위약금 또는 손해배상액을 예정하는 내용을 포함할 수 없다. 특히 사용자가 미성년자를 근로자를 채용할 때에는 미성년자 본인과 근로계약을 체결해야 한다. 그 법정대리인과 근로계약을 체결할 수 없다.

2. 근로계약의 당사자

근로계약의 당사자는 근로자와 사용자이다. 근로자는 직업의 종류와 관계없이 임금을 목적으로 사업이나 사업장에 근로를 제공하는 자(취업자)이다. 그러나 구직자와 실업자는 제외된다. 사용자란 사업주, 사업 경영 담당자, 그 밖에 근로자에 관한 사항에 대하여 사업주를 위하여 행위하는 자를 말한다.

3. 비정규직의 근로계약

(1) 비정규직의 종류

비정규직에는 기간제근로자(기간이 원칙 2년 이내의 정함이 있는 근로계약), 단시간근로자(1주 동안의 소정근로시간이 그 사업장에서 같은 종류의 업무에 종사하는 통상 근로자의 1주 동안의 소정근로시간에 비하여 짧은 근로자), 파견근로자(파견사업주에 고용되있으나 파견사업주와 근로자파견계약을 체결한 사용사업주의 지휘·명령을 받아 사용사업주를 위한 근로에 종사하는 자) 등이 있다.

(2) 기간제근로자 및 단시간근로자의 근로계약

사용자는 근로계약을 체결할 때 근로계약 기간, 근로시간·휴게, 임금의 구성항목·계산방법 및 지불방법, 휴일·휴가, 취업의 장소와 종사하여야 할 업무에 관한 사항을 서면으로 명시하여야 한다. 또한 단시간근로자의 경우에도 "근로일 및 근로일별 근로시간"도 서면으로 명시해야 한다.

4. 임금과 지급 원칙

(1) 임금

임금이란 사용자가 근로의 대가로 근로자에게 법령이나 노사 자치규범에 근거하여 의무적, 정기적, 계속적으로 임금, 봉급, 그 밖에 어떠한 명칭으로든지 지급하는 일체의 금품을 말한다.

(2) 임금의 지급 원칙

임금의 지급 원칙으로는 통화, 직접, 전액, 정기 지급을 원칙(다만 법령 또는 단체협약에 특별한 규정이 있는 경우에는 임금의 일부를 공제하거나 통화 이외의 것으로 지급 가능)으로 하고, 남녀 동일 가치 노동 동일 임금 지급 원칙, 최저임금 이상의 지급 원칙 등이 있다.

5. 임금의 산정 기초

(1) 통상임금

통상임금이란 근로자에게 정기적·일률적인 소정근로 또는 총근로에 대하여 지급하기로 정해진 임금(시간급·일급·주급·월급)의 금액이다. 시간급으로 산정함이 원칙이다. 이는 해고예고수당, 연장근로의 가산수당, 연차유급휴가수당, 법정유급휴일과 법정유급휴가 중의 임금 등의 산정 기준이 된다.

(2) 평균임금

평균임금이란 산정하여야 할 사유가 발생한 날 이전 3개월 동안에 그 근로자에게 지급된 임금의 총액을 그 기간의 총일수로 나눈 금액(사유가 발생한 당일은 불산입, 그 전일부터 소급하여 역일에 의한 3개월간의 총일수)을 말한다. 1일을 단위로 계산한다. 만약 평균임금의 산정 방법에 따라 산출된 금액이 그 근로자의 통상임금보다 적으면 그 통상임금액을 평균임금으로 한다. 퇴직금, 휴업수당, 연차유급휴가수당, 재해보상금, 감급액 등의 산정 기준이 된다. 예컨대 퇴직금 산출 시 1년 이상 근무하고 1개월에 200만 원 월급을 받았다면 1년 후 퇴직금이 200만 원이 되는 것이 대표적인 평균임금이다.

6. 최저임금

(1) 최저임금 근거법

최저임금 근거법으로는 「헌법」 제32조 제1항, 「최저임금법」 등이 있다. 최저임금의 목적은 근로자에 대하여 임금의 최저수준을 보장하여 근로자의 생활안정과 노동력의 질적 향상을 꾀함으로써 국민경제의 건전한 발전에 이바지하는 것이다.

(2) 효력

사용자는 최저임금의 적용을 받는 근로자에게 최저임금액 이상의 임금을 지급하여야 하고, 이 법에 따른 최저임금을 이유로 종전의 임금수준을 낮추어서는 아니 된다. 최저임금의 적용을 받는 근로자와 사용자 사이의 근로계약 중 최저임금액에 미치지 못하는 금액을 임금으로 정한 부분은 무효로 하며, 이 경우 무효로 된 부분은 이 법으로 정한 최저임금액과 동일한 임금을 지급하기로 한 것으로 본다.

(3) 최저임금의 결정과 고시

매년 고용노동부장관이 최저임금위원회의 심의를 거쳐 결정·고시한다.[41]

7. 근로시간과 휴게, 대기시간, 휴일, 연차 등

(1) 근로시간

근로시간이란 근로자가 사용자의 지휘·감독을 받으며 근로계약상의 근로를 제공하는 시간으로서 작업의 개시로부터 종료까지의 시간에서 휴게시간을 제외한 실근로시간을 의미한다.

(2) 휴게시간

휴게시간이란 근로시간 도중에 근로자가 작업에 관한 사용자의 지휘·감독으로부터 벗어나서 자유로이 이용할 수 있는 시간으로서 근로시간 산정에서 제외되는 시간이다. 따라서 근로시간이 4시간인 경우에는 30분 이상, 8시간인 경우에는 1시간 이상이 주어진다.

(3) 대기시간

근로시간 도중에 현재 근로는 하고 있지 않지만 사용자로부터 언제든지 근로의 요구가 있으면 근로해야 할 상태로서 근로시간 산정에 포함된다.

(4) 법정 근로시간

만 18세 이상자는 1일 8시간, 1주 40시간 근로, 15세 이상 18세 미만인 자는 1일에 7시간, 1주에 35시간 근로하는 것이 법정 근로시간이다. 1주는 휴일을 포함한 7일이다.

(5) 연장근로

연장근로에는 시간외근로, 야간근로(밤 10시~오전 6시), 휴일근로 등이 있다.

41) 참고로 2024년 최저임금은 시간당 9,860원이고 최저 월급은 206만 원이다. 매년 변동액을 참조해야 한다.

(6) 휴일

사용자는 1주 동안의 소정근로일을 개근한 근로자에게 1주에 평균 1회 이상의 유급휴일을 보장하여야 한다. 사용자는 근로자에게 대통령령으로 정하는 휴일(공휴일)을 유급으로 보장하여야 한다. 다만, 근로자 대표와 서면으로 합의한 경우 특정한 근로일로 대체할 수 있다.

(7) 연차 유급휴가

사용자는 1년간 80% 이상 출근한 근로자에게 15일의 유급휴가를 주어야 한다. 사용자는 계속하여 근로한 기간이 1년 미만인 근로자 또는 1년간 80% 미만 출근한 근로자에게는 1개월 개근 시 1일의 유급휴가를 주어야 한다. 또한 사용자는 3년 이상 계속하여 근로한 근로자에게는 15일의 휴가에 최초 1년을 초과하는 계속 근로 연수 매 2년에 대하여 1일을 가산한 유급휴가를 주어야 하되, 총 휴가 일수는 25일을 한도로 한다. 연차 유급휴가는 1년간 행사하지 아니하면 소멸된다. 다만, 사용자의 귀책사유로 사용하지 못한 경우에는 그러하지 아니하다.

8. 근로관계의 종료

사용자는 근로자가 퇴직하면 임금과 퇴직금 등 근로와 관련한 금품을 14일 이내에 청산하여야 하는 것이 원칙이다. 다만, 특별한 사정이 있을 경우에는 당사자 사이의 합의에 의하여 기일을 연장할 수 있다. 현행법상 사업주는 근로자의 정년을 만 60세 이상으로 정하여야 한다.

사용자는 근로자를 해고(경영상 이유에 의한 해고를 포함한다)하려면 적어도 30일 전에 예고를 하여야 하고, 30일 전에 예고를 하지 아니하였을 때에는 30일분 이상의 통상임금을 지급하여야 한다. 사용자는 근로자를 해고하려면 해고사유와 해고시기를 서면으로 통지하여야 한다. 해고는 서면으로 통지하여야 효력이 있다.

Ⅲ 노사관계법

1. 일반노동조합

노동조합이란 근로자가 주체가 되어 자주적으로 단결하여 근로조건의 유지·개선 기타 근로자의 경제적·사회적 지위의 향상을 도모함을 목적으로 조직하는 단체 또는 그 연합단체를 말한다. 노동조합을 설립하려면 2명 이상의 근로자가 노동조합의 설립총회를 개최하여 임원을 선출하고 규약을 제정한 후 노동조합의 설립신고서에 그 규약을 첨부하여 행정관청에 제출하고 신고해야 한다. 노동조합이 행정관청으로부터 설립신고증을 교부 받은 경우에는 설립신고서가 접수된 때에 설립된 것으로 본다. 하나의 사업장에 조직 대상을 같이 하는 노동조합을 복수로 설립할 수 있다.

2. 쟁의행위

쟁의행위란 파업(근로자)·태업(근로자)·직장폐쇄(사용자) 기타 노동관계 당사자가 그 주장을 관철할 목적으로 행하는 행위와 이에 대항하는 행위로서 업무의 정상적인 운영을 저해하는 행위를 말한다. 노동조합의 전임자에 대한 급여 지급을 요구하고 이를 관철할 목적으로 하는 쟁의행위와 쟁의행위 기간에 대한 임금의 지급을 요구하여 이를 관철할 목적으로 하는 쟁의행위는 금지된다. 특히 사용자는 노동조합이 쟁의행위를 개시한 이후에만 직장폐쇄를 할 수 있다. 직장폐쇄를 할 경우에는 미리 행정관청 및 노동위원회에 각각 신고하여야 한다.

3. 노사협의회

노사협의회란 「근로자참여 및 협력증진에 관한 법률」에 따라 근로자와 사용자가 참여와 협력을 통하여 근로자의 복지증진과 기업의 건전한 발전을 도모하기 위하여 구성하는 협의기구를 말한다.

Ⅳ 사회보장법

1. 사회보장

사회보장이란 출산, 양육, 실업, 노령, 장애, 질병, 빈곤 및 사망 등의 사회적 위험으로부터 모든 국민을 보호하고 국민 삶의 질을 향상시키는데 필요한 소득·서비스를 보장하는 사회보험, 공공부조, 사회서비스 등을 말한다.

2. 종류

(1) 사회보험

사회보험이란 국가가 국민에게 발생하는 사회적 위험을 보험의 방식으로 대처함으로써 국민의 건강과 소득을 보장하는 제도(국민연금, 국민건강보험, 고용보험, 산업재해보상보험 등 일명 4대보험)이다.

(2) 공공부조

공공부조란 국가와 지방자치단체의 책임하에 생활 유지 능력이 없거나 생활이 어려운 국민의 최저생활을 보장하고 자립을 지원하는 제도(국민기초생활보장, 의료급여, 기초연금)이다.

(3) 사회서비스

사회서비스란 국가·지방자치단체가 시행 주체가 되어 국가·지방자치단체 및 민간부문의 도움이 필요한 모든 국민에게 인간다운 생활을 보장하고 상담, 재활, 돌봄, 정보의 제공, 관련 시설의 이용, 역량 개발, 사회참여 지원 등을 통하여 국민의 삶의 질이 향상되도록 지원하는 제도(노인복지, 아동복지 등)이다.

사안의 해결

Q1 **최근 경기가 나빠 A가 일하고 있는 회사의 경영 사정이 좋지 않아 A는 10개월치의 월급을 받지 못했다. 사장 B에게 여러 번 독촉을 했지만 밀린 월급을 받지 못하였다. 급기야 회사는 부도가 났고 A가 월급을 받을 수 있는 방법을 없을까?**

A1 A는 사장 B에게 내용증명우편과 같은 방법 등으로 임금 청구를 하고, 그래도 받지 못한다면 고용노동부에 진정을 하거나 법원에 지급명령 또는 민사소송을 제기하여 체불임금을 받을 수 있다. 사안에서 B가 도산하였을 경우에 관할 지방 노동행정기관에 체당금지급청구서와 확인신청서를 제출하여 국가로부터 체당금을 받을 수 있다.

Q2 **대학생인 A는 학교 앞 커피숍에서 매일 4시간씩 아르바이트를 하였다. 7개월이 지난 후 A는 사장 B에게 여름휴가차 3일 동안 휴가를 요구하였다. B는 A가 아르바이트생이라 휴가를 거절하였고 휴가를 갈 경우 아르바이트를 그만두라고 하였다. 과연 A는 휴가를 갈 수 있을까?**

A2 근로자가 주 15시간 미만의 단시간근로자에 해당되는지 여부는 주당 근무시간에 따라 달라진다. 근로기준법 제18조 제3항에 따라 4주 동안(4주 미만으로 근로하는 경우에는 그 기간)을 평균하여 1주 동안의 소정근로시간이 15시간 미만인 근로자는 연차휴가에서 제외된다. 따라서 이 계산에 따라 근무시간이 위 15시간 이상인 근로자의 경우 7개월 근무하면 연차휴가가 발생하게 된다. 사안의 경우 A는 단시간근로자이다. 따라서 근로기준법의 적용을 받게 된다. 결국 A는 사장 B에게 연차 유급휴가를 신청할 수 있다. 나아가 B는 A가 연차 유급휴가를 신청했다는 이유로 해고할 경우 정당한 이유가 없는 부당해고가 된다.

헌법과 기본권

- 헌법의 기본 원리, 국민의 기본권, 통치구조

생각해 보기

Q1 한국에 유학 온 지 5년째인 외국인 K는 한국의 문화에 익숙하고 한국어 실력도 많이 늘어서 일상생활을 하는 데 불편함이 없었다. 졸업과 동시에 직업을 가지고자 마음을 먹었다. 과연 K는 직업 선택의 자유를 향유할 수 있는가?

Q2 A는 아내 B와 함께 한국에 10년째 거주하고 있는 외국인 노동자이다. 성실히 일하며 번 돈을 모아 고향으로 갈 생각으로 열심히 일을 하였다. 한국에 10년째 거주하는 동안 한국의 정치에 관심이 있었고 A도 국회의원 선거에 선거권을 행사하고자 하였다. A는 선거권을 행사할 수 있을까?

Ⅰ 헌법의 구성(일반론)

1. 헌법의 개념

헌법이란 국민의 기본권을 명시(기본권)하고, 이를 보장하기 위한 국가기관의 구성과 운영(통치구조)을 마련한 국가의 최고 규범이다. 헌법에는 우리나라가 추구하고자 하는 헌법적 가치와 기본 원리(헌법의 기본 질서) 등을 규정하며 기본 제도와 질서, 국민, 우리나라의 영역 등을 다루고 있다. 국가 구성의 3요소는 영토(헌법 3조), 국민(헌법 2조), 주권(헌법 1조)이다.[42]

42) [헌법 제1조]
① 대한민국은 민주공화국이다.
② 대한민국의 주권은 국민에게 있고, 모든 권력은 국민으로부터 나온다.
[헌법 제2조]
① 대한민국의 국민이 되는 요건은 법률로 정한다.
② 국가는 법률이 정하는 바에 의하여 재외국민을 보호할 의무를 진다.
[헌법 제3조] 대한민국의 영토는 한반도와 그 부속도서로 한다.

2. 기본권의 보장

헌법은 국민의 기본권을 확인하고 보장한다(헌법 제10조).[43] 국민이 갖는 기본적인 자유와 권리를 열거하고, 국민의 기본권을 어떠한 방법과 요건으로 제한할 수 있는지 규정한다. 이를 통해 국가의 공권력이 국민의 기본권을 함부로 제한하지 못하도록 한다.[44]

3. 기본권의 주체, 종류, 효력 및 제한

기본권이란 무엇이고, 누가 기본권의 주체가 되고, 기본권은 어떠한 성격과 효력을 가지는지, 기본권은 어떻게 제한하는지, 기본권이 침해되었을 때 어떻게 구제하는지 등을 알 수 있다. 기본권이란 헌법에서 확인한 인간의 권리이다. 기본권은 인간이면 누구나 누려야 하는 권리인 인권(천부인권)과 구별된다. 기본권의 주체는 자연인(대한민국 국적인 국민, 외국인), 법인 등이다.

기본권을 성격에 따라 분류하면 최고의 기본권인 인간의 존엄과 가치, 행복추구권(헌법 제10조), 평등권(헌법 제11조, 실질적, 비례적, 상대적)이 있고 자유권적 기본권, 청구권적 기본권, 참정권적 기본권, 사회권적 기본권(인간다운 생활을 할 권리, 교육을 받을 권리, 근로3권 등) 등이 있다. 기본권의 효력으로는 대국가적 효력 및 대사인적 효력으로 나뉜다. 기본권 제한에 관한 내용은 헌법 제37조에 규정되어 있다.

4. 통치구조

헌법은 국가기관의 구성과 운영에 대하여 규정(통치구조)하고 있다. 국가기관의 구성과 운영에서는 국민의 뜻에 따라 국가의 의사를 결정하는 대의기관인 국회(입법부, 의결기관, 법을 제정), 대통령을 수반으로 하는 행정부(집행부, 국무회의, 법을 집행), 사법권을 행사하는 법원(법을 판단, 적용), 헌법적 분쟁을 담당하는 헌법재판소 등의 내용을 다룬다. 특히 국가는 국민의 기본권을 보호하기 위하여 만들어진 정치적 공동체이고, 헌법은 이러한 국가를 만드는

43) [헌법 제10조] 모든 국민은 인간으로서의 존엄과 가치를 가지며, 행복을 추구할 권리를 가진다. 국가는 개인이 가지는 불가침의 기본적 인권을 확인하고 이를 보장할 의무를 진다.

44) [헌법 제37조]

① 국민의 자유와 권리는 헌법에 열거되지 아니한 이유로 경시되지 아니한다. 예: 파생되는 기본권(생명권, 인격권, 명예권 등등)

② 국민의 모든 자유와 권리는 국가안전보장·질서유지 또는 공공복리를 위하여 필요한 경우에 한하여 법률로써 제한할 수 있으며, 제한하는 경우에도 자유와 권리의 본질적인 내용을 침해할 수 없다.

과정에서 국민과 국가의 합의를 담은 문서이다.

Ⅱ 헌법의 기본 질서 및 제도

1. 헌법이 추구하는 가치와 원리(기본 질서)

(1) 민주주의 원리

민주주의 원리는 국가 권력의 창설과 행사의 최종적인 정당성의 근거가 국민에게 있어야 한다는 원리이다.

(2) 법치국가 원리

법치국가 원리는 국가와 국가기관의 활동, 국가공동체에서 생활하는 국민의 생활 기준과 방식을 법이라는 형식에 의하여 제공해야 한다는 원리이고, 국민의 자유와 권리를 제한하거나 새로운 의무를 부과하기 위해서는 반드시 국민의 대표기관인 국회가 제정한 법률로써 해야 하고, 행정과 사법도 법률에 의거하여 행해져야 한다는 원리이다. 인치주의에 반대되는 원리이다.

(3) 복지국가 원리

복지국가 원리는 시민에게 근대의 형식적 자유와 평등을 보장하는 것을 넘어 실질적 자유와 평등을 보장하고, 인간다운 생활을 할 권리를 보장하기 위하여 국가가 적극적으로 나서야 한다는 원리이다.

(4) 자유민주주의 기본 질서

자유민주주의 기본 질서는 국민의 의사에 따라 국가가 운영되고, 헌법에 따라 자유와 권리를 보장받고, 자유롭게 자신의 삶을 누리고 문화를 향유하며, 스스로 국가의 주인으로 대화와 토론을 통해 나랏일을 결정하는 원리를 말한다.

(5) 기타 국제평화주의, 문화국가주의도 있다.

2. 기본제도

헌법에서 추구하는 기본적인 제도에는 정당제도[45)], 선거제도[46)] 등이 있다.

III 국민의 기본권

1. 기본권 개념 및 주체

기본권이란 헌법에서 확인한 인간의 권리이다. 기본권은 인간이면 누구나 누려야 하는 권리인 인권과 구별된다. 기본권 주체는 원칙적으로 국민(대한민국 국적)이고 일정한 요건하에서 외국인이나 법인에게도 제한적으로 기본권의 주체성을 인정하고 있다.

2. 기본권 종류

기본권의 종류에는 우리 헌법 제10조에서 제36조까지 개별적인 기본권을 규정하고 있다.

---

45) [헌법 제8조]
① 정당의 설립은 자유이며, 복수정당제는 보장된다.
② 정당은 그 목적·조직과 활동이 민주적이어야 하며, 국민의 정치적 의사형성에 참여하는데 필요한 조직을 가져야 한다.
③ 정당은 법률이 정하는 바에 의하여 국가의 보호를 받으며, 국가는 법률이 정하는 바에 의하여 정당운영에 필요한 자금을 보조할 수 있다.
④ 정당의 목적이나 활동이 민주적 기본질서에 위배될 때에는 정부는 헌법재판소에 그 해산을 제소할 수 있고, 정당은 헌법재판소의 심판에 의하여 해산된다.

46) [헌법 제41조]
① 국회는 국민의 보통·평등·직접·비밀선거에 의하여 선출된 국회의원으로 구성한다.
② 국회의원의 수는 법률로 정하되, 200인 이상으로 한다.
③ 국회의원의 선거구와 비례대표제 기타 선거에 관한 사항은 법률로 정한다.
[헌법 제제67조]
① 대통령은 국민의 보통·평등·직접·비밀선거에 의하여 선출한다.
② 제1항의 선거에 있어서 최고득표자가 2인 이상인 때에는 국회의 재적의원 과반수가 출석한 공개회의에서 다수표를 얻은 자를 당선자로 한다.
③ 대통령후보자가 1인일 때에는 그 득표수가 선거권자 총수의 3분의 1 이상이 아니면 대통령으로 당선될 수 없다.
④ 대통령으로 선거될 수 있는 자는 국회의원의 피선거권이 있고 선거일 현재 40세에 달하여야 한다.
⑤ 대통령의 선거에 관한 사항은 법률로 정한다.

기본권의 종류	인간의 존엄과 가치, 행복추구권 (헌법 제10조)에서 파생되는 기본권	생명권, 인격권, 명예권, 휴식권 등
	평등권 (헌법 제11조)	상대적, 실질적, 비례적 성격 (※ 절대적, 획일적, 형식적 성격과 반대됨)
	자유권적 기본권 (소극적, 방어적 기본권)	신체의 자유, 거주이전의 자유, 직업의 자유, 주거의 자유, 사생활 비밀의 자유, 통신의 비밀과 자유, 양심의 자유, 종교의 자유, 표현의 자유, 학문의 자유, 예술의 자유, 재산권 등
	참정권적 기본권 (능동적 기본권)	선거권, 공무담임권, 정당의 자유, 국민투표권
	청구권적 기본권 (적극적 기본권)	청원권, 재판청구권, 형사보상청구권, 국가배상청구권, 범죄피해자구조청구권
	사회권적 기본권 (적극적 급부 기능)	교육기본권, 근로의 권리, 근로3권, 인간다운 생활을 할 권리, 환경권, 혼인과 가족생활의 보호, 보건권

※ 헌법에 열거되지 아니한 이유로 경시되지 않는다.

3. 국민의 의무

국민의 기본의무에는 납세의 의무(헌법 제38조 모든 국민은 법률이 정하는 바에 의하여 납세의 의무를 진다), 국방의 의무(헌법 제39조 제1항 모든 국민(남녀노소)은 법률이 정하는 바에 의하여 국방의 의무를 진다. 제2항 누구든지 병역의무의 이행으로 인하여 불이익한 처우를 받지 아니한다)가 있고, 이는 헌법상 의무이다. 교육의 의무와 근로의 의무는 법률상 의무이고 헌법상 의무가 아니다.

4. 기본권 제한

기본권 제한은 국민의 모든 자유와 권리를 국가안전보장, 질서유지 또는 공공복리를 위하여 필요한 경우에 한하여 법률로써 제한할 수 있으며, 제한하는 경우에도 자유와 권리의 본질적인 내용을 침해할 수 없다(헌법 제37조).

Ⅳ 통치구조

1. 삼권분립과 정부 형태

(1) 삼권분립

삼권분립이란 입법, 행정, 사법으로 분립된 것을 말한다. 이권분립이란 입법부 내에 행정부가 포함되고 사법부로 이원화된 것을 말한다. 대표적으로 의원내각제(일본, 영국) 형태에서 이권분립이 나타난다.

(2) 정부 형태

법을 집행하는 정부의 유형에 따라 대통령제, 의원내각제, 이원집정부제 형태로 구분된다.

1) 대통령제

대통령제란 대통령과 국회의원은 국민의 직선에 의해 선출, 대통령은 임기 동안 국회로부터 불신임결의를 당하지 않고, 국회도 대통령으로부터 해산당하지 않는다. 대통령은 행정부 수반이고 국가원수이다. 엄격한 삼권분립 형태를 취한다. 직선제란 국민의 직접선거로 당선되는 선거 형태이고, 간선제란 대통령 선거인단으로 구성하여 당선자를 선출하는 방식이다.

2) 의원내각제

의원내각제란 국가의 원수는 국정에 직접적 행사하지 않고 행정은 직접적으로 내각에서 담당하게 된다. 또한 국회의 다수당으로 내각이 구성되고 국회가 불신임결의를 할 경우 내각은 총사직해야 하는 정부 형태이다.

3) 이원집정부제

이원집정부제의 특징은 대통령은 주로 외교, 국방 등을 담당하고 총리는 행정 및 예산과 같은 내치를 담당하는 정부 형태이다. 독일, 프랑스 등이 해당된다.

4) 우리나라

우리나라의 정부 형태는 대통령중심제를 원칙으로 하되, 의원내각제(총리제) 요소를 가미하고 있다.

2. 국회

(1) 국회의 지위

국회는 국민의 대표기관이자 법을 제정하거나 개정하는 입법기관이다. 또한 국정감시기관이다.

(2) 국회의 구성

국회의 구성 형태는 단원제(국회가 일원화로 구성)와 양원제(국회가 이원화로 구성)로 나뉜다. 우리나라의 경우 단원제를 채택하고 있다. 미국의 경우에는 양원제를 채택하고 있다.

(3) 국회의원

1) 국회의원 수 및 임기

국회의원 수는 법률(국회법)로 정하되 200인 이상으로 한다. 임기는 4년이다.

2) 국회의원의 특권

면책특권이란 국회에서 직무상 행한 발언과 표결은 국회 외에서 책임을 지지 않는 권리를 이른다. 불체포특권이란 국회의원이 현행범인 아닌 한, 회기 중 국회의 동의 없이 체포 또는 구금되지 아니하며, 회기 전에 체포 또는 구금된 때에도 현행범이 아닌 한 국회의 요구가 있으면 회기 중 석방된다.

3) 국회의원 선거

국회의원은 보통(1인 1표), 평등(가치의 평등), 직접, 비밀선거에 의해 선출된다. 모든 국민은 헌법과 법률이 정하는 바에 의하여 선거권과 피선거권(출마할 수 있는 것)을 가진다. 피선거권은 대통령은 만 40세 이상, 국회의원은 만 18세 이상이 되어야 한다.

4) 국회의 권한

국회의 권한 중 입법에 관한 권한(대표적 권한)으로 법률제정권, 헌법개정권 등이 있다. 재정에 관한 권한으로는 예산심의확정권, 기타 재정권 등이 있다. 일반국정에 관한 권한으로는 국정조사권, 탄핵소추권, 해임건의권, 기타 일반국정에 관한 권한 등이 있다.

3. 정부

(1) 대통령

1) 지위

대통령의 지위에는 대통령의 헌법상 지위로서 국가의 원수, 행정부 수반 등이 있다. 대통령은 보통, 평등, 직접, 비밀선거에 의해 선출되고, 최고득표자가 2인 이상인 때에는 국회의 재적의원 과반수가 출석한 공개회의에서 다수표를 얻은 자가 당선자가 된다. 임기는 5년 단임이다.

2) 권한

대통령의 행정 수반으로서 행정적 권한에는 법령집행권, 외교권, 국군통수권, 계엄선포권, 공무임면권, 정당해산제소권 등이 있다. 입법적 권한으로는 대통령령제정권, 기타 입법에 관한 권한 등이 있다. 국가원수로서 권한은 긴급명령권, 국민투표회부권, 사면권, 대법원장임명권 등이 있다.

(2) 국무회의[47)]

국무회의 의장은 대통령이 되고, 부의장은 국무총리가 된다.

(3) 국무총리[48)]

국무총리는 국무회의 부의장 대통령을 보좌하고 행정부를 지휘하게 된다.

---

47) [헌법 제88조]

① 국무회의는 정부의 권한에 속하는 중요한 정책을 심의한다.
② 국무회의는 대통령·국무총리와 15인 이상 30인 이하의 국무위원으로 구성한다.
③ 대통령은 국무회의의 의장이 되고, 국무총리는 부의장이 된다.

48) [헌법 제86조]

① 국무총리는 국회의 동의를 얻어 대통령이 임명한다.
② 국무총리는 대통령을 보좌하며, 행정에 관하여 대통령의 명을 받아 행정각부를 통할한다.
③ 군인은 현역을 면한 후가 아니면 국무총리로 임명될 수 없다.

(4) 국무위원[49)]

국무위원은 국정에 관하여 대통령을 보좌하고, 국무회의 구성원으로 국정을 심의한다.

(5) 자문기관[50)]

자문기관으로는 국가원로자문회의, 국가안전보장회의, 민주평화통일자문회의, 국민경제자문회의 등이 있다.

(6) 감사원[51)]

국가의 세입, 세출의 결산, 국가 및 법률이 정한 단체의 회계검사와 행정기관 및 공무원 직무에 대한 감찰을 하기 위하여 대통령 소속하에 둔다.

(7) 중앙선거관리위원회[52)]

선거와 국민투표의 공정한 관리 및 정당에 관한 사무를 처리하기 위하여 선거관리위원회를 둔다.

---

49) [헌법 제87조]
① 국무위원은 국무총리의 제청으로 대통령이 임명한다.
② 국무위원은 국정에 관하여 대통령을 보좌하며, 국무회의의 구성원으로서 국정을 심의한다.
③ 국무총리는 국무위원의 해임을 대통령에게 건의할 수 있다.
④ 군인은 현역을 면한 후가 아니면 국무위원으로 임명될 수 없다.

50) [헌법 제90조] ① 국정의 중요한 사항에 관한 대통령의 자문에 응하기 위하여 국가원로로 구성되는 국가원로자문회의를 둘 수 있다.
[헌법 제91조] ① 국가안전보장에 관련되는 대외정책·군사정책과 국내정책의 수립에 관하여 국무회의의 심의에 앞서 대통령의 자문에 응하기 위하여 국가안전보장회의를 둔다.
[헌법 제92조] ① 평화통일정책의 수립에 관한 대통령의 자문에 응하기 위하여 민주평화통일자문회의를 둘 수 있다.
[헌법 제93조] ① 국민경제의 발전을 위한 중요정책의 수립에 관하여 대통령의 자문에 응하기 위하여 국민경제자문회의를 둘 수 있다.

51) [헌법 제97조] 국가의 세입·세출의 결산, 국가 및 법률이 정한 단체의 회계검사와 행정기관 및 공무원의 직무에 관한 감찰을 하기 위하여 대통령 소속하에 감사원을 둔다.
[헌법 제98조]
① 감사원은 원장을 포함한 5인 이상 11인 이하의 감사위원으로 구성한다.
② 원장은 국회의 동의를 얻어 대통령이 임명하고, 그 임기는 4년으로 하며, 1차에 한하여 중임할 수 있다.
③ 감사위원은 원장의 제청으로 대통령이 임명하고, 그 임기는 4년으로 하며, 1차에 한하여 중임할 수 있다.

52) [헌법 제114조]
① 선거와 국민투표의 공정한 관리 및 정당에 관한 사무를 처리하기 위하여 선거관리위원회를 둔다.
② 중앙선거관리위원회는 대통령이 임명하는 3인, 국회에서 선출하는 3인과 대법원장이 지명하는 3인의 위원으로 구성한다. 위원장은 위원 중에서 호선한다.
③ 위원의 임기는 6년으로 한다.
④ 위원은 정당에 가입하거나 정치에 관여할 수 없다.
⑤ 위원은 탄핵 또는 금고 이상의 형의 선고에 의하지 아니하고는 파면되지 아니한다.
⑥ 중앙선거관리위원회는 법령의 범위 안에서 선거관리·국민투표관리 또는 정당사무에 관한 규칙을 제정할 수 있으며, 법률에 저촉되지 아니하는 범위 안에서 내부규율에 관한 규칙을 제정할 수 있다.
⑦ 각급 선거관리위원회의 조직·직무범위 기타 필요한 사항은 법률로 정한다.

4. 법원

(1) 사법권의 독립

법원의 조직으로는 대법원, 고등법원, 지방법원, 특허법원, 가정법원, 행정법원 등으로 구분된다.

(2) 법관의 자격

법관의 자격은 법률로 정한다.

(3) 법관의 임명

대법원장인 법관은 대통령이 국회의 동의를 얻어 임명하고 대법관은 대법원장의 제청으로 국회의 동의를 얻어 대통령이 임명한다. 그 밖의 모든 법관은 대법관회의 동의 얻어 대법원장이 임명한다.

(4) 법관의 임기

대법원장인 법관은 6년, 중임할 수 없다. 대법관의 임기는 6년이고 연임 가능하다. 일반 법관은 10년이고 연임이 가능하다.

(5) 법원의 명령, 규칙심사권

법원은 명령 및 규칙심사권을 가진다.

5. 헌법재판소

(1) 권한 및 변론

헌법재판의 종류(권한)에는 위헌법률심판, 헌법소원심판, 탄핵심판, 위헌정당해산심판, 권한쟁의심판이 있다. 이 중에 구두에 의한 변론을 해야 하는 것은 권한쟁의심판, 정당해산심판, 탄핵심판이고 반드시 서면에 의한 변론을 해야 하는 것은 헌법소원심판과 위헌법률심판이다.

(2) 위헌법률심판(재판의 전제성)

법률의 위헌 여부 심판은 법률이 「헌법」에 위반되는지 여부가 재판의 전제가 된 경우 당해 사건을 담당하는 법원(군사법원을 포함)이 직권 또는 당사자의 신청에 의한 결정으로 헌법재판소에 위헌 여부 심판을 제청하여 이루어진다. 헌법재판소는 해당 법률이 「헌법」에 위반되는지를 심사하여 위반된다고 판단하는 경우에 그 법률의 효력을 잃게 하거나 적용하지 못하게 한다.

(3) 헌법소원

헌법소원이란 국가 권력(공권력)의 행사 또는 불행사로 인해 「헌법」상 보장된 기본권이 직접 그리고 현실적으로 침해당한 국민이 공권력의 위헌 여부 심사를 청구하여 기본권을 구제받는 제도를 말한다. 당사자의 위헌법률심판 제정 신청을 법원이 기각할 경우에는 신청한 당사자가 헌법재판소에 직접 헌법소원을 제기할 수 있다.

(4) 탄핵심판

탄핵심판은 국회(법제사법위원회의 위원장)가 소추위원이 된다. 헌법재판소는 탄핵대상자를 공직에서 파면시키는 결정을 할 수 있다. 탄핵소추권은 국회의 권한이다.

(5) 위헌정당해산심판

위헌정당해산심판은 정부(법무부 장관)가 청구한다. 헌법재판소는 정당의 목적이나 활동이 민주적 기본 질서에 위배되는 경우 해당 정당을 해산시킬 수 있다.

(6) 결정

헌법재판소에서 법률의 위헌결정, 탄핵의 결정, 정당해산의 결정 또는 헌법소원에 관한 인용결정을 할 때에는 재판관 6명 이상의 찬성이 있어야 한다(9인 중 6인 찬성).

(7) 효력

형벌에 관한 법률 또는 법률의 조항은 소급하여 그 효력을 상실한다. 다만, 해당 법률 또는 법률의 조항에 대하여 종전에 합헌으로 결정한 사건이 있는 경우에는 그 결정이 있는 날의 다음 날로 소급하여 효력을 상실한다.

사안의 해결

Q1 **한국에 유학 온 지 5년째인 외국인 K는 한국의 문화에 익숙하고 한국어 실력도 많이 늘어서 일상생활을 하는 데 불편함이 없었다. 졸업과 동시에 직업을 가지고자 마음을 먹었다. 과연 K는 직업선택의 자유를 향유할 수 있는가?**

A1 기본권의 향유 주체는 대한민국 국적을 가진 국민이다. 국민은 대한민국 헌법에 보장하는 모든 기본권을 향유할 수 있는 주체가 된다. 그러나 외국인 K의 경우 직업선택의 자유의 주체가 되지 못한다. 법률이 정하는 바에 따라 직장 선택의 자유는 인정된다. 나아가 선거권, 공무담임권 등도 주체가 될 수 없다. 인권의 성격을 지닌 기본권, 평등권, 신체의 자유, 주거의 자유 등은 주체가 될 수 있다.

Q2 **A는 아내 B와 함께 한국에 10년째 거주하고 있는 외국인 노동자이다. 성실히 일하며 번 돈을 모아 고향으로 갈 생각으로 열심히 일을 하였다. 한국에 10년째 거주하는 동안 한국의 정치에 관심이 있었고 A도 국회의원 선거에 선거권을 행사하고자 하였다. A는 선거권을 행사할 수 있을까?**

A2 외국인은 대한민국의 헌법이 보장하는 기본권의 주체가 되지 못한다. 그러나 인권의 성격을 지닌 기본권은 외국인도 주체가 될 수 있다. 가장 대표적인 것이 평등권, 신체의 자유, 주거의 자유, 표현의 자유 등이다. 반대로 오직 대한민국 국민에게 인정되는 선거권, 공무담임권 등은 원칙적으로 외국인에게는 인정되지 않는다. 따라서 A는 선거권을 행사할 수 없다.

형사사건과 법(1)

- 범죄와 형벌

생각해 보기

Q1 A는 자전거를 절취한 사실이 없는데, B와 C는 갑자기 A가 자전거를 훔친 것으로 오인하여 무차별 구타했다. A는 훔치지 않았다고 말하였으나 구타는 계속 이루어졌다. 마침 A는 참다못해 주머니 속에 있던 손톱깎이에 달린 줄칼을 꺼내어 휘둘렀다. 이로 인하여 B가 허벅지에 찔려 2주간 상해를 입었다. A는 어떤 처벌을 받게 되는가?

Q2 가슴과 등, 팔에 용과 호랑이 문신을 새긴 조직폭력배들은 다수의 사람들이 이용하는 공원에서 서로 간 험악한 문신을 드러내고 욕설을 하고 있었고 지나가는 시민들에게 혐오감을 주고 있었다. 이러한 경우 조직폭력배들은 어떠한 처벌을 받을 수 있을까?

형법의 구성

(1) 범죄는 아래 가, 나, 다 중 어느 하나 이상 결여한 경우 성립되지 않는다.
- 가. 구성요건의 해당성(해당 법조문이 존재)
- 나. 위법성 ※위법성 조각사유(정당방위, 긴급피난, 정당행위, 자구행위, 피해자의 승낙)가 발생하면 범죄가 성립되지 않는다.
- 다. 책임성(=비난가능성) ※강요된 행위 및 형사미성년자의 범죄행위로 책임성이 부정되면 범죄가 성립되지 않는다.

(2) 형벌의 종류는 다음과 같이 분류된다.
- 가. 생명형 - 사형
- 나. 자유형 - 징역(노역), 금고(노역 ×), 구류
- 다. 재산형 - 벌금, 과료, 몰수 ※ 과태료(형벌 ×, 행정질서벌 ○)
- 라. 명예형 - 자격상실, 자격정지

I 범죄의 성립요건

1. 범죄

형법상 범죄란 구성요건에 해당하며, 위법하고 유책한 행위를 의미하므로, 구성요건해당성, 위법성, 책임을 범죄의 성립요건이라 한다.

2. 구성요건해당성

구성요건해당성이란 형법에서 범죄로 규정한 행위의 요건을 말하고, 이 요건을 갖춘 행위여야 범죄가 성립한다(법조문에 범죄로 규정되어 있어야 함).

3. 위법성

위법성이란 구성요건에 해당하는 행위가 전체 법질서에 비추어 보아 허용되지 아니한다는 부정적 가치판단을 의미한다. 구성요건에 해당하더라도 위법성이 조각된다면 범죄가 성립하지 않는다. 위법성 조각사유[53)]에는 정당방위, 긴급피난, 자구행위, 피해자의 승낙, 정당행위를 규정하고 있다.

4. 책임성

책임성이란 당해 행위를 한 행위자에 대한 비난 가능성을 말한다. 어떤 행위가 구성요건에 해당하고 위법한 행위라 할지라도, 행위자 개인의 책임이 부정[54)]된다면 범죄는 성립하

---

53) [형법 제20조] (정당행위) 법령에 의한 행위 또는 업무로 인한 행위 기타 사회상규에 위배되지 아니하는 행위는 벌하지 아니한다.

[형법 제21조] (정당방위)

① 현재의 부당한 침해로부터 자기 또는 타인의 법익(法益)을 방위하기 위하여 한 행위는 상당한 이유가 있는 경우에는 벌하지 아니한다.

② 방위행위가 그 정도를 초과한 경우에는 정황(情況)에 따라 그 형을 감경하거나 면제할 수 있다.

③ 제2항의 경우에 야간이나 그 밖의 불안한 상태에서 공포를 느끼거나 경악(驚愕)하거나 흥분하거나 당황하였기 때문에 그 행위를 하였을 때에는 벌하지 아니한다.

[전문개정 2020. 12. 8.]

[형법 제22조] (긴급피난)

① 자기 또는 타인의 법익에 대한 현재의 위난을 피하기 위한 행위는 상당한 이유가 있는 때에는 벌하지 아니한다.

② 위난을 피하지 못할 책임이 있는 자에 대하여는 전항의 규정을 적용하지 아니한다.

③ 전조 제2항과 제3항의 규정은 본조에 준용한다.

[형법 제23조] (자구행위)

① 법률에서 정한 절차에 따라서는 청구권을 보전(保全)할 수 없는 경우에 그 청구권의 실행이 불가능해지거나 현저히 곤란해지는 상황을 피하기 위하여 한 행위는 상당한 이유가 있는 때에는 벌하지 아니한다.

② 제1항의 행위가 그 정도를 초과한 경우에는 정황에 따라 그 형을 감경하거나 면제할 수 있다.

[전문개정 2020. 12. 8.]

[형법 제24조] (피해자의 승낙) 처분할 수 있는 자의 승낙에 의하여 그 법익을 훼손한 행위는 법률에 특별한 규정이 없는 한 벌하지 아니한다.

54) [형법 제9조](형사미성년자) 14세되지 아니한 자의 행위는 벌하지 아니한다.

[형법 제10조] (심신장애인)

① 심신장애로 인하여 사물을 변별할 능력이 없거나 의사를 결정할 능력이 없는 자의 행위는 벌하지 아니한다.

② 심신장애로 인하여 전항의 능력이 미약한 자의 행위는 형을 감경할 수 있다. 〈개정 2018. 12. 18.〉

③ 위험의 발생을 예견하고 자의로 심신장애를 야기한 자의 행위에는 전2항의 규정을 적용하지 아니한다.

[제목개정 2014. 12. 30.]

[형법 제11조] (청각 및 언어 장애인) 듣거나 말하는 데 모두 장애가 있는 사람의 행위에 대해서는 형을 감경한다.

[전문개정 2020. 12. 8.]

[형법 제12조] (강요된 행위) 저항할 수 없는 폭력이나 자기 또는 친족의 생명, 신체에 대한 위해를 방어할 방법이 없는 협박에 의하여 강요된 행위는 벌하지 아니한다.

지 않는다.

5. 죄형법정주의

죄형법정주의는 범죄의 처리에 관한 기본 원칙으로서 어떤 행위를 범죄로 보아 처벌하기 위해서는 범죄와 형벌이 반드시 성문법에 의하여 정해져야 한다는 원칙을 말하고, 법률이 없으면 범죄도 없고, 법률이 없으면 형벌 없다는 명제로 표현된다. 죄형법정주의 내용으로는 법률주의, 소급효금지 원칙, 명확성의 원칙, 유추적용금지의 원칙, 적정성의 원칙이 있다.

II 범죄의 유형

1. 고의범과 과실범[55)]

원칙적으로 모든 범죄에는 고의가 있어야 처벌하고, 고의가 없을 때에는 벌하지 아니하되, 예외적으로 과실범은 처벌하는 규정이 있을 때에만 처벌한다.

2. 기수범과 미수범[56)]

행위자가 의도한 결과가 나타난 범죄를 기수범이라고 하고, 행위자가 의도한 결과가 나타나지 않은 범죄를 미수범이라 한다. 미수범은 그 처벌 규정이 있는 범죄의 경우에 한하여 처벌된다.

---

55) [형법 제13조] (고의) 죄의 성립요소인 사실을 인식하지 못한 행위는 벌하지 아니한다. 다만, 법률에 특별한 규정이 있는 경우에는 예외로 한다. [전문개정 2020. 12. 8.]
[형법 제14조] (과실) 정상적으로 기울여야 할 주의(注意)를 게을리하여 죄의 성립요소인 사실을 인식하지 못한 행위는 법률에 특별한 규정이 있는 경우에만 처벌한다.

56) [형법 제25조] (미수범)
① 범죄의 실행에 착수하여 행위를 종료하지 못하였거나 결과가 발생하지 아니한 때에는 미수범으로 처벌한다.
② 미수범의 형은 기수범보다 감경할 수 있다.

3. 정범 및 그 외 유형[57)]

범죄행위를 주도적으로 한 사람을 형법에서는 정범이라고 하고, 그러한 사람이 여러 명이면 공동정범이라 한다. 정범을 도와준 것에 그치는 사람을 공범이라고 하고, 공범 중에서 다른 사람이 범죄를 저지르도록 시킨 사람을 교사범, 범죄행위를 용이하게 해 준 사람을 방조범이라 한다.

III 범죄의 처리(1)

1. 즉결심판

즉결심판은 경미한 범죄사건(20만 원 이하의 벌금, 구류 등)에 대하여 정식 형사소송을 거치지 않고, 신속, 적정한 절차로 심판하기 위한 제도이다. 범칙금 납부의 통고처분을 받은 사람이 범칙금을 납부하지 않았을 때에는 즉결심판이 청구된다. 경찰서장이 관할 법원에 즉결심판을 청구하면 판사는 이를 심리하여 유죄를 선고하거나 즉결심판청구를 기각한다.

2. 약식명령

검사의 약식기소에 의해 법원이 공판 절차를 거치지 않고 원칙적으로 서면심리만으로 피고인에게 벌금, 과료를 부과하는 간이한 절차를 약식 절차라고 한다. 약식 절차에 의해 법원이 벌금, 과료 또는 몰수형을 과하는 명령을 약식명령이라 한다.

---

57) [형법 제30조] (공동정범) 2인 이상이 공동하여 죄를 범한 때에는 각자를 그 죄의 정범으로 처벌한다.

[형법 제31조] (교사범)

① 타인을 교사하여 죄를 범하게 한 자는 죄를 실행한 자와 동일한 형으로 처벌한다.

② 교사를 받은 자가 범죄의 실행을 승낙하고 실행의 착수에 이르지 아니한 때에는 교사자와 피교사자를 음모 또는 예비에 준하여 처벌한다.

③ 교사를 받은 자가 범죄의 실행을 승낙하지 아니한 때에도 교사자에 대하여는 전항과 같다.

[형법 제32조] (종범)

① 타인의 범죄를 방조한 자는 종범으로 처벌한다.

② 종범의 형은 정범의 형보다 감경한다.

[형법 제34조] (간접정범, 특수한 교사, 방조에 대한 형의 가중)

① 어느 행위로 인하여 처벌되지 아니하는 자 또는 과실범으로 처벌되는 자를 교사 또는 방조하여 범죄행위의 결과를 발생하게 한 자는 교사 또는 방조의 예에 의하여 처벌한다.

② 자기의 지휘, 감독을 받는 자를 교사 또는 방조하여 전항의 결과를 발생하게 한 자는 교사인 때에는 정범에 정한 형의 장기 또는 다액에 그 2분의 1까지 가중하고 방조인 때에는 정범의 형으로 처벌한다.

Ⅳ 범죄의 처리(2)

1. 경범죄

경범죄란 비교적 불법의 정도가 가볍고 형벌도 낮은 범죄를 말한다. 경범죄 처벌법에서는 10만 원 이하의 벌금, 구류 또는 과료의 형벌로 처벌되는 행위를 적시하고 있다. 광고물을 무단히 부착하거나 쓰레기를 아무 곳에 버리는 행위, 노상방뇨행위, 무임승차, 장난전화 등의 행위에 해당된다. 2012년 개정에서는 "지속적 괴롭힘"이 새로이 추가되었다. 지속적 괴롭힘이란 상대방의 명시적인 의사에 반하여 지속적으로 접근을 시도하는 소위 스토킹행위를 말한다.

2. 스토킹(Stalking)

스토킹(stalking)이란 타인으로 하여금 공격을 당하거나 살해가 될 위협을 느끼게 할 정도로 남을 쫓아다니는 것을 말한다. 직접적인 접촉이 없는 폭력행위의 하나로 볼 수 있다. 남을 쫓는 행위는 물리적으로 남을 따라가는 것뿐만 아니라 전화, 이메일, 그리고 편지 등을 보내 지속적으로 괴롭히는 것을 모두 포함한다. 정부는 2018년 2월 '스토킹·데이트 폭력 피해방지 종합대책'을 마련하고, 최근 '스토킹 처벌법(안)'의 제정을 추진하여 2021년 '스토킹 처벌에 관한 법'이 시행되고 있다.

3. 성폭력범죄

성폭력범죄는 성적 언동으로 성적 자기결정권 등의 인격권을 침해하고 육체적, 정신적 고통을 주는 범죄인데, 2013년 6월 19일부터 형법 개정으로 남성도 강간죄[58]의 객체가 될 수 있고, 강간죄와 강제추행죄 등 성폭력범죄는 비친고죄로 되어 피해자의 고소가 없어도 검사가 공소를 제기하여 형사처벌할 수 있게 되었다.

4. 교통사고 범죄

교통사고 범죄는 주로 교통사고처리 특례법에 따라 처리된다. 원칙적으로 피해자의 명시한 의사에 반하고 공소를 제기할 수 없고, 자동차 종합보험 또는 공제에 가입된 경우에도

58) [형법 제297조] (강간) 폭행 또는 협박으로 사람을(남성, 여성) 강간한 자는 3년 이상의 유기징역에 처한다. <개정 2012. 12. 18.>

공소를 제기할 수 없다. 다만, 피해자가 사망하거나 불구, 불치, 난치의 질병이 생긴 경우, 사람에게 상해를 입히고도 구호하지 않고 도주한 경우(뺑소니), 상해를 입히고도 음주측정에 따르지 않은 경우와 이른바 11대 중과실에 해당할 경우에는 피해자와 합의하거나 종합보험에 가입돼 있더라도 처벌받을 수 있다.

5. 사기죄

사기죄는 의도적으로 타인을 속이는 행위를 하여 이에 속은 상대방으로부터 재물이나 재산상 이득을 취함으로써 성립하는 범죄이다. 반드시 불법영득의사가 있어야 한다. 이러한 사기죄는 공갈죄, 횡령죄, 배임죄와 같이 재산죄[59]에 속한다.

6. 명예훼손죄[60]

형법상 명예훼손죄란 공연히 사실 또는 허위의 사실을 적시해서 개인의 품성, 명성, 신용 등 객관적인 사회적 평가를 저하시키는 행위를 말한다. 명예훼손에서 명예의 주체는 사람뿐만

---

59) [형법 제347조] (사기)
① 사람을 기망하여 재물의 교부를 받거나 재산상의 이익을 취득한 자는 10년 이하의 징역 또는 2천만원 이하의 벌금에 처한다. 〈개정 1995. 12. 29.〉
② 전항의 방법으로 제삼자로 하여금 재물의 교부를 받게 하거나 재산상의 이익을 취득하게 한 때에도 전항의 형과 같다.
[형법 제350조] (공갈)
① 사람을 공갈하여 재물의 교부를 받거나 재산상의 이익을 취득한 자는 10년 이하의 징역 또는 2천만원 이하의 벌금에 처한다. 〈개정 1995. 12. 29.〉
② 전항의 방법으로 제삼자로 하여금 재물의 교부를 받게 하거나 재산상의 이익을 취득하게 한 때에도 전항의 형과 같다.
[형법 제355조] (횡령, 배임)
① 타인의 재물을 보관하는 자가 그 재물을 횡령하거나 그 반환을 거부한 때에는 5년 이하의 징역 또는 1천500만원 이하의 벌금에 처한다. 〈개정 1995. 12. 29.〉
② 타인의 사무를 처리하는 자가 그 임무에 위배하는 행위로써 재산상의 이익을 취득하거나 제삼자로 하여금 이를 취득하게 하여 본인에게 손해를 가한 때에도 전항의 형과 같다.

60) [형법 제307조] (명예훼손)
① 공연히 사실을 적시하여 사람의 명예를 훼손한 자는 2년 이하의 징역이나 금고 또는 500만원 이하의 벌금에 처한다. 〈개정 1995. 12. 29.〉
② 공연히 허위의 사실을 적시하여 사람의 명예를 훼손한 자는 5년 이하의 징역, 10년 이하의 자격정지 또는 1천만원 이하의 벌금에 처한다. 〈개정 1995. 12. 29.〉
[형법 제308조] (사자의 명예훼손) 공연히 허위의 사실을 적시하여 사자의 명예를 훼손한 자는 2년 이하의 징역이나 금고 또는 500만원 이하의 벌금에 처한다. 〈개정 1995. 12. 29.〉
[형법 제309조] (출판물 등에 의한 명예훼손)
① 사람을 비방할 목적으로 신문, 잡지 또는 라디오 기타 출판물에 의하여 제307조제1항의 죄를 범한 자(사실을 적시)는 3년 이하의 징역이나 금고 또는 700만원 이하의 벌금에 처한다. 〈개정 1995. 12. 29.〉
② 제1항의 방법으로 제307조 제2항의 죄(허위사실 적시)를 범한 자는 7년 이하의 징역, 10년 이하의 자격정지 또는 1천500만원 이하의 벌금에 처한다. 〈개정 1995. 12. 29.〉
[형법 제310조] (위법성의 조각) 제307조 제1항의 행위가 진실한 사실로서 오로지 공공의 이익에 관한 때에는 처벌하지 아니한다.
[형법 제311조] (모욕) 공연히 사람을 모욕한 자는 1년 이하의 징역이나 금고 또는 200만원 이하의 벌금에 처한다. 〈개정 1995. 12. 29.〉
[형법 제312조] (고소와 피해자의 의사)
① 제308조(사자의 명예훼손)와 제311조(모욕)의 죄는 고소가 있어야 공소를 제기할 수 있다.(친고죄)
② 제307조(명예훼손)와 제309조(출판물 명예훼손)의 죄는 피해자의 명시한 의사에 반하여 공소를 제기할 수 없다.(반의사불벌죄)

아니라 법인 또는 법인격 없는 단체도 그 대상이 되며, 다만, 그 주체가 특정되어 있어야 한다. 명예훼손죄가 성립하기 위해서는 특정인의 사회적 가치 또는 평가가 침해될 가능성이 있을 정도로 구체성을 띤 사실 또는 허위사실의 적시가 있어야 하고, 사실 또는 허위사실의 유포가 "불특정 또는 다수인이 인식할 수 있는 상태"에 있어야 한다. 그러한 행위가 진실한 사실로서 오로지 공공의 이익에 관한 때에는 처벌하지 않는다. 일반적 명예훼손죄 이외에도 명예훼손과 관련된 사자명예훼손죄, 출판물에 의한 명예훼손죄, 모욕죄 등이 있다.

V 형벌의 종류

1. 형벌의 종류[61)]

형벌의 종류에는 생명형(사형), 신체의 자유를 제한하는 자유형(징역, 금고, 구류), 재산에 대한 제재로 재산형(벌금, 과료, 몰수), 명예에 대한 제한으로 자격형(자격상실, 자격정지) 등이 있다. 형법상 형벌의 종류 9종이다.

2. 벌금

벌금은 법원의 선고에 의해 5만 원 이상의 액수로 부과되고, 과료는 그 금액이 2천 원 이상 5만 원 미만이다.

61) [형법 제41조] (형의 종류) 형의 종류는 다음과 같다.
1. 사형
2. 징역
3. 금고
4. 자격상실
5. 자격정지
6. 벌금
7. 구류
8. 과료
9. 몰수

[형법 제45조] (벌금) 벌금은 5만원 이상으로 한다. 다만, 감경하는 경우에는 5만원 미만으로 할 수 있다. 〈개정 1995. 12. 29.〉
[형법 제46조] (구류) 구류는 1일 이상 30일 미만으로 한다.
[형법 제47조] (과료) 과료는 2천원 이상 5만원 미만으로 한다.

3. 유기징역(금고)

유기징역(금고)의 경우 그 기간은 1개월 이상 30년 이하(50년까지 가중 가능)이고, 구류의 기간은 1일 이상 30일 미만이다. 금고는 교도소에 복무하면서 노동을 하는 징역형과 달리 노역을 시키지 않는다.

Ⅵ 형벌의 집행

1. 집행유예[62)]

3년 이하의 징역 또는 금고의 형을 선고할 경우에 범인의 연령, 성행, 지능과 환경, 피해자에 대한 관계, 범행의 동기·수단과 결과, 범행 후의 정황을 참작하여 그 정상에 참작할 만한 사유[63)]가 있는 때에는 1년 이상 5년 이하의 기간으로 형의 집행을 유예할 수 있다.(집행유예) 형의 집행을 유예하는 경우에는 보호관찰을 받을 것을 명하거나 사회봉사 또는 수강을 명할 수 있다.

2. 선고유예[64)]

선고유예는 1년 이하의 징역이나 금고, 자격정지 또는 벌금의 형에 해당하는 경미한 범죄자에 대하여 형을 선고할 때 참작할 만한 사정이 있는 경우에 형의 선고를 유예하고 특별한 사고 없이 2년의 기간이 경과하면 면소된 것으로 간주하는 제도이다.

---

62) [형법 제62조] (집행유예의 요건)

① 3년 이하의 징역이나 금고 또는 500만원 이하의 벌금의 형을 선고할 경우에 제51조의 사항을 참작하여(연피동정) 그 정상에 참작할 만한 사유가 있는 때에는 1년 이상 5년 이하의 기간 형의 집행을 유예할 수 있다. 다만, 금고 이상의 형을 선고한 판결이 확정된 때부터 그 집행을 종료하거나 면제된 후 3년까지의 기간에 범한 죄에 대하여 형을 선고하는 경우에는 그러하지 아니하다. 〈개정 2005. 7. 29., 2016. 1. 6.〉

② 형을 병과할 경우에는 그 형의 일부에 대하여 집행을 유예할 수 있다.

63) [형법 제51조] (양형의 조건) 형을 정함에 있어서는 다음 사항을 참작하여야 한다.

1. 범인의 연령, 성행, 지능과 환경
2. 피해자에 대한 관계
3. 범행의 동기, 수단과 결과
4. 범행 후의 정황

64) [형법 제59조] (선고유예의 요건)

① 1년 이하의 징역이나 금고, 자격정지 또는 벌금의 형을 선고할 경우에 제51조의 사항을 고려하여 뉘우치는 정상이 뚜렷할 때에는 그 형의 선고를 유예할 수 있다. 다만, 자격정지 이상의 형을 받은 전과가 있는 사람에 대해서는 예외로 한다.

② 형을 병과할 경우에도 형의 전부 또는 일부에 대하여 선고를 유예할 수 있다.

[전문개정 2020. 12. 8.]

3. 가석방[65)]

가석방은 징역 또는 금고의 집행 중에 있는 자가 개전의 정(잘못을 뉘우침)이 현저한 때에 형기만료 전에 조건부로 석방하는 제도이다. 반드시 체포 및 구속적부심사제도(체포 또는 구속된 피의자) 및 보석제도(구속된 피고인)와 가석방(징역 또는 금고의 집행 중인 자)를 비교해야 한다.

Ⅶ 범죄와 재판의 피해자 보호

무죄 재판을 받아 확정된 사건의 피고인은 형사보상 및 명예회복에 관한 법률에 따라 국가에 대해 그 구금에 대한 보상을 청구할 수 있다. 사람의 생명 또는 신체에 해를 끼치는 범죄행위로 인하여 피해를 당하였으나 피해의 전부 또는 일부를 배상받지 못한 경우에는 피해자 또는 유족은 범죄피해자 보호법에 따라 범죄피해구조금을 지급받을 수 있다.

65) [형법 제72조] (가석방의 요건)
① 징역이나 금고의 집행 중에 있는 사람이 행상(行狀)이 양호하여 뉘우침이 뚜렷한 때에는 무기형은 20년, 유기형은 형기의 3분의 1이 지난 후 행정처분으로 가석방을 할 수 있다.
② 제1항의 경우에 벌금이나 과료가 병과되어 있는 때에는 그 금액을 완납하여야 한다.

사안의 해결

Q1 A는 자전거를 절취한 사실이 없는데, B와 C는 갑자기 A가 자전거를 훔친 것으로 오인하여 무차별 구타했다. A는 훔치지 않았다고 말하였으나 구타는 계속 이루어졌다. 마침 A는 참다못해 주머니 속에 있던 손톱깎이에 달린 줄칼을 꺼내어 휘둘렀다. 이로 인하여 B가 허벅지에 찔려 2주간 상해를 입었다. A는 어떤 처벌을 받게 되는가?

A1 A의 행위가 처벌받기 위해서는 범죄에 해당되어야 한다. 즉 구성요건에 해당하고 위법하고 책임성이 있다면 범죄가 된다. 사례에서 A는 B에게 상해를 입혔음으로 형법 제257조 제1항의 상해죄의 구성요건에 해당된다. 그러나 이러한 행위는 자신의 신체에 위해를 가하는 행위를 방어하기 위한 것이다. 즉 정당방위에 해당하고 위법성이 없어 범죄가 성립하지 않게 된다. 따라서 A는 상해죄로 처벌받지 않게 된다.

Q2 가슴과 등, 팔에 용과 호랑이 문신을 새긴 조직폭력배들은 다수의 사람들이 이용하는 공원에서 서로 간 험악한 문신을 드러내고 욕설을 하고 있었고 지나가는 시민들에게 혐오감을 주고 있었다. 이러한 경우 조직폭력배들은 어떠한 처벌을 받을 수 있을까?

A2 여러 사람이 이용하는 공공장소인 공원에서 고의로 험악한 문신을 드러내고 욕설을 하는 등 다른 사람에게 혐오감을 준 조직폭력배들에게 "경범죄 처벌법"에 따라 범칙금이 부과된다. 만약 부과된 범칙금을 납부하지 않을 경우 즉결심판이 청구된다.

형사사건과 법(2)

- 형사사건과 절차

생각해 보기

Q1 A는 친구 B가 전세금이 조금 부족하다고 하여, B에게 무이자로 2천만 원을 빌려주었다. 상환은 10개월로 원금만 나누어 상환하기로 하였다. 2개월간은 잘 내다가 그 후 상환을 하지 않고 있는 상황이다. 알고 보니 그 돈을 전세금으로 사용하지도 않았고 C에게도 돈을 빌려 유흥비로 탕진한 사실을 알게 되었다. A의 경우 민사상 소송 외에 어떠한 조치를 할 수 있을까?

Q2 A는 수업을 듣기 위해 학교에 등교를 하던 중 경찰의 불심검문을 받았다. A의 인적 사항을 확인 중 더 조사할 것이 있어 경찰서 동행을 요구하였다. A는 무엇을 더 조사할 것인지 경찰이 밝히지도 않았고 1교시 수업이 거의 끝나갈 무렵이기 때문에 거부하였다. 경찰은 못 가게 팔을 잡았고 몸싸움을 하다가 경찰이 경미한 상처를 입었다. A는 어떻게 해야 하는가?

I 고소 및 고발

1. 고소 및 고발

고소란 범죄의 피해자 또는 그와 일정한 관계에 있는 고소권자가 수사기관에 범죄사실을 신고하여 범인의 처벌을 원한다는 의사표시이다. 반면, 고소권자가 아닌 제3자가 수사기관에 범죄사실을 신고하여 범인의 처벌을 원한다는 의사표시를 하는 경우를 고발이라고 한다.

2. 입건과 피의자

고소, 고발을 통해 수사기관이 범죄 발생 사실을 인식하여 사건부에 기록하는 것을 입건이라고 하고, 입건을 통해 수사의 대상이 된 사람을 피의자라 한다.

3. 무고죄

타인으로 하여금 형사처벌 또는 징계처분을 받게 할 목적으로 공무소 또는 공무원에 대하여 허위의 사실을 신고함으로써 성립하는 범죄를 무고죄라 한다.

4. 친고죄

친고죄라 함은 고소권자가 고소를 하여야만 공소를 제기할 수 있는 범죄(예: 모욕죄, 비밀침해죄 등)를 말하고, 피해자의 의사에 반하여 처벌할 수 없는 범죄(예: 폭행죄, 명예훼손죄 등)를 반의사불벌죄라 한다.

Ⅱ 수사의 진행

1. 수사 시작

상대방의 동의나 승낙하에 이루어지는 수사는 임의수사이다. 임의수사에는 피의자신문, 참고인 조사, 임의동행 등이 있다. 반면에 수사기관의 강제처분에 의한 수사, 즉 상대방의 동의 없이 이루어지는 수사를 강제수사라 한다. 강제수사의 방법에는 체포, 구속, 압수, 수색, 검증, 증거보전, 증인신문의 청구, 감정유치, 감정에 필요한 처분 등이 있다.

2. 피의자신문

수사기관이 피의자의 출석을 요구하여 진술을 듣는 것을 피의자신문이라 한다. 피의자는 출석요구에 응할 의무가 없고 출석을 한 때에도 언제든지 퇴거할 수 있으며, 진술을 거부할 권리와 변호인의 조력을 받을 권리가 있다.

3. 참고인 조사

수사기관이 피의자가 아닌 사람의 출석을 요구하여 그 진술을 듣는 것을 참고인 조사라 한다. 참고인은 수사기관의 출석요구에 대해서는 출석의 의무가 없고 진술을 거부할 수 있으며 조사장소로부터 언제든지 퇴거할 수 있다.

4. 체포

체포는 ① 상당한 범죄 혐의가 있고, ② 일정한 사유가 있는 경우에 피의자를 단기간 수사 관서 등에 인치하는 제도이다. 체포영장에 의한 체포영장에 의한 체포를 원칙으로 하고, 사전영장주의의 예외로서 긴급체포와 현행범체포가 있다.

5. 구속

구속은 ① 상당한 범죄 혐의가 있고, ② 일정한 주거가 없거나, ③ 증거를 인멸할 염려가 있거나, 도망하거나 도망할 염려가 있는 피고인 또는 피의자를 구인 또는 구금하는 제도를 말한다. 검사로부터 구속영장이 청구된 경우, 구속사유의 존부 등을 판단하기 위하여 판사가 구속영장을 발부하기 전에 피의자를 불러 진술을 듣고 구속영장 발부 여부를 결정하는 절차를 거치는데, 이를 구속 전 피의자심문 혹은 영장실질심사라고 한다(구속되기 전).

6. 체포 및 구속적부심사

체포 및 구속적부심사제도는 수사기관에 의하여 체포 또는 구속된 피의자에 대하여 법원이 체포 또는 구속의 적법 여부와 그 필요성을 심사하여 피의자를 석방하는 제도를 말한다. 이때 법원은 구속된 피의자에 대하여 피의자의 출석을 보증할 만한 보증금의 납입을 조건으로 결정의 형태로 피의자에게 석방을 명할 수 있다.

7. 보석제도

보석제도는 공소제기 후 수소법원이 구속된 피고인의 석방을 결정하는 제도로서, 보증금의 납부와 다른 적당한 조건을 붙여 구속의 집행을 해제하는 재판 및 그 집행을 의미한다.

III 기소와 불기소

1. 기소

검사는 사건 수사 결과 증거가 충분하여 범죄의 혐의가 인정되고 형사처벌의 필요성이 있다고 인정될 때에는 법원에 공소를 제기한다(기소). 공소가 제기되기 전 범죄에 대한 의심을 받는 사람을 피의자라 한다. 피의자에 대하여 공소가 제기되면 피고인이라고 한다. 범죄 행위가 종료된 후에 공소제기 없이 일정한 기간이 경과되면 공소권이 소멸되어 형사소추가 불가능하게 되는 제도를 공소시효라 한다.

2. 불기소처분

불기소처분에는 그 사유에 따라 기소유예, 혐의 없음, 죄가 안 됨, 공소권 없음, 각하, 기소중지, 참고인중지 등이 있다.

Ⅳ 형사 절차에서의 인권 보호

형사 절차에서 반드시 고려되어야 하는 인권 보호를 위한 기본 원리와 제도로는 적법 절차의 원리, 무죄추정의 원칙, 진술거부권, 변호인의 도움을 받을 권리, 미란다 원칙 등이 있다.

사안의 해결

Q1 A는 친구 B가 전세금이 조금 부족하다고 하여, B에게 무이자로 2천만 원을 빌려주었다. 상환은 10개월로 원금만 나누어 상환하기로 하였다. 2개월간은 잘 내다가 그 후 상환을 하지 않고 있는 상황이다. 알고 보니 그 돈을 전세금으로 사용하지도 않았고 C에게도 돈을 빌려 유흥비로 탕진한 사실을 알게 되었다. A의 경우 민사상 소송 외에 어떠한 조치를 할 수 있을까?

A1 A는 B를 사기죄로 고소할 수 있다. 고소장에는 범죄를 특정할 수 있는 구체적 범죄사실과 범인의 처벌을 구한다는 의사표시를 해야 한다. 사기죄의 경우 돈을 빌릴 당시 돈을 갚을 능력과 의사가 있었는지 여부가 중요하다. 따라서 B가 유흥비로 사용한 점, C에게도 돈을 빌린 점을 잘 적시해야 한다. 반대로 B는 전세자금과 관련하여 해명할 것이고, 돈 빌릴 당시 의사와 능력이 있었다고 피력할 것이다.

Q2 A는 수업을 듣기 위해 학교에 등교를 하던 중 경찰의 불심검문을 받았다. A의 인적 사항을 확인 중 더 조사할 것이 있어 경찰서 동행을 요구하였다. A는 무엇을 더 조사할 것인지 경찰이 밝히지도 않았고 1교시 수업이 거의 끝나갈 무렵이기 때문에 거부하였다. 경찰은 못 가게 팔을 잡았고 몸싸움을 하다가 경찰이 경미한 상처를 입었다. A는 어떻게 해야 하는가?

A2 임의동행을 거부하는 A에 대하여 경찰이 A의 팔을 잡아 움직이지 못하게 한 행위는 위법한 체포에 해당하고, 이에 대항하는 과정에서 A가 경미하게 상처를 입혔다고 하더라도 이는 정당방위에 해당하여 공무집행방해죄 등으로 처벌을 받지 않는다. 만약 A가 경찰서에 갔더라도 임의동행에는 강제성이 없으므로 A는 언제든지 조사를 중단하고 경찰서에 나올 수 있다.

분쟁해결 및 권리구제

- 사법기관 및 비사법기관에 의한 분쟁해결과 권리구제

생각해 보기

Q1 A가 B에게 4천만 원을 빌려주었다. 상환 일은 1년 뒤로 하였다. B가 돈을 갚기로 한 날이 지났음에도 갚지 않고 있었다. 결국 A가 B에게 소송을 제기하기로 마음을 먹었다. A는 어떠한 절차를 거쳐야 하는가?

Q2 만약 Q1 사례에서 B에게 2천 9백만 원을 빌려주었다면 A는 어떤 절차를 거칠 수 있는가? 또한 Q1 사례에서 A가 승소 판결을 얻었는데도 B가 돈을 갚지 않고 있다면, A는 B의 재산이 무엇이 있는지 알고 싶을 때 어떠한 신청을 할 수 있는가?

Q3 B는 구입한 지 1주일가량 된 구두를 신어보니 발등 부위에 통증이 생기고 물집이 잡히는 증상이 나타났다. 매장에 가서 환불을 요구했으나, 사업자 A는 제품상 문제가 없고 1주일간 신고 다녔기 때문에 교환이나 환급이 불가능하다며 다투다가 1달이 지나버렸다. B는 환불을 받을 수 없는 걸까?

Q4 Y지역에서 살인 사건이 발생하였고 A언론은 B의 사진을 살인범의 얼굴이라고 공개를 하였다. 그런데 B는 Y지역에서 발생한 살인 사건과 전혀 무관한 평범하고 착한 대학생이었다. 이러한 경우 B의 권리구제를 받으려면 어떠한 조치를 취해야 하는가?

I 사법기관에 의한 분쟁해결 및 권리구제

1. 가사소송 절차

가사소송은 민사 분쟁 가운데 “신분관계”에 관한 분쟁을 대상으로 하는 소송을 말하고, 가정법원의 전속관할에 속한다. 가사소송의 종류로는 이혼, 위자료 및 재산분할청구 소송, 혼인무효 소송, 혼인취소 소송, 양육권자지정 및 양육비지급청구 소송, 친생자관계확인 소송, 각종 상속관련청구 사건 등이 있다. 가사소송 절차에 관해서는 「가사소송법」에 특별한 규정이 있는 경우를 제외하고는 「민사소송법」의 규정에 따른다.

2. 민사소송 절차

소장 작성

A가 B에게 금 3억 원을 빌려주었다(소비대차계약). A는 소비대주로서 채권자이고 B는 소비차주로서 채무자가 된다. B가 채무를 이행하지 않을 경우 A가 채무불이행을 원인으로 소송을 제기할 수 있다. 그 근거가 민법 제390조(채무불이행)가 된다. 따라서 소비대차에 따른 채무불이행으로 원고가 소를 제기할 수 있다.

소장

원고 - A
피고 - B
법정대리인(변호사) - 갑

청구취지

1. B는 A에게 금 3억 원을 이행하라
2. 소송 비용은 피고가 부담한다.
3. 위 제1항은 가집행선고할 수 있다.

청구이유

1. B는 20××년 0월 0일 소비대차 계약
2. 원금과 이자를 20××년 변제기로 함
3. 채무불이행 존재

입증방법

1. 소비대차 계약서
2. 차용증

첨부서류

송달료 납부서

20××. ××. ××
위 원고 A (날인 또는 서명)
서울 ×× 지방법원 귀중

만약, 채무자가 판결을 이행하지 아니하면 별도의 집행법원에 집행권원을 받아 강제집행할 수 있다. 특히 민사소송 절차에서는 자유심증주의, 처분권주의(심판의 범위와 대상을 당사자), 변론주의(당사자가 주장, 입증), 집중심리주의(가급적 1회로 심리 종결) 등의 기본 원리가 중요하다.

민사소송이란 개인 간의 분쟁을 법원이 국가의 법에 따라 재판으로 해결하는 절차이고 법원에 소장을 제출함으로써 시작된다. 피고의 답변서, 원고의 준비서면, 법원의 쟁점정리 기일 지정, 당사자의 변론, 판결로 진행되며 소송 진행 중에 판사가 조정을 권고하기도 한다. 특히 소액사건심판제도는 청구금액이 3천만 원(2017년부터)을 초과하지 않는 단순한 사건에 대해 보통 재판보다 신속하고 간편하며 경제적인 재판을 받을 수 있게 만든 제도이다. 소장을 접수하면 즉시 변론기일을 지정(보통 30일 이내)하여 알려 주고, 재판도 단 1회로 끝내는 것을 원칙으로 한다. 민사소송 절차에서 항소는 1심 판결문을 송달받은 날로부터 2주 이내에 해야 한다.

3. 형사소송 절차 및 국민참여재판제도(배심원제)

(1) 형사소송 절차

형사소송은 형사사건에 관하여 검사의 공소제기로 형사재판으로 진행이 된다. 형사재판은 재판부의 피고인에 대한 진술거부권 고지, 인정신문, 검사의 공소사실의 설명(모두 발언)과 증거목록 제시, 증인신문, 검사의 구형, 변호인의 최후변론, 피고인의 최후진술, 법원의 판결 선고, 법무부의 형 집행의 순으로 진행된다. 형사소송 절차에서 항소는 1심 판결문을 송달받은 날로부터 7일 이내에 해야 한다.

(2) 국민참여재판제도(배심원제)

국민참여재판제도(배심원제)는 「국민의 형사재판 참여에 관한 법률」에 따라 사형·무기 또는 단기 1년 이상의 징역 또는 금고에 해당하는 사건 등 합의부에서 심판(개정 전)하는 형사사건을 그 대상으로 하는 것에서 모든 사건(개정 후)이 그 대상이 된다고 개정되었다. 법원은 대상사건의 피고인에 대하여 국민참여재판을 원하는지 여부에 관한 의사를 서면 등의 방법으로 반드시 확인하여야 한다. 「국민의 형사재판 참여에 관한 법률」에서 "배심원"이란 이 법에 따라 형사재판에 참여하도록 선정된 사람을 말한다. 배심원은 만 20세 이상의 대한민국 국민 중에서 이 법으로 정하는 바에 따라 선정된다. 출석통지를 받은 배심원이 정당한 사유 없이 지정된 일시에 출석하지 아니한 때에는 법원의 결정으로 과태료를 부과한다. 배심원은 형사재판에 참여하여 피고인의 유·무죄를 평결하고 양형에 대한 의견을 밝힌다. 배심원의 평결이 법원을 기속하지는 않는다.

4. 행정심판과 행정소송

(1) 행정심판

행정심판이란 행정청의 위법 또는 부당한 처분이나 부작위로 인하여 권리나 이익을 침해받은 국민이 행정기관(행정심판위원회)에 제기하는 권리구제 절차이다.

(2) 행정소송

행정소송이란 행정청의 위법한 처분이나 부작위 등으로 인하여 권리나 이익을 침해받은 국민이 법원에 제기하는 권리구제 절차이다. 행정소송은 행정심판을 거친 후에 할 수도 있지만, 이를 거치지 아니하고 행정소송을 곧바로 제기할 수도 있다. 그러나 「도로교통법」에 따른 처분(운전면허의 취소 등)에 대한 행정소송, 공무원에 대한 징계처분 취소소송, 국세기본법상의 각종 처분 등 법률에서 정한 일정한 소송은 행정심판을 거쳐야만 행정소송을 제기할 수 있다. 다만, 무효 등 확인 소송에는 행정심판을 제기할 필요가 없다.

5. 헌법재판소의 재판

(1) 권한 및 변론

헌법재판의 종류(권한)에는 위헌법률심판, 헌법소원심판, 탄핵심판, 위헌정당해산심판, 권한쟁의심판이 있다. 이 중에 구두에 의한 변론을 해야 하는 것은 권한쟁의심판, 정당해산심판, 탄핵심판이고 반드시 서면에 의한 변론을 해야 하는 것은 헌법소원심판과 위헌법률심판이다.

(2) 위헌법률심판(재판의 전제성)

법률의 위헌 여부 심판은 법률이 「헌법」에 위반되는지 여부가 재판의 전제가 된 경우 당해 사건을 담당하는 법원(군사법원을 포함)이 직권 또는 당사자의 신청에 의한 결정으로 헌법재판소에 위헌 여부 심판을 제청하여 이루어진다. 헌법재판소는 해당 법률이 「헌법」에 위반되는지를 심사하여 위반된다고 판단하는 경우에 그 법률의 효력을 잃게 하거나 적용하지 못하게 한다.

(3) 헌법소원

헌법소원이란 국가 권력(공권력)의 행사 또는 불행사로 인해 「헌법」상 보장된 기본권이 직접 그리고 현실적으로 침해당한 국민이 공권력의 위헌 여부 심사를 청구하여 기본권을 구제받는 제도를 말한다. 당사자의 위헌법률심판 제정 신청을 법원이 기각할 경우에는 신청한 당사자가 헌법재판소에 직접 헌법소원을 제기할 수 있다.

(4) 탄핵심판

탄핵심판은 국회(법제사법위원회의 위원장)이 소추위원이 된다. 헌법재판소는 탄핵대상자를 공직에서 파면시키는 결정을 할 수 있다. 탄핵소추권은 국회의 권한이다.

(5) 위헌정당해산심판

위헌정당해산심판은 정부(법무부 장관)가 청구한다. 헌법재판소는 정당의 목적이나 활동이 민주적 기본질서에 위배되는 경우 해당 정당을 해산시킬 수 있다.

(6) 결정

헌법재판소에서 법률의 위헌결정, 탄핵의 결정, 정당해산의 결정 또는 헌법소원에 관한 인용결정을 할 때에는 재판관 6명 이상의 찬성이 있어야 한다(9인 중 6인 찬성).

(7) 효력

형벌에 관한 법률 또는 법률의 조항은 소급하여 그 효력을 상실한다. 다만, 해당 법률 또는 법률의 조항에 대하여 종전에 합헌으로 결정한 사건이 있는 경우에는 그 결정이 있는 날의 다음 날로 소급하여 효력을 상실한다.

Ⅱ 비사법기관에 의한 분쟁해결 및 권리구제

1. 지방고용노동관서

임금체불 피해자는 지방고용노동관서(지방고용노동청, 지방고용노동지청)에 진정 또는 고소, 통보할 수 있다.

2. 지방노동위원회

(1) 부당해고 구제신청

상시 근로자 5명 이상인 사업장에 종사하는 근로자는 해고를 당한 날로부터 3개월 이내 사업장이 소재한 지역을 관할하는 지방노동위원회에 부당해고 구제신청을 할 수 있다.

(2) 비정규직의 차별시정제도

상시 근로자 5명 이상인 사업장에 종사하는 비정규직 근로자(기간제, 단시간, 파견 근로자)는 차별적 처우가 있는 날부터 6개월 이내 사업장이 소재한 지역을 관할하는 지방노동위원회에 차별적 처우 시정신청을 할 수 있다. 차별적 처우에 관한 분쟁에 있어서 입증책임은 사용자가 부담한다.

3. 국가인권위원회

「국가인권위원회법」에 따라 국가인권위원회는 인권침해행위와 평등권을 침해하는 차별행위(성희롱 포함)에 대한 권리구제를 한다. 그러나 모든 행태의 인권침해행위와 차별행위를 구제하는 것은 아니다. 또한 가정폭력 사건과 일반사업장의 사용자가 근로자에게 폭행한 사건은 권리구제 대상이 아니다.

4. 국민권익위원회

「부패방지 및 국민권익위원회의 설치와 운영에 관한 법률」에서 "고충민원"이란 행정기관등의 위법·부당하거나 소극적인 처분(사실행위와 부작위를 포함한다)과 불합리한 행정제도로 인하여 국민의 권리를 침해하거나 국민에게 불편 또는 부담을 주는 사항에 관한 민원(현역장병 및 군 관련 의무복무자의 고충민원을 포함한다)을 말한다.

5. 한국소비자원

소비자는 「소비자기본법」에 따라 물품 등의 사용으로 인한 피해의 구제를 한국소비자원에 신청할 수 있다. 소비자로부터 피해구제의 신청을 받은 날부터 30일이 경과하여도 합의에 이르지 못하는 경우에는 사업자도 한국소비자원에 피해구제를 신청할 수 있다.

6. 언론중재위원회

「언론중재 및 피해구제 등에 관한 법률」에 따라 언론(방송, 신문, 잡지 등 정기간행물, 뉴스통신 및 인터넷신문)의 보도 등의 피해자는 언론사에 서면으로 정정보도청구, 반론보도청구, 추후보도청구를 할 수 있다. 청구 기간은 해당 언론보도 등이 있음을 안 날부터 3개월 이내이다. 언론사가 피해자의 정정보도청구를 수용하지 않으면 피해자는 언론중재위원회에 조정을 신청할 수 있다.

7. 대한법률구조공단

대한법률구조공단은 법률구조사업을 효율적으로 추진하기 위한 비영리 공익법인이다. 모든 국민을 대상으로 무료법률상담을 하며, 법률구조와 무료법률구조는 지정한 대상(주로 저소득층)에게 실시한다. 국내 거주 외국인에 대한 법률구조도 한다.

사안의 해결

Q1 A가 B에게 4천만 원을 빌려주었다. 상환 일은 1년 뒤로 하였다. B가 돈을 갚기로 한 날이 지났음에도 갚지 않고 있었다. 결국 A가 B에게 소송을 제기하기로 마음을 먹었다. A는 어떠한 절차를 거쳐야 하는가?

A1 A는 민사법원에 소장을 제출함으로써 민사소송을 제기할 수 있다. 소장을 제출한 후 B가 답변서를 받게 되고 A는 이를 반박하는 내용의 준비서면을 제출하여 추가적으로 주장하거나 입증하여야 한다. 이후 쟁점정리기일, 변론기일을 거쳐 판결을 받게 된다. 판결이 확정되면 A는 강제집행 절차(압류, 현금화, 배당)를 밟을 수 있을 것이다.

Q2 만약 Q1 사례에서 B에게 2천 9백만 원을 빌려주었다면 A는 어떤 절차를 거칠 수 있는가? 또한 Q1 사례에서 A가 승소 판결을 얻었는데도 B가 돈을 갚지 않고 있다면 A는 B의 재산이 무엇이 있는지 알고 싶을 때 어떠한 신청을 할 수 있는가?

A2 B에 대한 청구금액이 3천만 원 미만일 경우 소액사건심판제도에 따라 통상의 민사소송보다 간이한 절차로 진행할 수 있다. 또한 B의 재산에 어떤 것이 있는지를 모르는 A는 재산관계명시신청, 재산조회 신청 등을 통하여 B의 재산을 알아볼 수 있다. 나아가 채무불이행자 명부 등재 신청을 할 수 있다.

Q3 B는 구입한 지 1주일가량 된 구두를 신어보니 발등 부위에 통증이 생기고 물집이 잡히는 증상이 나타났다. 매장에 가서 환불을 요구했으나, 사업자 A는 제품상 문제가 없고 1주일간 신고 다녔기 때문에 교환이나 환급이 불가능하다며 다투다가 1달이 지나버렸다. B는 환불을 받을 수 없는 걸까?

A3 B는 "소비자기본법"에 따라 물품 등의 사용으로 인하여 피해의 구조를 한국소비자원에 신청할 수 있다. 만약 B로부터 피해구제 신청을 받은 날로부터 30일이 경과하여도 합의가 이루어지지 않은 경우 A도 한국소비자원에 피해구제를 신청할 수 있다. 합의 권고 후에도 합의가 이루어지지 않은 때에는 지체 없이 조정위원회에 분쟁조정을 신청해야 한다.

Q4 Y지역에서 살인 사건이 발생하였고 A언론은 B의 사진을 살인범의 얼굴이라고 공개를 하였다. 그런데 B는 Y지역에서 발생한 살인 사건과 전혀 무관한 평범하고 착한 대학생이었다. 이러한 경우 B의 권리구제를 받으려면 어떠한 조치를 취해야 하는가?

A4 B는 A를 상대로 정정보도를 청구할 수 있다. 만약 A언론사에서 피해자인 B의 청구를 수용하지 아니하거나 청구와 관련하여 분쟁이 발생하면 언론중재위원회에 조정을 신청할 수 있다. 따라서 B는 언론중재위원회에 조정을 신청할 수 있고 조정은 신청 접수일부터 14일 이내에 하여야 한다.

제3편

경제생활과 법

금전거래(1)

- 금전소비대차계약, 금전거래 서식, 채권담보

생각해 보기

Q1 A는 B에게 금 5천만 원을 빌리게 된다. B는 A가 B로부터 금 5천만 원을 빌렸다는 증서를 써 달라고 부탁한다. 무엇을 어떻게 써주면 될까?

Q2 변제기에 A는 B에게 금 5천만 원을 갚았다. 그 자리에서 A는 증서를 찢으면 모든 일들이 마무리가 될까?

I 서설

금전거래에서 가장 많이 이용되는 계약이 소비대차이다. 이 중 금전소비대차가 다수를 이루고 있다. 이웃이나 금융기관으로부터 돈을 빌리는 경우가 그 예에 해당된다. 그러나 가까운 사람에게 금전거래로 관계가 멀어질 수 있다. 이럴 경우를 대비하여 명확하게 계약서를 작성하지 않아 문제 되는 경우가 많다. 금전거래 시 당사자 사이에 어떤 법률관계가 발생하는지 살펴봐야 한다.

II 금전소비대차[1)]

당사자 일방이 금전 기타 대체물의 소유권을 상대방에게 이전할 것을 약정하고, 상대

1) [민법 제598조] (소비대차의 의의) 소비대차는 당사자 일방이 금전 기타 대체물의 소유권을 상대방에게 이전할 것을 약정하고 상대방은 그와 같은 종류, 품질 및 수량으로 반환할 것을 약정함으로써 그 효력이 생긴다.

방은 동종·동량·동질의 물건을 반환할 것을 약정함으로써 성립하는 낙성계약의 일종이다. 계약이 유효하게 성립하기 위해서는 ① 당사자 사이의 의사 합치, ② 목적물은 금전, 어음, 채권과 같은 기타 대체물인 유가증권, ③ 기타 대체물인 유가증권의 소유권을 이전할 것을 약정, ④ 반환 시에는 같은 종류의 품질과 같은 수량의 물건이어야 한다.

1. 이자

원금을 사용하는 대가로 이자의 지급이라는 의무가 따른다. 민법에서는 법정과실이라고 한다. 이자의 비율도 양 당사자의 합의에 의한다. 이자제한법은 돈을 변제하지 않을 경우에 대비하여 미리 손해배상금을 예정한 경우에도 법원에서 부당하다고 인정한 때에는 감액을 할 수 있도록 정하고 있다.

2. 초과 이자

이자제한법(2021.7.7. 이후)에 따라 최고 이율은 연 20% 넘지 못하며, 이를 넘은 부분은 무효이다. 돈을 빌린 사람이 최고 이자율을 초과하는 이자를 지급한 경우에 초과 지급된 이자는 우선 원금에서 제하고, 원금을 제하고도 남은 때에는 반환을 청구할 수 있다. 이자제한법은 개인과 미등록 대부업자가 그 적용 대상이다. 따라서 법률에 따라 인가, 허가, 등록을 마친 금융기관 또는 대부업법에 등록한 등록대부업자에게는 이 법의 내용이 적용되지 않는다. 대부업 등록자의 최고 이율도 2021. 7. 7. 이후부터 연 20%로 인하되었다.

3. 이자 약정이 없는 경우

당사자 간 이자를 약정하지 않은 경우 원칙적으로 이자를 청구할 수 없다. 그러나 반환기한이 정해져 있고, 그 기간이 경과하여도 변제하지 않는 경우에는 채무불이행(이행지체)이 되므로 민사법정이율 5%, 상사법정이율 6%의 이자를 받을 수 있다.

4. 지연손해금(연체, 지연)

이자와 관련하여 원금 변제 기한을 도과하고도 이를 갚지 못하는 경우에 지연손해금은 어떤 비율로 물어야 하는가? 이자를 약정하였다면 그 약정이율에 따른 지연손해금(지연이자)을 물어야 하고 이자를 약정하지 않았다면 위 3의 방법으로 물어야 한다.

III 금전거래의 서식

1. 계약서

(1) 계약서를 쓰는 이유

계약서가 없으면 계약이 있었다는 사실이 인정되지 않는 계약이 있기 때문이다. 계약의 내용이 중요하고 복잡해서 문서로 정확히 기록해주어야 할 필요성이 있다. 향후 계약서가 재판에서 중요한 증거자료로 활용되어 유리하게 적용될 수 있다.

(2) 계약 시 주의할 점

은행에 예금할 때에 이자는 얼마인지, 자유로운 입출금이 가능한지를 살펴야 하고, 대기업과 계약할 경우 약관에 의한 경우가 대다수이기 때문에 계약의 내용이 어렵고 복잡하여 의심스러울 때에는 전문가의 조력이 필요하다. 상대방을 반드시 확인해야 할 경우에는 미성년자인지 대리인인지를 살펴봐야 한다. 또한 계약의 내용이 사회질서에 반하지 않아야 한다. 선량한 풍속 기타 사회질서에 반하는 행위는 무효[2)]가 되기 때문이다.

(3) 계약서에 기록해야 하는 내용

계약 당사자, 계약의 목적물, 일정한 금액을 지급을 내용으로 하는 계약이라면 그 금액의 지급 방법과 시기 등 기재, 당사자 사이에 특별한 약속이나 조건이 있다면 계약서에 기재. 나아가 계약체결 장소와 시기, 당사자의 서명날인을 정확히 표시하는 것이 좋다.

2. 차용증

차용증이란 돈이나 물건을 빌려 쓴다는 증거로서 남기기 위해 작성하는 문서이다.

(1) 차용증의 기재 사항

차용증은 채무자가 작성하여 채권자에게 주는 것이다. 구체적 기재 사항으로 대여금액, 이자, 변제장소, 변제 시기, 위약금(만기에 변제하지 않은 경우) 그 외의 특약 사항 등이 있다. 채권자와 채무자를 밝히기 위해 성명과 주소를 적은 후 서명하거나 도장을 찍어야 한다. 도장

2) [민법 제103조] (반사회질서의 법률행위) 선량한 풍속 기타 사회질서에 위반한 사항을 내용으로 하는 법률행위는 무효로 한다.

을 찍어야 할 경우 인감증명을 같이 붙여놓으면 편리하다. 법인의 경우 법인등기부등본을 첨부하고, 등본에 기재된 법인명과 주소를 쓰고 대표자와 계약서를 작성하면 된다.

(2) 차용증 작성 후 유리한 점

차용증이 작성된 경우, 상대방이 변제하지 않을 경우에 재판을 통해 지급명령 내지 판결문을 받아 강제집행을 할 수 있다. 만약, 공증을 받은 차용증의 경우에는 재판 없이 강제집행을 할 수 있다. 가정주부와 금전소비대차계약을 할 경우, 그 용도가 자녀의 학비나 식비 등 일상가사 비용으로 사용된 경우에 배우자 일방에게 변제를 요구할 수 있다. 그러나 별도의 유흥비나 사치품 구매에 사용한 경우에는 그 배우자 일방에게 변제를 요구할 수 없다.

(3) 활용 방법

차용증을 작성한 경우, 채무자가 변제하지 않은 경우에 그를 상대로 민사소송을 제기, 지급명령 신청 등 여러 가지 법적 방안을 강구할 수 있다. 이러한 차용증은 법원의 결정으로 채무자가 재산을 팔지 못하도록 하는 가압류신청의 소명자료로 사용될 수 있다.

참고

만약 온라인 입금 방법으로 차용증 없이 돈을 빌려준 경우, 다음의 내용을 알아두자.

- 현금카드를 사용하여 송금했을 때 거래내역서만으로 송금 사실을 증명할 수 있다.
- 현금은 무통장 송금했을 경우에도 그 사실을 은행에서 확인할 수 있다.
- 채무자 통장으로 자동이체한 경우에도 내용증명서를 보내고 은행거래내역서와 내용증명서를 첨부하여 채무자를 상대로 대여금 청구소송을 제기할 수 있다.

3. 영수증

변제자가 채권자에게 돈 갚은 내용을 써달라고 요구할 수 있는 것이 영수증이다. 영수증은 변제의 증거가 되므로 목적물, 영수 문언, 영수인의 서명, 상대방의 표시, 일자 등을 기재해야 한다. 영수증은 채권자가 작성, 교부하는 것이므로 그 발급 비용은 채권자가 부담한다. 이중 지급 위험의 방지 차원에서 영수증 교부가 필요하다. 특히 현금영수증제도는 소비자에게 연말에 세금공제 혜택을 주기 위해 2005년 1월 1일에 도입되었다. 물건 구입자가 휴대전화 번호를 제시하면 연말에 소득공제나 세액공제의 혜택을 주는 제도이다. 현금영수증제도는 미성년자도 받을 수 있다.

Ⅳ 채권 담보

채무자의 일반재산보다 강력한 변제 수단을 확보할 수 있는 제도가 채권담보제도이다. 채권 확보 방법에는 인적 담보와 물적 담보가 있다.

1. 인적 보증

인적 보증에는 일반보증, 근보증, 계속적 보증, 연대보증, 신원보증 등이 있다.

2. 물적 보증

유치권, 질권, 저당권 등이 있다.

Ⅴ 채권자대위권 및 채권자취소권(책임재산의 보전)

1. 채권자대위권[3)]

채무자가 제3자에 대하여 가지고 있는 금전채무의 이행기가 도래한 경우에 이를 청구하지 않으면 채무자가 제3자에게 가지고 있는 채권이 소멸할 염려가 있기 때문에 그 소멸을 중지시키기 위해 채권자가 채무자를 대신하여 제3자에게 채무의 이행을 구할 수 있는 제도이다. 즉 채권자 A가 채무자 B에게 1억 원의 채권이 있을 경우, 채무자 B가 은행인 제3채무자 C에게 예금액 1억 원을 가지고 있다면 B가 C에게 가지고 있는 채권이 소멸할 염려가 있

3) [민법 제404조] (채권자대위권)
① 채권자는 자기의 채권을 보전하기 위하여 채무자의 권리를 행사할 수 있다. 그러나 일신에 전속한 권리는 그러하지 아니하다.
② 채권자는 그 채권의 기한이 도래하기 전에는 법원의 허가 없이 전항의 권리를 행사하지 못한다. 그러나 보전행위는 그러하지 아니하다.
[민법 제405조] (채권자대위권행사의 통지)
① 채권자가 전조제1항의 규정에 의하여 보전행위 이외의 권리를 행사한 때에는 채무자에게 통지하여야 한다.
② 채무자가 전항의 통지를 받은 후에는 그 권리를 처분하여도 이로써 채권자에게 대항하지 못한다.

을 경우에 A가 직접 C에게 채무의 이행을 청구할 수 있다.

2. 채권자취소권[4)]

(1) 개념

채무자가 자신의 채무를 이행하지 않기 위해 자신의 재산을 감소시키는 사해행위를 할 경우 채권자가 그 사해행위인 법률행위를 취소하고 채무자의 재산으로 원상회복하게 하는 제도이다. 즉 채권자 A와 채무자 B가 있다. 채무자 B의 유일한 재산인 만 평의 전답에 대하여 채권자 A를 사해할 의사로 C에게 매매를 하였다. C는 수익자가 되고 이에 터 잡아 다시 C가 D에게 매매를 하였다면 D는 전득자가 된다. 이러한 경우에 채권자 A는 C에게 이전된 소유권을 다시 B에게 복귀시키는 제도가 채권자취소권이다.

(2) 발생요건

채권자취소권이 발생하기 위한 요건은 ① 채무자가 사해행위를 하여 무자력일 것, ② 채무자의 행위에 의하여 채권자를 해할 것을 인식, ③ 채무자와 거래를 한 상대방(수익자) 또는 이로부터 재산권을 취득한 자(전득자)가 사해의 사실을 알고 있어야 함(악의), ④ 수익자나 전득자를 상대로 소송을 제기하여야 한다. 이러한 소송은 취소원인을 안 날로부터 1년, 법률행위가 있은 날로부터 5년 내에 제기하여야 한다.

4) [민법 제406조] (채권자취소권)
① 채무자가 채권자를 해함을 알고 재산권을 목적으로 한 법률행위를 한 때에는 채권자는 그 취소 및 원상회복을 법원에 청구할 수 있다. 그러나 그 행위로 인하여 이익을 받은 자나 전득한 자가 그 행위 또는 전득당시에 채권자를 해함을 알지 못한 경우에는 그러하지 아니하다.
② 전항의 소는 채권자가 취소원인을 안 날로부터 1년, 법률행위있은 날로부터 5년내에 제기하여야 한다.
[민법 제407조] (채권자취소권의 효력) 전조의 규정에 의한 취소와 원상회복은 모든 채권자의 이익을 위하여 그 효력이 있다.

사안의 해결

Q1 **A는 B에게 금 5천만 원을 빌리게 된다. B는 A가 B로부터 금 5천만 원을 빌렸다는 증서를 써 달라고 부탁한다. 무엇을 어떻게 써주면 될까?**

A1 A는 B에게 차용증을 써주어야 한다. 이 차용증을 공증을 받으면 더 좋다.

Q2 **변제기에 A는 B에게 금 5천만 원을 갚았다. 그 자리에서 A는 증서를 찢으면 모든 일들이 마무리가 될까?**

A2 A가 증서를 찢어버리더라도 변제 후 B에게 변제의 증거로써 영수증을 받아 두어야 한다.

금전거래(2)

- 채권의 확보와 강제집행, 소액사건심판, 지급명령, 보증

생각해 보기

Q1 A는 평소 알고 지내던 친한 친구 B로부터 돈을 빌려 달라는 부탁을 받았다. B는 돈을 잘 갚지 않기로 유명하고 마침 B의 사정은 매우 어려운 상황이다. 만약 A가 돈을 빌려줄 경우 어떠한 조치를 취해 놓으면 돈을 받기가 수월해질까?

Q2 A는 B에게 금 2억 원을 빌려주었다. B에게는 10억 원 가량의 아파트가 있는 상황이다. B가 돈을 갚지 않자 A가 소송을 제기하였고, 이후 B가 사망하였다. A는 돈을 받을 수 있을까?

I 채권의 확보와 강제집행

기초 다지기

A가 B를 상대로 금 2억 원에 대한 채무불이행을 이유로 소송을 제기하였다. 법원에서 피고 B는 원고에게 금 2억 원을 이행하라는 이행판결이 내려졌다. 만약 B가 사망하면 상속이 이루어지고 판결에 대한 승계집행문이 B의 자녀들에게 전달된다. 여기에서 판결문은 집행권원인 강제집행할 수 있는 권한 있는 문서가 된다. 만약 상속인이 채무를 이행하지 않을 경우에 강제집행(민사집행)으로 이어진다. 법원에서 경매로 진행되어 낙찰자가 소유자가 된다.

채무자가 임의로 변제하지 않을 경우 담보물이 있어도 결국 소송으로 가게 된다.

1. 취지

변제를 받지 못한다고 해서 채무자의 재산을 임의로 어떻게 할 수 없다. 국가가 정한 법적 절차에 따라 채권자를 대신하여 채권의 만족을 받을 수 있는 것이 강제집행 절차(민사집행 절차)이다.

2. 집행권원 확보

강제집행할 수 있는 공적인 문서가 집행권원이다. "피고는 원고에게 금 2억 원을 지급하라."라는 이행 명령이 기재된 확정된 승소판결이다.

3. 집행문 부여

집행권원에 "위 정본은 피고 B에 대한 강제집행을 실시하기 위하여 원고 A에게 부여한다."는 취지를 기재하고 법원 직원이나 공증인이 기명날인하는 것이 집행문 부여이다. 집행문은 집행권원을 가지고 제1심 법원이나 공증인 사무소에 가서 신청하면 된다. 이러한 집행문은 상속인에게 승계될 수 있다. 이를 승계집행문이라 한다.

4. 강제집행 절차

강제집행 절차는 집행관이 위임 → 압류 → 경매 → 배당 순으로 이루어진다.

(1) 집행관의 위임

집행관의 위임은 공정증서와 같은 관계 서류를 갖추어 관할법원이 속하는 집행관 사무실에 찾아가 집행을 위임하여야 한다.

(2) 압류

압류는 동산이 있는 현장에 가서 압류를 해야 하므로 사전에 집행관과 협의하여 시간을 정해 현장까지 안내하고, 채무자가 일부러 피한다든지 하여 현장에 없는 경우도 많기 때문에 참여인이 될 성인 2명을 미리 확보하는 것이 좋다.

(3) 경매

경매는 압류물이 현금이면 직접 채권에 충당할 수 있으나 다른 것이면 경매하여 현금화해야 한다. 압류 후 보통 1개월 경과 후 경매기일이 지정되는데 채무자가 자진 변제하면 강제집행을 취하할 수 있고 따로 타협이 되면 경매기일을 연기할 수 있다.

(4) 배당

배당은 채권자가 여러 명이고 경매 대금으로 모든 채권을 충족시키지 못하는 경우 먼저 채권자들 사이에 합의하여 협의가 되면 집행관이 이에 따라 분배, 지급하고, 협의가 안되면 법원이 법에 의해 우선변제를 받을 수 있는 채권자에게 우선적으로 지급하고, 그 후 일반 채권자들의 채권액에 비례하여 분배, 지급한다.

보충 정리

1. 금전채권에 대한 강제집행

금전채권에 대한 강제집행은 압류명령 신청 → 압류명령 → 추심명령 또는 전부명령 순으로 진행된다. 즉 압류명령 신청(채무자가 은행에 예금이 있거나 제3자에게 돈을 받을 것이 있다든지 하는 경우 관할법원에 압류신청) → 압류명령(법원은 압류명령을 발하여 "제3채무자인 은행 등은 채무자에게 지급하여서는 안된다"는 지급금지명령을 내림) → 추심명령(채권자는 추심명령을 신청하여 채무자 대신 은행 또는 제3자로부터 돈을 받을 수 있음) 또는 전부명령(전부명령을 받아 채권 자체를 이전 받음) 순으로 진행된다. 특히 압류명령, 추심명령, 전부명령을 같이 신청하는 것이 보통이다.

2. 부동산에 대한 강제집행

부동산에 대한 강제집행은 신청 → 결정 → 입찰 → 배당 순으로 진행된다. 즉 강제경매 신청(채무자가 부동산을 소유하고 있으면 관할법원에 부동산 강제경매 신청서를 제출한다) → 경매개시결정(법원은 경매개시결정을 하고 이 사실을 부동산등기부에 기재함으로써 부동산을 압류하면 효과가 생긴다) → 입찰(입찰기일 공고를 거쳐 입찰기일이 지정되고 입찰기일에 매수신청인이 서면으로 매수가격을 신청하면 집행관은 그중 최고가격을 신청한 사람을 매수인으로 정한다) → 배당(동산의 경우와 같으나 채권자들 사이에 협의를 하는 절차가 없고 바로 법원이 배당을 한다) 순이다.

Ⅱ 소액사건심판

1. 개념

민사 분쟁의 최종적 해결 방안은 국가의 조력을 받는 것이다. 일반적인 소장을 작성하고 소송을 제기하기란 쉬운 일이 아니다. 소송비용이 들어가기 때문에 소액인 경우 포기하기도 한다. 이러한 점을 감안하여 간이한 절차와 비용으로 분쟁을 해결하기 위한 소송촉진 등에 의한 제도가 소액사건심판제도이다. 소가 3,000만 원 이하의 금전 그 밖의 대체물 또는 유가증권의 일정 수량의 지급을 구하는 소송사건이다. 다만, 부동산에 관한 소송은 소가

3,000만 원 미달되어도 소액사건이 아니다. 소액사건심판 절차는 재판기일도 소장 접수 시 정해주고, 1회에 종결하는 것을 원칙으로 한다.

2. 소송제기

법원의 민원접수실 또는 민사과에 소장 양식이 비치되어 있고, 이를 접수함으로써 소송이 제기된다. 법원 직원에게 구술로도 소의 제기가 가능하다.

3. 절차상 특례

소장 접수 시 즉시 변론기일이 지정되며, 재판도 가능한 단 1회에 마치는 것이 원칙이다. 당사자는 모든 증거를 최초의 변론기일에 제출할 수 있도록 준비해야 한다. 원고가 기일에 불출석하고 1개월 내에 기일 지정 신청을 하지 않으면 소송을 취하한 것으로 간주될 수 있고, 피고가 불출석하고 답변서를 제출하지 않은 경우에는 즉석에서 원고에게 승소 판결을 선고한다. 심리 절차와 증거조사에도 특칙이 적용되고 판결서 주문만 기재하고 이유는 생략이 가능하다.

4. 소송대리의 특칙

보통재판과 달리 변호사가 아니더라도 법원의 허가 없이 소송대리를 할 수 있다.

III 지급명령 절차(독촉 절차)

1. 개념

채무이행이나 변제를 요구하는 채권자가 금전 기타 대체물이나 유가증권의 일정한 수량 지급을 목적으로 하는 청구에 대하여 법원이 채권자의 신청에 의하여 발하는 명령이다. 통상의 재판 절차보다 간이하게 분쟁을 해결하는 제도이다.

2. 지급명령의 신청

지급명령은 소가(소송의 가액)에 관계없이 채무자의 주소지, 근무지 또는 사업소, 영업소 소재지를 관할하는 법원의 단독판사가 관할한다.

(1) 요건

금전 기타 대체물 또는 유가증권이 일정 수량의 지급을 목적으로 하는 청구일 것, 채무자에 대한 지급명령을 국내에서 공시송달에 의하지 않고 송달할 수 있는 경우일 것 등이다.

(2) 신청 절차

지급명령신청서를 채무자의 주소지나 근무지를 관할하는 법원에 제출한다. 신청은 서면에 의하는 것이 원칙이나 구술로도 가능하다.

3. 지급명령에 대한 재판

법원은 채무자를 소환하여 심문하거나, 청구의 당부를 가리지 않고 특별히 각하 사유가 없는 한 지급명령을 발하고 당사자 쌍방에게 송달한다. 이러한 결정은 기판력이 없으므로 채권자가 새로 소송을 제기하거나 재차 지급명령을 신청할 수 있다.

4. 이의신청

채무자가 지급명령을 송달된 날로부터 2주일 이내 이의신청할 수 있음이 지급명령서에 부기되어 있다. 이의신청 있으면 통상적인 소송 절차로 이행된다.

5. 확정

2주일 이내 이의신청이 없거나 이의신청을 취하하거나 이의신청 각하결정이 확정된 때에는 지급명령은 확정된다. 확정된 지급명령은 기판력이 없고 집행력만 인정되기 때문에 채무자는 채무의 원시적 부존재를 주장하여 청구이의의 소를 제기하여 다툴 수 있다.

Ⅳ 보증

1. 개념

금전소비대차 등에서 채권자(A)는 채무자(B)가 계약을 이행하지 않을 경우를 대비하여 채권의 확보 방안으로 채무자 이외 제3자(C)의 재산으로 채권을 담보하는 제도이다. 채무자 이외의 제3자를 보증인, 보증인이 부담하는 채무를 보증채무, 이러한 보증채무를 발생하게 하는 계약을 보증계약이라고 한다.

2. 성립

(1) 당사자

채권자와 보증인과의 사이에서 맺어지는 보증계약이다.

(2) 자격

일반계약능력과 행위능력[5)]을 필요로 한다. 미성년자나 피한정후견인, 피성년후견인의 경우에도 보증인이 될 수 없다.

(3) 내용

보증채무는 주채무의 존재를 필요로 하므로 주채무가 불성립하거나 소멸하였을 때에는 무효이다. 주채무가 취소된 때에는 보증계약도 소급하여 무효가 되고, 주채무가 조건부로 효력이 생길 때에는 보증채무도 조건부로 효력이 생긴다. 근보증, 계속적 보증도 가능하다.

3. 보증의 효력

(1) 보증채무 청구

채권자는 주채무자가 채무의 이행을 하지 않는 때에는 보증인에 보증채무의 이행을 청구할 수 있다.

(2) 보증인의 최고 및 검색의 항변권(일시적 연기적 항변권)

보증인은 채권자가 변제를 청구해 올 경우 먼저 채무자에게 변제를 청구할 것을 요구할 수 있다. 그러나 연대보증의 경우 최고 및 검색의 항변권이 없는 것이 특징이다.

(3) 주채무자와 보증인에게 발생한 사유의 효력

주채무자에게 생긴 사유는 보증인에게 효력이 있다. 그러나 보증인에게 생긴 사유는 주채무를 소멸시키는 행위(변제, 대물변제, 공탁, 상계 등) 이외에는 주채무자에게 영향을 미치지

5) 행위능력이란 단독으로 유효한 법률행위(예컨대 매매 등)를 할 수 있는 능력이다. 행위능력이 없는 자는 제한능력자이다. 가장 대표적인 자가 미성년자이다.

않는다.

(4) 보증인의 구상권

보증인이 변제 등으로 주채무자가 채무를 면하게 된 경우 보증인은 주채무자에 대하여 그 변제금액만큼의 상환을 청구할 수 있는 권리를 가지도록 하는 것이 구상권이다.

4. 기타 보증제도

기타 보증제도로는 연대보증(주채무자와 보증인 사이), 보증연대(보증인 상호 간), 신원보증, 보증보험 등이 있다.

사안의 해결

Q1 **A는 평소 알고 지내던 친한 친구 B로부터 돈을 빌려 달라는 부탁을 받았다. B는 돈을 잘 갚지 않기로 유명하고 마침 B의 사정은 매우 어려운 상황이다. 만약 A가 돈을 빌려 줄 경우 어떠한 조치를 취해 놓으면 돈을 받기가 수월해질까?**

A1 A는 소송을 제기한 후 판결을 받아 강제집행을 해야 하고, 이러한 경우 많은 비용과 시간이 소모되고 채권의 만족을 얻을 수 없게 될 수 있다. 이러한 경우를 대비하여 B의 부동산에 저당권을 설정하거나 대물변제예약을 할 수 있다.

Q2 **A는 B에게 금 2억 원을 빌려주었다. B에게는 10억 원 가량의 아파트가 있는 상황이다. B가 돈을 갚지 않자 A가 소송을 제기하였고, 이후 B가 사망하였다. A는 돈을 받을 수 있을까?**

A2 A가 소송을 제기한 후 법원으로부터 "피고 B는 원고 A에게 금 2억 원을 이행하라"라는 이행판결이 나오고 B가 이행하지 않았다면 이 판결문이 집행권원(강제집행할 수 있는 권한 있는 문서)이 되기 때문에 강제집행으로 채권의 만족을 얻을 수 있다. B가 사망하였다고 하더라도 B의 상속인들에게 상속이 이루어지기 때문에 문제가 되지 않는다. 상속인들에게는 승계집행문이 부여된다.

임대차보호법

- 부동산임대차, 주택 및 상가건물 임대차

생각해 보기

Q1 A소유 빌라에 B는 보증금 5천만 원, 월 30만 원의 전월세 임대차계약을 존속 기간 2년의 기간으로 계약을 체결하였다. 이후 A가 빌라를 C에게 매매하였고 소유자가 C로 변경되었다. 그런데 C가 B에게 방을 비워 달라고 한다. B는 어떻게 해야 할까?

I 부동산의 임대차

집값이 높아짐에 따라 이러한 부동산을 사고파는 거래보다 집을 빌리는 임대차가 빈번하게 일어난다. 이러한 상황에서 세입자에게 발생할 수 있는 여러 가지 문제들이 생길 수 있다. 예컨대, 집에 대한 수리비는 누가 부담해야 하는가? 나아가 집주인이 보증금을 돌려주지 않을 경우 쉽고 빠르게 돌려 받을 수 있는 방법을 무엇인가? 갑자기 집주인이 변경되었을 때 방을 비워 줘야 하는가? 갑자기 보증금을 올려달라고 할 경우 어떻게 해야 하는가? 등에 대하여 생각해 볼 수 있다.

II 주택임대차

1. 주택임차인 보호

주거용 건물을 임대차한 경우 주택임대차보호법이 적용된다. 채권적 전세의 경우와 주택의 일부가 주거이외의 목적으로 사용되는 경우에도 적용된다. 반면, 원래 주거용이 아닌 건물을 임차하여 임차인이 주거용으로 개조한 경우(가게를 운영하기 위해 한 쪽 부분에 작은 방으로 고쳐 생활하는 경우)에는 주택임대차보호법이 적용되지 않는다. 일시 사용을 위한 임대차임이 명백한 경우에도 적용되지 않는다. 법인이 임차인인 경우 본 법이 적용되지 않았으나, 국민주택기금을 재원으로 저소득층이 무주택자에게 주거생활 안정을 목적으로 전세임대주택을 지원하는 경우 이 법이 적용된다.

2. 주택임대차보호법 주요 내용

(1) 목적

민법에 대한 특례를 규정함으로써 국민의 주거생활 안정을 보장함을 목적으로 한다. 경제적 약자인 임차인에게 등기와 같은 물권적 효력을 인정한다. 소액임차인에게는 우선변제권을 인정함으로써 임차인을 두텁게 보호하는 것이 특징이다.

(2) 법의 내용

1) 주택의 범위

주거용으로 사용되고 있는 건물이라면 가옥대장이나 건물대장의 용도란에 '주거용'으로 되어 있지 않아도 무방하므로 공장용 건물이나 창고용 건물이라도 건물의 내부 구조를 사실상 개조하여 주거용으로 임대차하여 사용하면 주택에 해당하여 주택임대차보호법이 적용된다. 무허가 건물이나 준공검사를 받지 못한 건물도 역시 주택임대차보호법이 적용된다. 다세대 주택의 경우 동, 호수 표시 없이 그 부지 중 일부 지번만으로 주민등록을 한 경우 임대차의 유효한 공시 방법을 갖추었다고 볼 수 없다.

2) 임차인의 대항력

등기 없는 경우에도 주택의 인도와 주민등록(전입신고)을 마친 경우 그 다음 날부터(익일) 임대인뿐만 아니라 모든 사람들에게 대항력을 가진다. 임대인이 바뀐 경우에도 마찬가지이다. 그러나 대항력이 생기기 이전에 저당권 등기나 가압류 또는 압류등기, 가등기 등이 이루어졌고, 그로 인하여 가등기에 기하여 본등기가 이루어진 경우나 경매에 의해 소유권자가 변경된 경우라면 임차권이 소멸되기 때문에 권리를 주장할 수 없게 된다. 따라서 임대차계약을 할 경우 부동산등기부를 떼어보는 것이 중요하다.

예컨대 집주인 A가 B은행으로부터 대출금 1억 원을 받으면서 A의 소유의 아파트에 근저당권을 2024.1.1.에 설정하였다. 이 아파트에 2024.1.1.에 전입신고와 주택의 인도를 받은 임차인 C가 있었다. 이러한 경우 C의 대항력은 2024.1.2.에 발생하게 되므로 B와 C의 권리관계에서 B가 C보다 선순위자가 된다.

3) 임대인의 지위 승계

새로운 집 주인은 임대인의 지위를 승계하게 된다. 그러나 임차권보다 선순위 저당권 또는 가등기 등에 의하여 소유권을 취득한 사람은 임대인의 지위를 승계하지 않는다.

4) 임차인의 우선변제권

주택 인도와 주민등록을 마치고(대항력) 임대차 계약서에 확정일자를 받으면 후순위권리자 기타 채권자보다 우선하여 보증금을 변제 받을 수 있다.

5) 임대차 기간의 보장

기간은 당사자가 자유롭게 정할 수 있고, 기간을 정하지 않하거나 2년 미만으로 한 경우에는 그 임대차 기간을 2년으로 한다. 임대인이 임대차 기간의 만료 전 6개월부터 2개월 사이에 임차인에게 더 이상 임대하지 않겠다는 통지나 임대조건을 변경한다는 통지를 하지 않았다면 그 임대 기간이 만료된 때로부터 이미 만료된 임대차와 동일한 조건으로 다시 임대차한 것으로 본다. 그러나 기간의 정함은 없는 것으로 본다. 묵시적 갱신의 경우 임대차 존속 기간을 2년으로 본다. 다만 임차인은 언제든지 임대인에 계약해지를 통지할 수 있고, 임대인이 그 통지를 받고 3개월이 지나면 그 효력이 생긴다.

한편 임차인의 계약갱신요구권이 신설되었다. 이는 1회에 한하여 행사할 수 있도록 하며, 갱신되는 임대차의 존속 기간은 2년으로 본다(총 4년). 다만, 임대인이 실거주를 사유로 갱신을 거절하였음에도 불구하고 갱신요구가 거절되지 아니하였더라도 갱신되었을 기간이 만료되기 전에 정당한 사유 없이 제3자에게 목적 주택을 임대한 경우 임대인은 갱신거절로 인하여 임차인이 입은 손해를 배상하도록 하였다.

6) 임차권 승계

임차인이 상속인 없이 사망한 경우 그 주택에서 가정공동생활을 하던 사실상의 혼인관계에 있는 자가 임차인의 권리와 의무를 승계한다. 임차인이 사망한 때(상속인이 있는 경우) 사망 당시 상속인이 그 주택에서 가정공동생활을 하고 있지 아니한 경우에는 그 주택에서 가정공동생활을 하던 사실상 혼인관계에 있는 자와 2촌 이내의 친족이 공동으로 임차인의 권리와 의무를 승계한다.

7) 임차인의 경매신청권

임차인이 보증금을 제때 돌려받지 못한 경우 그 집에 대하여 경매신청을 할 경우 미리 집을 비우지 않더라도 우선변제권을 인정하고 임대차 기간을 자유롭게 정할 수 있게 하여 임차인의 권리를 크게 강화하였다.

8) 임차권 등기명령제도

임대차계약이 끝나고도 보증금을 되돌려 받지 못한 경우 임차인이 이사를 가면 우선변제권이 없어져 전세금반환을 확실히 보장받지 못하지만, 이제부터는 가압류와 비슷한 임차권 등기명령을 법원에 신청하면 우선변제권을 확정받을 수 있다. 이에 따른 등기 비용은 일단 임차인이 낸 뒤에 집주인에게 그 비용을 청구할 수 있다. 또한 집주인이 임차권 등기명령에 대해 불만이 있으면 법원에 그에 대한 이의신청을 할 수 있고, 법원이 이에 대하여 적합성 여부를 판단한다.

9) 임대인의 수리의무

임대인은 그 계약이 존속하는 동안 임차인이 임대목적물을 제대로 사용할 수 있게 해 주어야 한다. 만약 꼭 필요한 수리 비용을 수리해주지 않아서 임차인이 비용을 들여(필요비) 수리했다면 이를 집주인에게 청구할 수 있다. 필요비 청구는 언제든지 할 수 있고, 집을 돌려준 경우에는 6개월 내에 청구해야 한다.

또한 건물의 가치를 높이는 수리 비용을 유익비라 한다. 유익비도 임대인에게 청구할 수 있다. 이는 즉시 청구할 수 없다. 임대차 종료 후 이에 대하여 지출한 비용이나 가치가 늘어난 부분에 대하여 임대인이 선택한 것에 대하여 지급을 청구할 수 있다.

임차인의 실수로 집이 파손된 경우 임대인이 손해배상을 청구하거나 이를 이유로 계약을 해지할 수 있지만, 수리 자체는 거절할 수 없다. 옆집에서 난 불이 옮겨붙어 피해가 난 경우에 임대인은 천재지변 등 어쩔 수 없는 사정으로 건물이 파손된 경우에도 정상적으로 사용, 수익할 수 있도록 해 주어야 한다.

10) 임대차 분쟁 시 해결 방법

임대차 분쟁 발생 시 해결 방법으로 민사조정제도란 일종의 화해제도로써 1개월 이내 절차가 마무리되고, 조정안은 판결과 동일한 효력이 있다. 또한 소액사건심판제도는 보증금 3천만 원 이하인 경우 적용된다. 보증금 반환 소송은 최후의 소송 절차이다.

11) 임대차 분쟁 예방 방법

전세금 보장 신용보험에 가입하거나, 공증을 받으면 된다.

III 상가임대차

1. 법의 목적

영세 임차인을 보호하고, 임차인들의 경제생활의 안정을 도모하기 위한 것이다.

2. 주요 내용

상가임대차에 대한 주요 내용은 다음과 같다. 상가건물임대차에 적용된다. 대항력은 건물의 인도와 사업자등록을 신청한 때 그 다음 날부터 대항력이 생긴다. 보증금 회수는 대항요건과 확정일자를 갖춘 임차인은 후순위권리나 그 밖의 채권자보다 우선하여 변제받을 권리가 있다. 임대차 기간은 기간의 정함이 없거나 기간을 1년 미만으로 정한 임대차의 경우 그 기간은 1년으로 본다.

특히 계약갱신요구에서 임대인은 임차인이 임대차 기간 만료 전 6개월부터 1개월까지 사이에 행하는 계약갱신요구에 대하여 정당한 사유 없이 이를 거절하지 못한다. 임차인의 계약갱신요구권은 최초의 임대차기간을 포함한 전체 임대차 기간이 10년을 초과하지 않는 범위 내(구법 5년)에서 행사할 수 있다. 갱신되는 임대차는 전 임대차와 동일한 조건으로 다시 계약된 것으로 본다.

사안의 해결

Q1 A소유 빌라에 B는 보증금 5천만 원, 월 30만 원의 전월세 임대차계약을 존속 기간 2년의 기간으로 계약을 체결하였다. 이후 A가 빌라를 C에게 매매하였고 소유자가 C로 변경되었다. 그런데 C가 B에게 방을 비워 달라고 한다. B는 어떻게 해야 할까?

A1 A와 B의 전월세계약은 전세계약으로써 채권이다. 이는 당사자 사이에만 효력이 있다. 따라서 소유자가 C로 변경된 경우 B는 C에게 대항할 수 없다. 채권이기 때문이다. 그럼 대항력을 갖기 위해 물권적 효력을 지닌 등기와 같은 대항력이 요구된다. 주택의 인도와 전입신고를 마친 다음 날부터 대항력이 생기고, 이는 등기와 같은 효력이 있다. 이렇게 되면 B는 방을 비워주지 않아도 된다.

부동산등기제도

- 부동산등기 및 임차보증금, 전세와 전세권의 차이

생각해 보기

Q1 전세와 전세권의 차이점은?

Q2 A와 B가 아파트를 매매하였다. A는 매도인이고 B는 매수인이다. B가 부동산 소유권을 이전 받기 위해서는 무엇을 해야 할까?

Ⅰ 부동산등기제도

1. 물권변동

(1) 법률행위에 의한 물권변동(민법 제186조)

부동산에 관한 법률행위로 인한 물권의 득실변경은 등기하여야 효력이 생긴다.

(2) 법률규정에 의한 물권변동(민법 제187조)

상속, 공용징수, 판결, 경매 기타 법률의 규정에 의한 부동산에 관한 물권의 취득은 등기를 요하지 아니한다. 그러나 등기를 하지 아니하면 이를 처분하지 못한다.

2. 등기 절차 및 필요한 서류

(1) 공동신청주의

매도인과 매수인이 함께 신청한다. 그러나 판결에 의한 등기, 상속 등기는 단독으로 신청 가능하다.

(2) 필요한 서류

1) 소유권보존등기 시

주민등록등본, 신청서 부본, 등록세 납부영수필 통지서, 등록세 납부영수필 확인서가 필요, 미등기 토지의 토지대장 등본, 미등기 건물의 건축물 관리대장등본 등이 필요하다.

2) 소유권이전등기 시

등기필정보(등기필증), 등기의무자(매도자) 발급일로부터 6개월 이내 인감증명서, 등기원인 증명에 해당하는 매매계약서, 증여계약서, 등록세 납부영수필 확인서, 신청서 부본, 등기의무자(매도인)와 등기권리자(매수인) 각각의 주민등록등본, 토지대장등본 등이 필요하다.

특히 매매, 증여, 교환 등의 계약을 원인으로 소유권 이전 등기를 신청할 경우 부동산 소재지 관할 시장이나 구청장의 검인을 받아야 한다.

II 등기부등본 - 집합건물(아파트, 빌라, 연립주택)

기초 다지기

부동산 등기부 구성

예 0빌라(아파트) 101동 101호 (홍길동)

1. 101동 전체에 대한 표제부
2. 101호에 대한 표제부
3. 101호에 대한 소유권 - 갑구(홍길동)
4. 101호에 대한 저당권 - 을구(근저당: 3억)

※ 단독주택: 표제부, 갑구, 을구로 구성되고 동 전체에 대한 표제부는 존재하지 않는다.

1. 등기부

등기부 등본(현재 유효사항) - 집합건물

[집합건물] 서울특별시 ○○구 300-130 제17동 제1층 101호　　　　고유번호 ○○○○-○○○○-○○○○○○

【표　제　부】 (1동의 건물의 표시)				
표시번호	접　수	소재지번, 건물명칭 및 번호	건 물 내 역	등기원인 및 기타사항
1 (전 1)	1973년5월21일	서울특별시 ○○구 300-130 제17동	철근콩크리트조 슬래브지붕 5층 맨숀아파트주택 1층 611.71m² 2층 611.71m² 3층 611.71m² 4층 611.71m² 5층 611.71m² 옥탑 39.67m²	

(대지권의 목적인 토지의 표시)				
표시번호	소 재 지 번	지목	면적	등기원인 및 기타사항
1 (전 1)	1. 서울특별시 ○○구 300-130 2. 서울특별시 ○○구 300-128 3. 서울특별시 ○○구 300-129 4. 서울특별시 ○○구 300-289	대 대 도로 대	1639.7m² 465.4m² 559.7m² 203m²	1986년9월17일

【표　제　부】 (전유부분의 건물의 표시)				
표시번호	접　수	소재지번, 건물명칭 및 번호	건 물 내 역	등기원인 및 기타사항
1 (전 1)	1973년5월21일	제1층 제101호	철근콩크리트조 101.95m²	도면편철장 제2책 제323장

(대지권의 표시)			
표시번호	대지권종류	대지권비율	등기원인 및 기타사항
1 (전 1)	1, 2, 3, 4 소유권대지권	867.5분의 29	1986년9월17일 대지권 1986년9월17일

【 갑　　구 】 (소유권에 관한 사항)				
순위번호	등기목적	접　수	등 기 원 인	권리자 및 기타사항
10	소유권이전	2005년2월17일 제4173호	2005년1월19일 매매	소유자 ○○○ 서울특별시 ○○○○○○○○

【 을　　구 】 (소유권 이외의 권리에 관한 사항)				
순위번호	등기목적	접　수	등 기 원 인	권리자 및 기타사항
13	근저당권설정	2005년2월17일 제4174호	2005년2월17일 설정계약	채권최고액 금300,000,000원 채무자 ○○○ 서울 ○○○○○○ 근저당권자 주식회사 ○○은행 서울 종로구 ○○○○○○ (개인여신팀)

2. 등기부 구조

표제부 등기기록은 부동산의 물리적 현황을 기록하여 공시하는 등기기록이다. 갑구는 소유권 및 소유권에 관한 등기를 기록하여 공시하는 등기부(가등기)이다. 을구는 소유권 이외의 권리를 기록(근저당하는 등기부이다. 표시번호는 표제부와 등기한 순서를 나타내는 번호이다. 순위번호는 갑구와 을구의 등기한 순서를 나타내는 번호이다. 등기목적은 등기의 종류를 의미한다(소유권 이전, 저당권 설정). 등기원인은 민법상 법률행위나 법률사실을 나타낸다(매매, 증여, 상속 등). 등기원인일자는 법률행위 성립일 또는 법률사실이 발생한 날을 의미한다.

전세와 전세권

1. 전세

전세는 임대차이다. 즉 채권으로서 당사자 사이에만 효력을 주장할 수 있고 등기 절차가 없다. 만약 집주인이 변경되어 새로운 집주인이 임차인에게 집을 비워달라고 하면 집을 비워져야 한다. 그러나 이러한 전세(임대차)도 일정한 경우 물권처럼 대항력을 구비하면 방을 비워주지 않아도 된다. 이것이 바로 주택임대차에서 말하는 주택의 인도와 전입신고를 마치면 그 다음 날부터 제3자에게 대항력이 생기는 이유이다.

2. 전세권

전세권은 물권으로 모든 사람에게 전세권을 주장할 수 있다. 물권이기 때문에 전세권설정등기가 가능하므로 대항력이 있다. 이러한 점에서 전세와 차이점이 있다. 즉 전세권자는 전세권설정자(집주인)가 변경되더라도 전세권 등기가 되어 있으면 대항력이 존속하기 때문에 방을 비워주지 않아도 된다.

III 임차보증금 반환

임차보증금 반환 절차 방법은 내용 증명의 우편 발송, 임차권 등기명령, 재산가압류(채무자(임대인)가 소송 진행 중에 자신의 재산을 제3자에게 팔아 넘길 경우, 채권자(임차인)은 승소판결을 받더라도 그 재산에 대하여 강제집행을 할 수 없기 때문에 확정판결 받기 전 미리 채무자의 재산을 압류하여 채무자의 처분을 제한할 수 있는 것이 가압류 등의 보전 절차이다). 또한 지급명령 신청, 임차보증금 반환청구소송(최후 수단) 등이 있다.

사안의 해결

Q1 전세와 전세권의 차이점은?

A1 전세는 임대차계약으로 채권적 효력만 있다. 예컨대 집주인이 변경될 경우 집주인이 방을 비워 달라 요구하면 비워줘야 한다. 왜냐하면 채권이기 때문이다. 그러나 전세권은 물권으로서 모든 사람에게 전세권을 주장할 수 있기 때문에 집주인이 바뀌어도 새로운 주인에게 대항할 수 있다. 이러한 방법이 바로 전세권 등기이다. 등기는 대항력을 갖기 때문이다.

Q2 A와 B가 아파트를 매매하였다. A는 매도인이고 B는 매수인이다. B가 부동산 소유권을 이전받기 위해서는 무엇을 해야 할까?

A2 A는 민법상 매매에 의한 부동산 소유권을 이전하기 위해서는 매매계약과 등기라는 두 가지 요건을 구비해야 한다. A와 B가 매매계약이 성립된 후 A는 소유권이전등기를, B는 대금지급의무를 서로 동시에 이행해야 한다. 등기를 함으로써 소유권이 이전(물권변동)되며, 이는 민법 제186조에 해당된다.

금융거래

- 보험계약과 보험금, 주식과 채권의 거래

생각해 보기

Q1 A는 보험에 가입하고 싶어서 보험설계사 B를 만났다. B는 어떠한 암이든 진단만 받으면 무조건 최대 1억 원의 보험금이 지급된다고 설명하였고, A는 그 설명을 믿고 보험상품에 가입하여 1월 1일부터 매달 정해진 보험료를 납입하였다. 보험약관 및 보험증서는 4월 1일에 A에게 전달되었고, 6월 1일에 병원에서 갑상선암 진단을 받았다. 보험자는 갑상선암은 제외된다는 약관의 근거로 보험금 지급을 거절하였다. A는 보험금을 받을 수 있을까?

Q2 A는 직장생활을 하면서 주식투자를 하기로 한다. 주식에 대한 지식이 없어서 직접투자보다는 전문투자회사를 통해 투자하고자 한다. 투자전문회사의 B는 A에게 위험은 적고 수익이 높은 상품이라며 실제로 위험성이 높은 펀드 가입을 권유했다. 결국 A는 펀드에 가입했고 심각한 손실을 보게 되었다. A는 자신의 손해에 대하여 배상을 받을 수 있을까?

I 보험계약

1. 보험계약

보험자와 보험계약자와의 계약으로, 보험계약자는 보험료를 지급하고 보험자는 계약자의 재산, 생명, 신체 등에 우연한 사고가 생길 경우 보험금을 지급할 것을 정하는 계약이다(상법 제638조). 보험에는 인보험과 손해보험이 있다. 인보험은 피보험자의 생명이나 신체에 대한 사고가 발생한 경우 보험자가 피보험자에게 일정한 금액을 지급하기로 하는 보험계약으로 생명보험, 상해보험, 질병보험 등이 있다. 손해보험은 보험계약자는 약정한 보험료를 지급하기로 하고 보험자는 피보험자의 재산에 사고가 생길 경우에 피보험자의 재산상의 손해를 보상하기로 하는 보험계약으로 화재보험, 운송보험, 해상보험, 책임보험, 자동차보험, 보증보험 등이 있다.

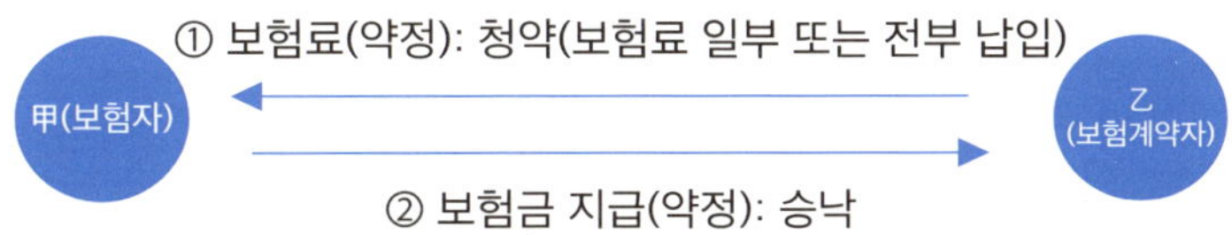

2. 보험계약자, 피보험자, 보험수익자

손해보험과 인보험에서 피보험자와 보험수익자는 그 개념이 각각 다르게 된다.

(1) 손해보험(화재보험 가입 시)

1) 자기를 위한 손해보험계약

자기를 위한 손해보험계약이란 보험자(회사)와 보험계약자(A)가 보험계약을 체결하고 피보험자를 (A)로 하는 경우이다.

2) 타인을 위한 손해보험계약

타인을 위한 손해보험계약은 보험자(회사)와 보험계약자(A) 보험계약을 체결하지만 피보험자를 (B)로 하는 이다. 예컨대 임차인(A)가 임대인(B)를 위하여 화재보험을 가입하는 경우이다.

3) 용어 정리

여기에서 보험자는 보험회사가 되고, 보험계약자는 계약체결자가 된다. 피보험자는 보험금청구권자가 된다.

(2) 인보험(생명보험 가입 시)

1) 자기의 생명보험계약

자기의 생명보험계약이란 보험자(회사)와 보험계약자(A)가 보험계약을 체결하고 피보험자를 (A)로하는 경우이다.

2) 타인의 생명보험계약

타인의 생명보험계약은 보험자(회사)와 보험계약자(A)가 보험계약을 체결하고 피보험자를 (B)로하는 경우이다. 예컨대 (A)가 보험계약을 체결하고 (B)가 사망하면 보험금은 (C)가 수령하는 경우이다. 이 경우 (A)는 보험계약자, (B)는 피보험자, (C)는 보험수익자가 된다. 특히 주의할 점은 농아자, 심신상실자, 심신미약자, 장애인, 15세 미만인 자를 피보험자로 하여 계약을 부모가 체결하고 다른 사람이 보험금을 수령하는 것은 절대적 무효이다.

3) 자기를 위한 생명보험계약

자기를 위한 생명보험계약이란 보험자(회사)와 보험계약자(A)가 보험계약을 체결하고 보험수익자가 (A)가 되는 경우이다.

4) 타인을 위한 생명보험계약

타인을 위한 생명보험계약은 보험자(회사)와 보험계약자(A)가 보험계약을 체결하고 보험수익자가 (B)가 되는 경우이다. 예컨대 보험계약자(A)가 사망하면 보험금청구권은 보험수익자(B)가 갖는다고 보험계약자 (A)가 계약하는 경우이다.

5) 용어 정리

보험자는 보험회사이고 보험계약자는 계약체결자이다. 피보험자는 보험의 객체가 되고 보험금수익자는 보험금수령권자인 보험금청구권자가 된다.

3. 고지의무

보험계약자나 피보험자는 보험계약을 체결하면서 보험회사에게 중요한 사항을 알려야 한다. 예컨대 상해보험계약을 체결하면서 위험한 운동을 자주한다면 고지해야 한다. 고의 또는 중대한 과실로 고지하지 않거나 부실고지한 경우 보험자는 그 사실을 안 날부터 1개월 내에, 계약을 체결한 날부터 3년 내에 계약을 해지할 수 있고, 보험금 지급을 거부할 수 있다(상법 제651조, 제655조).

4. 보험자의 설명의무

보험자는 보험계약자에게 보험약관을 교부, 그 약관의 중요한 내용을 설명할 의무를 부담한다. 설명의무를 제대로 이행하지 않은 경우 보험계약자가 계약이 성립한 후 3개월 이내에 계약을 취소하고 납입한 보험료를 반환받을 수 있다. 중요한 내용에 대한 설명을 했다는 입증은 보험자가 부담하게 된다.

5. 보험자 책임개시 시기

(1) 특약 없을 때

특약이 없을 경우 최초 보험료 지급한 때 보험자의 책임이 개시된다. 낙부 통지는 보험계약자가 보험료 상당액을 지급해야 보험자가 행한다.

(2) 보험계약자 보호

1) 승낙 의제

승낙 의제란 보험계약자의 청약 후 상당한 기간이 경과하도록 보험자의 승낙 통지가 없을 때에는 상법은 다른 약정이 없으면 30일 이내에 낙부의 통지를 해태하게 되면 보험자가 승낙한 것으로 본다(제638조의2 제2항). 인보험의 경우 피보험자가 신체검사를 받아야 하는 경우 그 검사받은 날로부터 기산한다(제638조의2 제1항 단서).

2) 승낙 전 사고 담보제도

보험자가 보험계약자로부터 보험계약의 청약과 함께 보험료 상당액의 전부 또는 일부를 받은 경우 그 청약을 승낙하기 전에 보험계약에서 정한 보험사고가 생긴 때 그 청약을 거절할 사유가 없는 한 보험자는 보험계약상 책임을 진다(상법 제638조의2 제3항).

6. 보험자의 의무

보험자의 의무로는 보험증권교부의무, 보험금지급의무 등이 있다.

7. 보험계약자, 피보험자, 보험수익자의 의무

보험료 지급의무, 위험변경증가의 통지의무, 위험유지의무(제653조), 보험사고 발생 통지의무(제657조 제1항) 등이 있다.

8. 보험금의 지급

보험사고가 발생하면 보험자는 보험금을 지급해야 한다. 보험계약자는 해당 보험사고에 대한 자료를 첨부하여 보험자에게 보험금을 청구할 수 있다. 보험 관련 분쟁이 발생한 경우, 금융감독원의 금융분쟁조정위원회에 분쟁조정을 신청, 한국소비자원의 소비자분쟁조정위원회에 분쟁조정 신청, 법원에 소송을 제기할 수 있다.

II 주식과 채권거래

1. 금융투자 하기

(1) 금융투자

주식이나 채권, 선물 또는 옵션과 같은 금융투자상품이나 부동산 등에 투자하는 것을 금융투자라 한다. 금융투자상품이란 모든 증권과 장내·외 파생상품 등 이익 및 원금손실 가능성이 병존하는 투자성 금융상품을 말한다. 직접투자란 개인이 자신의 판단과 책임으로 직접 주식이나 다른 금융투자상품에 투자하는 경우이고 간접투자란 전문적인 투자대행기관이 불특정 다수인의 일반투자자로부터 투자자금을 모아 투자증권, 파생상품, 부동산 등에 운용하고 그 결과를 투자자에 귀속시키는 경우이다.

(2) 금융투자상품(증권과 파생상품)

금융투자상품에는 증권과 파생상품이 있고 주식, 채권(국채, 회사채)이 증권에 해당하게 된다. 또한 선물, 옵션 등이 파생상품에 해당된다. 파생상품은 기초자산의 가치 변동을 기준으로 손익이 결정되고 가장 큰 특징은 원금을 초과하여 손실 가능성이 있다는 점이다. 주식과 같이 증권에 투자하는 경우 투자한 금액 이상의 손실은 없지만, 선물 등과 같은 파생상품으로 투자한 원금을 초과하여 손실이 발생할 수 있어 투자자의 주의를 요하게 된다. 많은 사람들이 가입하는 펀드는 금융투자상품의 일종이다.

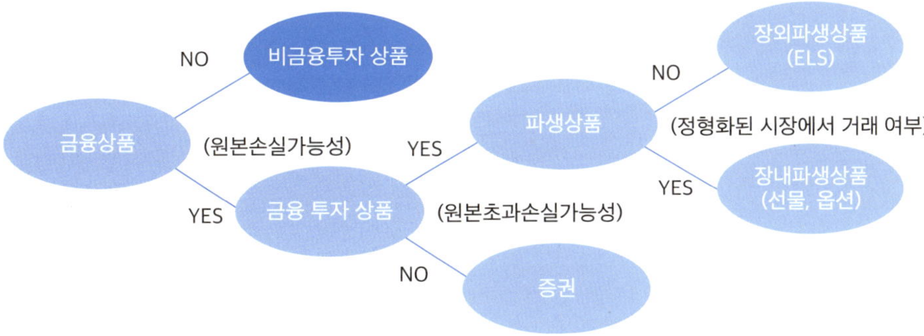

2. 투자자 보호를 위한 법률(금융소비자 보호에 관한 법률)

(1) 금융소비자 보호를 위한 법률의 제정

금융소비자는 일반금융소비자와 전문금융소비자로 구분되고 전문금융소비자는 국가, 금융기관 등이 전문금융소비자에 해당된다. 일반금융소비자는 전문금융소비자가 아닌 금융소비자이다. 금융소비자를 보호하는 제도들은 주로 일반 일반금융소비자를 대상으로 하고 있다. 금융소비자 보호에 관한 법률은 2020년 3월에 제정되어 2021년 3월부터 시행되고 있다. 특히 이 법은 설명의무를 위반하여 금융소비자에게 손해를 발생시킨 경우 고의 또는 과실 여부에 대한 입증책임을 금융상품판매업자에게 부담하도록 하여 금융소비자의 입증 부담을 완화하고 있다.

(2) 금융소비자의 보호와 분쟁해결 방안

금융상품판매업자의 확인의무로써 일반 금융소비자인지 전문금융소비자인지 확인해야 한다. 또한 중요한 내용 설명의무 사항은 중요한 사항에 대하여 설명하거나 대통령령으로 정하는 중요한 사항을 빠뜨려서는 안 되고 위반 시 손해배상책임을 부담하게 된다.

(3) 금융소비자의 청약철회권 및 계약해지권

계약 서류를 받은 금융소비자는 7일 이내라면 청약을 철회하여 계약을 하지 않은 것으로 할 수 있다. 또한 적합성 원칙, 적정성 원칙, 설명의무 위반하거나 부당권유행위에 의해 투자계약을 체결하였다면, 금융소비자는 계약을 체결한 날로부터 5년 이내, 위반 사항을 안 날로부터 1년 내에 위법한 계약임을 이유로 계약을 해지할 수 있다.

(4) 금융분쟁조정위원회 조정신청

금융소비자는 투자와 관련하여 분쟁 발생 시 금융분쟁조정위원회에 조정을 신청할 수 있다. 금융회사의 고의 또는 과실이 있음을 이유로 손해배상을 청구할 경우 법원에 소를 제기할 수 있다.

사안의 해결

Q1 **A는 보험에 가입하고 싶어서 보험설계사 B를 만났다. B는 어떠한 암이든 진단만 받으면 무조건 최대 1억 원의 보험금이 지급된다고 설명하였고, A는 그 설명을 믿고 보험상품에 가입하여 1월 1일부터 매달 정해진 보험료를 납입하였다. 보험약관 및 보험증서는 4월 1일에 A에게 전달되었고, 6월 1일에 병원에서 갑상선암 진단을 받았다. 보험자는 갑상선암은 제외된다는 약관의 근거로 보험금 지급을 거절하였다. A는 보험금을 받을 수 있을까?**

A1 A는 보험계약체결과 보험료를 납입하였고, 보험자는 30일 이내 청약을 거절하지 않았다. 1월 1일부터 보험료를 납입하여 보장이 개시되었다. B가 특정 암은 제외된다는 중요한 사실을 설명하지 않았기 때문에 보험자는 이를 보험계약의 내용이라고 주장하지 못한다. 보험자는 A의 보험금 지급청구를 거절할 수 없다.

Q2 **A는 직장생활을 하면서 주식투자를 하기로 한다. 주식에 대한 지식이 없어서 직접투자보다는 투자전문회사를 통해 투자하고자 한다. 투자전문회사의 B는 A에게 위험은 적고 수익이 높은 상품이라며 실제로는 위험성이 높은 펀드 가입을 권유했다. 결국 A는 펀드에 가입했고 심각한 손실을 보게 되었다. A는 자신의 손해에 대하여 배상을 받을 수 있을까?**

A2 A는 B의 권유로 펀드에 가입한 일반 금융소비자이다. B는 펀드 가입을 권유하기 전에 A를 일반 금융소비자로 확인하고, 투자 경험 및 성향 등을 확인하여 가장 적합하고 적절한 투자 상품을 권유해야 한다. 금융상품에 대한 위험성도 설명해야 한다. B는 A에게 그렇게 설명하지 않았다. A는 금융투자전문회사를 상대로 손해배상을 청구할 수 있다.

상품거래 및 서비스거래(1)

- 상품 구입, 상품 결함

생각해 보기

Q1 A는 한 쇼핑몰에서 책상을 구입하였다. 받아본 제품은 사진과 너무 달랐고 재료도 원목이 아닌 플라스틱 재질이었다. A는 원하는 상품이 아니기 때문에 반품하고 환불받고자 한다. A는 어떻게 해야 할까?

Q2 A는 한 쇼핑몰에서 의자를 구입하였다. 의자 사용 후 1주일 지나 의자에 앉아 있다가 일어서던 차에 의자 바퀴가 작동하지 않아 넘어지면서 크게 다쳤다. 의자 사용 설명서에는 바퀴의 움직임이 잘되지 않을 시 다시 조이라는 설명만 있을 뿐 불량으로 판단할 수 있는지에 관한 구체적 내용은 없었다. A는 치료비를 배상받을 수 있을까?

I 상품의 구입(청약철회권과 반품)

1. 인터넷 상품거래

인터넷을 이용하여 상품을 구매하는 것은 통신판매이면서 전자상거래에 해당된다. 통신판매란 비대면으로 상품이나 서비스를 판매, 판매자가 우편이나 전기통신 등의 방법으로 정보를 제공하고 소비자가 청약을 하면 판매자가 승낙하는 방식이다. 전자상거래란 전자문서에 의하여 상품이나 서비스를 판매하거나 구입하는 등의 거래방식이다. 인터넷쇼핑몰을 이용하여 물건을 구매하는 것은 쇼핑몰 운영자가 제공하는 정보를 보고 소비자가 물건을 구매한다는 점에서 통신판매, 전자문서에 의한 거래라는 점에서 전자상거래에 해당한다. 전자상거래 및 통신판매는 소비자가 상품 등을 직접확인하고 구매하는 것이 아니다.

2. 전자상거래와 청약철회권

(1) 청약철회권

일반적으로 소비자는 자신이 체결한 전자상거래에 계약에 대하여 그 계약의 내용을 불문하고 일정 기간(통상 7일) 내에는 청약철회 등을 자유롭게 할 수 있다(전자상거래 등에서의 소비자보호에 관한 법률 제17조). 원칙적으로 소비자에게 불리한 내용(주문 취소나 반품 금지 등)이 포함된 계약은 효력이 없다(동법 제35조).

(2) 철회의 효과(반품과 환불)

청약철회 시 소비자는 받은 상품을 판매자에게 돌려주어야 하며(반품), 판매자는 소비자에게 상품의 대가로 받은 돈을 상품을 반환받은 날로부터 3일(영업일 기준) 이내 돌려 주어야 한다. 전자상거래에서 소비자의 단순 변심으로 청약을 철회하는 경우 택배비 등에 반품 비용은 소비자가 부담하게 된다.

3. 인터넷쇼핑몰의 허위, 과장광고에 의한 청약의 철회

(1) 청약철회권 행사 및 방법

전자상거래에서 상품 등의 내용이 표시, 광고의 내용과 다르거나 계약 내용과 다르게 이행된 경우 교환할 수 있고, 반품이나 환불을 요청할 수도 있다. 허위, 과장 광고에 대하여 해당 상품을 공급받은 날로부터 3개월 이내에 그 사실을 안 날 또는 알 수 있었던 날부터 30일 이내에 주문을 취소하고 반품 및 환불을 요청할 수 있다. 철회 방법은 분쟁 예방 차원에서 서면으로 하는 것이 좋다. 반품 비용은 판매자가 부담하게 된다.

(2) 소비자보호와 청약철회권

계약은 당사자 간에 합의에 따라 효력이 있는 것이 원칙이다. 판매자가 사회적 약자인 소비자에게 부당한 계약 내용을 강요해 자신의 이익을 도모하는 것을 막기 위하여, 소비자보호 관련 법령들은 소비자에게 불리한 내용의 계약에 대하여 효력이 인정되지 않는다.

Ⅱ 상품의 결함(제조물 책임과 리콜)

1. 상품 결함과 소비자보호

소비자 안전은 상품이나 서비스 이용과 관련해서 발생할 수 있는 위해로부터 소비자의 생명이나 신체 또는 재산상의 손해를 최소화하는 것이다. 소비자 관련 법령은 소비자 안전을 추구하기 위한 내용을 포함하며, 기본적 사항은 "소비자기본법"에서 정하는 것 이외도 "제품안전기본법", "식품위생법" 등도 있다. 소비자 안전을 위한 제도로는 제조물 책임제도와 리콜제도가 있다.

제조물 책임제도란 결함 제품 등의 사용으로 인하여 피해를 입은 개별 소비자의 손해를 배상해 주는 제도이다(사후적 피해구제). 리콜제도란 제조사가 미리 결함 등을 발견한 경우, 상품을 회수하여 전체 소비자의 위해를 방지하는 제도이다(사전적 피해 예방).

2. 제조물 책임과 손해배상청구

(1) 제조물 책임법의 요건과 손해배상청구 방법

민법상 채무불이행책임과 불법행위책임을 소비자가 제조자에게 물을 수 있는지 확인해야 한다.

① 상품을 구매한 소비자가 상품이 결함으로 손해를 입었더라도, 판매자가 직접 해당 상품을 제조하지 않은 경우에는 피해자(소비자)와 제조자 사이에 계약관계가 없기 때문에 소비자가 채무불이행을 이유로 제조자에게 손해배상을 청구할 수 없다.

② 불법행위에 의한 손해배상청구는 불가능한 것은 아니지만, 상품의 결함과 제조자의 과실, 결함과 손해 사이의 인과관계를 모두 피해자가 증명해야 하는 점이 어렵다.

③ "제조물 책임법"은 제조업자가 제조물의 결함으로 인하여 생명, 신체 재산상의 피해를 입혔을 경우 피해를 입은 사람에게 고의나 과실에 관계없이 손해배상책임을 지도록 규정하고 있다.

(2) 제조물 결함 유형

제조물은 제조되거나 가공된 동산을 말한다. 제조물 결함 유형은 다음과 같다.

① 제조상 결함으로 제조물이 원래 의도한 설계와 다르게 제조, 가공되어 안전치 못한 경우이다. 예컨대 식품 제조 과정에 이물질 들어간 경우, 조립이 잘못되어서 안정성이 결여된 경우가 이에 해당된다.
② 설계상 결함으로 전기매트 사용 시 화상을 입지 않도록 설계하지 않은 경우가 해당된다.
③ 표시상 결함으로 의약품에 연령에 따른 적정 복용량을 표시하지 않거나 잘못 표시한 경우가 해당된다.

(3) 제조물 책임

제조업자는 제조물의 결함으로 생명, 신체, 재산에 손해를 입은 자에게 그 손해를 배상해야 한다. 피해자는 제조물에 결함이 있다는 사실, 그로 인하여 손해가 발생하였다는 사실(인과관계)을 증명하여 손해배상을 청구할 수 있다. 제조업자의 고의 또는 과실이 있어야 제조업자가 책임을 지는 것이 아니다. 제조업자는 제조물의 결함으로 인정되면 과실 유무와 상관없이 피해에 대하여 배상책임을 부담하게 된다.

(4) 제조물 책임의 범위와 손해배상청구

제조물 책임은 무과실책임이다. 제조업자가 고의나 과실이 없다고 하더라도, 제조물 결함 유형에 해당하면 책임을 지기 때문이다. 제조업자의 배상책임은 피해자의 생명, 신체, 재산에 대한 손해에 한정된다. 결함이 있는 제조물 자체는 제조물을 판매한 판매자에게 민법에 의하여 배상을 받아야 한다. 예컨대 마트에서 구입한 전기매트를 이용하다 결함으로 화상을 입은 경우, 화상치료비는 제조업자가 배상하지만, 전기매트의 수리, 교환, 환불은 판매한 마트에게 요구할 수 있다. 제조물 책임이 인정되면 피해자는 피해 사실과 제조업자를 알게 된 때부터 3년 이내, 제조업자가 그 제조물을 공급한 지 10년 이내에 제조업자를 상대로 손해배상을 청구해야 해야 한다.

3. 리콜(Recall)제도

리콜이란 상품이나 서비스의 결함으로 인하여 소비자의 생명, 신체 또는 재산적 손해가 발생하였거나 발생할 우려가 있는 경우, 제조업자가 스스로 또는 강제적으로 해당 상품 등을 수거하여 파기, 교환, 환급, 판매금지 등 적절한 조치를 할 수 있도록 한 소비자보호제도이다(소비자기본법 제48조, 제49조, 제50조). 리콜에는 제조업자 스스로 하는 자발적 리콜, 국가기술표준원에서 제품의 제조, 설계 또는 제품상의 표시 등의 결함을 발견하고 해당 업체에게 리콜을 권고하거나 명령하는 강제적 리콜이 있다.

사안의 해결

Q1 **A는 한 쇼핑몰에서 책상을 구입하였다. 받아본 제품은 사진과 너무 달랐고 재료도 원목이 아닌 플라스틱 재질이었다. A는 원하는 상품이 아니기 때문에 반품하고 환불받고자 한다. A는 어떻게 해야 할까?**

A1 A는 구입하고자 한 제품과 전혀 다른 제품을 받았기 때문에 "전자상거래 등에서의 소비자보호에 관한 법률"의 보호를 받아 청약철회권을 행사할 수 있다. 따라서 A는 주문한 상품과 실제 배송된 상품이 다르다는 것을 안 날로부터 30일 이내 주문을 취소하고 반품 및 환불을 요구해야 한다. 판매자는 책상 대금을 환불해 주어야 한다.

Q2 **A는 쇼핑몰에서 의자도 구입하였다. 의자를 사용한 지 1주일이 지나 의자에 앉아 있다가 일어서던 차에 의자 바퀴가 작동하지 않아 넘어지면서 크게 다쳤다. 의자 사용 설명서에는 바퀴의 움직임이 잘되지 않을 시 다시 조이라는 설명만 있을 뿐 불량으로 판단할 수 있는지에 관한 구체적 내용은 없었다. A는 치료비를 배상받을 수 있을까?**

A2 A는 의자가 불량이고 그로 인하여 다쳤다는 점을 증명하면 제조업자로부터 제조물 책임에 의한 손해배상을 청구할 수 있다. 제조업체의 고의 또는 과실이 있었는지는 관련이 없다. 불량품인 의자 자체를 판매한 판매자로부터 수리, 반품 및 손해배상을 받을 수 있다.

상품거래 및 서비스거래(2)
- 신용카드 할부결제, 의료사고, 여행상품계약

생각해 보기

Q1 약한 치아로 고생하던 A는 치과에서 어금니 두 개 임플란트 시술을 했다. 시술 후 며칠이 지나도록 마취가 풀리지 않고 그 증상이 계속되었다. 한 달 뒤에는 증상이 악화되어 잇몸과 턱까지 마비 증상이 나타났다. A는 임플란트 시술이 잘못되어 후유증이 발생하였다고 생각했다. 또한 A는 시술을 받기 전 의사로부터 발생할 수 있는 후유증에 대한 설명을 듣지 못했다. A는 의사에게 손해배상을 받을 수 있을까?

Q2 평소 국내 여행을 다니는 A는 甲여행사를 통해 울릉도 관광상품을 계약하고, 여행경비 70만 원 중 25만 원을 계약금으로 지불했다. 여행 당일 출발 직전 A는 본인이 재직 중인 회사에 중대한 문제가 발생했다는 연락을 받았다. A는 이 여행계약을 취소하고 甲여행사에 환급을 요구했다. A는 과연 계약금을 환급받을 수 있을까?

I 상품의 결제(신용카드 할부결제)

1. 신용카드 할부거래

(1) 신용카드 거래 방식

현금으로 결제하는 것보다 카드를 이용한 결제가 증가되는 추세이다. 신용카드 할부거래는 신용카드 할부계약에 의한 거래이다. 신용카드 할부계약은 [할부거래에 관한 법률]에 따른 계약으로, 소비자가 신용카드로 카드 가맹점에서 상품이나 서비스를 구매하면 신용카드회사가 대금을 결제하고, 소비자는 카드회사에 사용대금을 납부하게 된다.

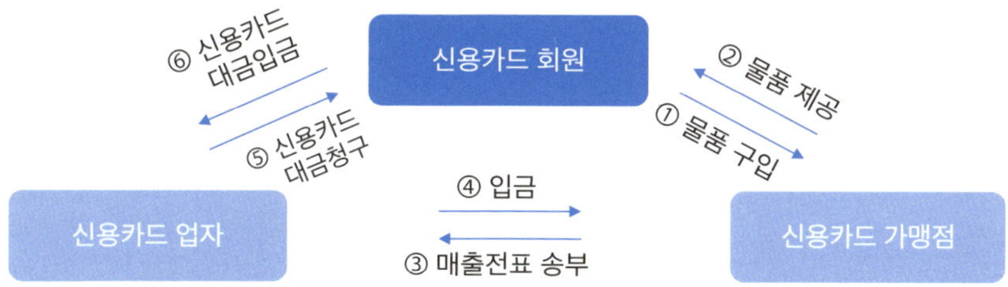

(2) 할부거래 계약의 체결

할부거래의 경우 상품 또는 서비스 판매자(할부거래업자)는 소비자의 충동구매를 막고 합리적인 선택을 할 수 있게 하기 위해, 소비자에게 할부거래의 내용과 거래조건 등에 관한 자세한 정보 제공해야 한다. 할부거래는 대부분 기간이 장기(2개월 이상)이고 내용이 복잡하기 때문에 분쟁을 방지하고 계약의 공정화를 기하기 위해 서면에 의하여 계약을 체결해야 한다. 할부계약의 내용이 불확실한 경우에는 소비자와 신용카드 할부거래업자 사이에 특약이 없으면 그 계약 내용은 어떠한 경우에도 소비자에게 불리하게 해석되어서는 안 된다(할부거래에 관한 법률 제6조 제4항).

2. 할부거래 계약 시 권리와 의무

(1) 판매자의 의무와 권리

판매자는 계약을 체결한 때에는 지체 없이 계약서 1통을 소비자에게 교부해야 한다. 신용카드 전표는 계약서로 본다. 소비자가 할부금을 지급하지 아니하면 판매자는 계약을 해제할 수 있다. 판매자는 14일 이상의 기간을 정하여 소비자에게 할부금을 지급할 것을 서면으로 청구해야 한다. 청구한 후에도 할부금이 지급되지 않으면 판매자는 계약을 해제할 수 있다. 소비자가 할부금을 연속하여 2회 이상 지급하지 않고, 그 금액이 전체 대상의 1/10을 초과하는 경우 판매자는 소비자에게 바로 나머지 할부금 전액을 일시불로 청구할 수 있다.

(2) 소비자의 청약철회권

소비자는 계약서를 교부받은 날로부터 7일 이내에 할부계약에 관한 청약을 철회할 수 있다. 만약 계약서 교부보다 목적물 인도가 늦은 경우, 목적물을 인도받은 날을 기준으로 한다. 소비자가 철회권을 행사하려면 7일의 철회 가능 기간 이내에 판매자에게 청약철회의 내용이 담긴 서면을 발송하여야 한다. 서면을 발송한 날 철회의 효력이 발생하게 된다. 소비자가 할부계약을 철회하면, 소비자와 판매자는 서로 상대에게 받은 것을 반환해야 한다.

소비자는 상품을 반환하고 판매자는 받은 할부금을 반환하여야 하고 정해진 기한 내에 철회하는 경우 반환에 필요한 비용은 판매자가 부담하고, 청약철회를 이유로 판매자가 소비자에게 위약금이나 손해배상을 청구할 수 있다.

(3) 소비자의 항변권

소비자는 철회할 수 있는 기간이 지났다 하더라도, 다음과 같은 일정한 사유가 있을 경우 할부금 잔액의 지급을 거절할 수 있다. ① 할부계약의 불성립, 무효인 경우, ② 할부계약이 취소, 해제 또는 해지된 경우, ③ 재화 등의 전부 또는 일부가 재화 등의 공급 시기까지 소비자에게 공급되지 않은 경우, ④ 할부거래업자가 하자담보책임을 이행하지 않은 경우, ⑤ 그 밖에 할부거래업자의 채무불이행으로 인해서 할부계약의 목적을 달성할 수 없는 경우, ⑥ 다른 법률에 따라 정당하게 청약을 철회한 경우 등이다.

(4) 신용카드 사용 시 주의점

소비자가 신용카드로 결제하면 카드 가맹점은 카드회사로부터 대금 전액을 일시에 받는 반면, 소비자는 카드회사에 매월 할부금을 지급하게 되므로, 철회의 절차가 복잡할 수 있다. 판매자의 자체 할부로 결제하는 것이 소비자에게 이로울 수 있다. 신용카드 분실 시 즉시 카드회사에 분실 사실을 알리고, 카드 이용을 정지하는 것이 안전하다. 카드사에서는 분실 신고를 하면 신고한 날을 기준으로 60일 전까지 부정 사용 금액에 대하여 보상해 주고 있다(서명하지 않은 카드 제외).

Ⅲ 서비스거래

1. 의료사고로 피해를 입은 경우 대처 방안

(1) 의료행위

의료행위란 의료인이 행하는 의료, 조산, 간호 등 의료기술의 시행을 의미한다(의료법 제12조). 의료인은 면허가 있는 의사, 치과의사, 한의사, 조산사, 간호사를 말한다(동법 제2조 제1항).

(2) 의료계약의 내용

환자가 의사 또는 의료기관에 진료를 의뢰하고 의료인이 그 요청에 응하여 치료행위를 개시하는 경우에 의료인과 환자 사이에는 의료계약이 성립하게 된다. 의료계약에 따라 의료인은 질병의 치료 등을 위하여 환자를 진찰하고 치료할 의무를 부담하고 환자 측은 보수를 지급할 의무를 부담하게 된다. 의사의 의무로는 ① 진료의무, ② 비밀준수의무, ③ 진료기록의무, ④ 설명의무, ⑤ 주의의무 등이 있다.

2. 의료사고 발생 시 대처 방안

(1) 의료사고와 관련한 민사상 책임

의료사고란 의료의 전 과정에서 발생하는 인신사고 일체를 의미한다. 의료사고가 발생한 경우 의료인의 고의 또는 과실이 인정되어야 손해배상을 받을 수 있다. 의료 과실은 의료인이 마땅히 지켜야 할 주의의무를 위반한 것을 의미한다. 주의의무 위반의 내용은 ① 결과예견의무 위반(의사가 진단, 검사, 치료 등의 의료행위로 환자의 생명, 신체에 위험 또는 나쁜 결과를 초래할 수 있다는 것을 예견할 수 있었음에도 부주의하여 그러지 못한 경우)와 ② 결과회피의무 위반(여러 수단을 통한 의료행위 중 적절한 방법을 택하여 환자에게 나쁜 결과가 발생하는 것을 피해야 하는데 그렇지 못한 경우)로 나뉜다.

의료사고로 의료인의 민사상 책임을 묻는 경우, 채무불이행책임과 불법행위책임으로 나뉜다. ① 의료인이 설명의무, 주의의무 등을 성실히 이행하지 않아 의료사고가 발생한 경우, 의료인은 환자에 대하여 계약에 따른 채무를 불이행한 것이 되어 채무불이행으로 인한 손해배상책임을 부담한다. ② 의사가 고의 또는 과실로 위법한 행위로 환자에게 손해가 생긴 경우 불법행위로 인한 손해배상책임을 부담한다. 불법행위인 경우 치료비, 일신 손익, 위자료가 인정된다. 나아가 생명침해가 발생하였다면 피해자의 직계존속, 직계비속 및 배우자에 대하여도 손해배상책임이 발생할 수 있다.

법원은 비전문가인 환자가 의료 과실을 입증해야 하는 부담을 경감하기 위하여, 해당 의료행위와 결과 사이에 다른 원인이 개입되지 않았다는 사정을 증명하면 의료과실과 피해 사이의 인과관계를 추정한다.

(2) 의료사고와 관련된 형사상 책임

의료인이 의료 과실로 환자에게 상해 또는 사망에 이르게 한 경우에는 형법상 업무상과실치사상죄에 해당할 수 있다(형법 제268조). 업무상과실치사상죄에 해당하기 위해서는 의료인의 과실이 합리적 의심의 여지가 없을 정도로 입증되어야 한다. 민사상 책임에 비해 더욱 엄격한 입증이 요구되지만 의료인의 민사상 책임이 인정된다고 반드시 형사상 책임을 지는 것은 아니다.

(3) 의료분쟁조정중재원을 통한 분쟁 해결

환자와 의료진 사이에 분쟁에 관한 합의가 이루어지지 않는다면 소송을 제기하여야 한다. 소송은 시간도 장기간 소요되고 비용도 부담이 된다. 환자가 의료 과실을 입증하기에는 어려운 점들이 있다. 이러한 문제를 해결하고자 "의료사고 피해구제 및 의료분쟁 조정 등에 관한 법률"에 근거하여 한국의료분쟁조정중재원이 설립되었다. 한국의료분쟁조정중재원은 조정을 통해 신속, 공정하고 효율적으로 의료분쟁을 해결하고 당사자(환자와 의료진)들이 합의안에 동의하면 재판상 화해와 동일한 효력을 갖는 조정이 성립한다.

Ⅲ 여행상품계약

1. 여행계약의 해제

여행계약은 민법상 다양한 계약의 한 종류이고 기본적으로 민법이 적용된다. 여행계약은 당사자 일방이 상대방에게 운송, 숙박, 관광 또는 그 밖의 여행 관련 용역을 결합하여 제공하기로 하고 상대방은 그 대금을 지급하기로 약정함으로써 효력이 발생한다(민법 제674조의2). 여행계약은 당사자가 제기하는 약관에 근거하여 체결하게 된다.

여행계약을 체결하면 여행사는 그 서비스에 관한 내용을 적은 여행계약서(여행일정표 및 약관포함) 및 보험 가입 등을 증명할 수 있는 서류를 여행자에게 제공해야 한다(관광진흥법 제14조). 여행사가 여행계약서에 명시된 숙식 항공 등 여행일정을(선택관광 일정 포함) 변경하려면 해당 날짜의 일정을 시작하기 전에 미리 여행자로부터 서면 동의를 받아야 한다.

여행사는 천재지변, 사고, 납치 등 긴급한 사유가 발생하여 여행자로부터 사전에 일정 변경 동의를 받기 어렵다고 인정되는 경우에는 사전에 일정변경 동의서를 받지 않을 수도 있지만, 여행사는 사후에 서면으로 그 변경 내용 등을 여행자에게 설명해야 한다(관광진흥법 시행규칙 제22조의4 제4항). 통상 여행계약의 내용에는 해제, 해지 사유 및 그에 따른 손해배상에 관한 정하고 있는데, 이는 대부분 표준 약관에서 정하는 바에 따른다.

2. 여행계약 해제 시 계약금의 환급

여행사에 지급한 계약금은 여행자 측에서 여행사의 별다른 귀책사유 없이 여행계약 해제를 통보하는 경우에는 여행사에 지급한 계약금 중 손해배상 금액을 공제하고 환급받게 된다. 손해배상 금액에 대해서는 특별한 약정이 없는 한 표준 약관에서 정한 소비자분쟁해결기준(고시)에 의하게 되고, 여행자는 이에 따른 손해배상액을 계약금에서 공제한 금액을 환급받을 수 있다.

소비자분쟁해결기준 제1조(목적) : 국내 및 국외 여행계약 해제 시 환급 기준

구분		분쟁유형	해결기준
여행자의 귀책사유로 여행자가 취소하는 경우			
국내여행	당일여행	·여행개시 3일 전까지 통보 시	·전액 환급
		·여행개시 2일 전까지 통보 시	·여행요금의 10% 배상
		·여행개시 1일 전까지 통보 시	·여행요금의 20% 배상
		·여행개시 당일 취소하거나 연락 없이 불참할 경우	·여행요금의 30% 배상
	숙박여행	·여행개시 5일 전까지 통보 시	·전액 환급
		·여행개시 2일 전까지 통보 시	·여행요금의 10% 배상
		·여행개시 1일 전까지 통보 시	·여행요금의 20% 배상
		·여행개시 당일 취소하거나 연락 없이 불참할 경우	·여행요금의 30% 배상
여행자의 여행계약 해제 요청이 있는 경우			
국외여행	·여행개시 30일 전까지(~30) 통보 시		·계약금 환급
	·여행개시 20일 전까지(29~20) 통보 시		·여행요금의 10% 배상
	·여행개시 10일 전까지(19~10) 통보 시		·여행요금의 15% 배상
	·여행개시 8일 전까지(9~8) 통보 시		·여행요금의 20% 배상
	·여행개시 1일 전까지(7~1) 통보 시		·여행요금의 30% 배상
	·여행 당일 통보 시		·여행요금의 50% 배상

사안의 해결

Q1 **약한 치아로 고생하던 A는 치과에서 어금니 두 개를 임플란트 시술했다. 시술 후 며칠이 지나도록 마취가 풀리지 않고 그 증상이 계속되었다. 한 달 뒤에는 증상이 악화되어 잇몸과 턱까지 마비 증상이 나타났다. A는 임플란트 시술이 잘못되어 후유증이 발생하였다고 생각했다. 또한 A는 시술을 받기 전 의사로부터 발생할 수 있는 후유증에 대한 설명을 전혀 듣지 못했다. A는 의사에게 손해배상을 받을 수 있을까?**

A1 위 사안에서 마비 증상이 지속되는 것은 의사가 임플란트 시술 중 과실로 신경을 건드렸을 가능성이 있고, A가 의사의 과실을 입증할 필요가 없다. 시술 전에는 아무런 이상이 없었는데 시술 후 후유증이 발생하였고 다른 사유가 없다는 점을 들어 병원과 의사 등을 상대로 손해배상을 청구할 수 있다. 즉 후유증 치료비, 일신 손해, 위자료 등을 청구할 수 있다.

Q2 **평소 국내 여행을 다니는 A는 甲여행사를 통해 울릉도 관광상품을 계약하고, 여행경비 70만 원 중 25만 원을 계약금으로 지불했다. 여행 당일 출발 직전 A는 본인이 재직 중인 회사에 중대한 문제 가 발생했다는 연락을 받았다. A는 이 여행계약을 취소하고 甲여행사에 환급을 요구했다. A는 과연 계약금을 환급받을 수 있을까?**

A2 위 사안은 [소비자분쟁해결기준] 제1조(목적)에 의하면 국내 숙박여행의 경우 A(소비자)의 사정으로 여행개시 당일 甲여행사에 취소 통보를 하는 경우 여행요금의 30%를 여행사에 배상하도록 규정되어 있다. 결국 A는 계약금 25만 원 전액을 환급받을 수 없다. 70만 원의 30%인 21만 원을 공제한 4만 원을 환급받을 수 있다.

경제와 법(1)
- 공정거래법 일반론 및 시장지배적 사업자

생각해 보기

스마트폰 제조판매시장의 시장점유율은 갑 60%, 을 25%, 병 8%, 정 4%, 기타 3개 회사가 합쳐서 3%이며, 스마트폰 부품인 LCD패널 제조시장의 시장점유율은 A 40%, B 34%, C 8%, 기타 6개 회사 각 3%이다.

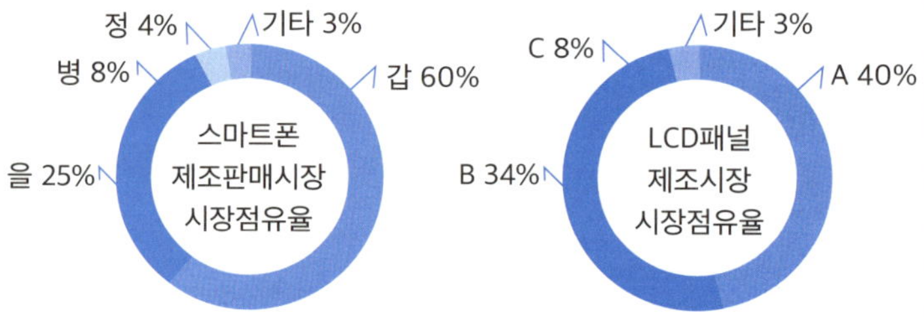

Q1 스마트폰 제조판매시장에서 시장지배적 지위로 추정되는 사업자는 어디일까?

Q2 LCD패널 제조시장에서 시장지배적 지위로 추정되는 사업자는 어디일까?

I 공정거래법 일반론

1. 의의

공정거래법은(독점규제 및 공정거래에 관한 법률, 이하 공정거래법이라 한다) 1980년 12월 30일 제정, 1981년 4월 1일 시행된 법이다. 우리나라의 경제 운영 방식은 시장을 통한 자원 배분이 이루어지는 시장경제이고, 이러한 시장경제가 작동되기 위한 법적 조건은 재산권제도와 계약법제이다. 시장참여자들 간의 자유롭고 공정한 경쟁을 촉진하고, 경쟁제한행위를 규제하는 법제가 바로 공정거래법이다.

2. 공정거래법과 상법(회사법)

(1) 회사법

회사법은 개별 회사의 행위가 회사의 내부이해관계자(주주, 채권자, 경영진)의 이해관계에 영향을 미치는 이해 충돌을 조정하는 제도적 장치를 담고 있는 법이다(회사 내부에서 파악).

(2) 공정거래법

공정거래법은 개별 회사의 행위가 그 회사가 활동하고 있는 개별 시장에 어떤 영향을 미치는지 또는 경쟁사업자와 거래 상대방에게 어떤 영향을 미치는지, 개별 시장의 경쟁 상황을 악화시키거나 경쟁사업자와 거래상대방의 자유롭고 공정한 경쟁을 제한하는 행위가 있을 경우에 경쟁제한행위를 규제하여 개별 시장의 경쟁을 유지, 촉진하고자 하는 법이다(회사가 경쟁생활을 하고 있는 시장이라는 측면에서 파악). 예컨대 A TV생산제조회사의 제조행위로 인해 B제조회사에 미치는 영향 및 납품업체에 미치는 영향 등을 파악하는데 필요한 법이다.

3. 공정거래법의 헌법적 기초

공정거래법의 헌법적 기초는 헌법 제119조이다. 헌법재판소의 결정에 의하면 ① 헌법 제119조 제1항은 대한민국의 경제질서는 개인과 기업의 경제상의 자유와 창의를 존중함을 기본으로 한다고 하여 시장경제의 원리에 입각한 경제 체제임을 천명하고 있다.[6] 즉, 자유방임적 시장경제질서가 아님을 의미한다. ② 헌법 제119조 제2항 규정에서는 민주복지국가 또는 사회국가의 실현을 지향하는 사회적 시장경제질서가 곧 우리 헌법의 경제 체제임을 밝힌 바 있다. 즉, 민주복지국가의 이상을 추구하기 위하여 국가의 개입을 인정하는 것이다.[7] 헌법에서 구현하고자 하는 사회적 시장경제질서를 구체화시키는 법률이 공정거래법이다. 공정거래법은 시장참여자들 간에 존재하는 경쟁제한적 요소들을 제거하고 자유롭고 공정한 경쟁이 유지될 수 있도록 하는 것을 목적으로 한다.

---

6) 헌재 1993.7.29. 선고, 89헌마31 결정 참조.

7) 헌재 1995.7.21. 선고, 94헌마125 결정 참조.

4. 공정거래법의 목적

공정거래법의 목적은 법 제1조[8]에 명시적으로 표현되어 있다. 사업자의 시장지배적 지위의 남용과 과도한 경제력의 집중을 방지하고, 부당한 공동행위 및 불공정거래행위를 규제(수단)하여, 공정하고 자유로운 경쟁을 촉진(직접적 목적)함으로써, 창의적인 기업활동을 조장하고 소비자를 보호함과 아울러 국민경제의 균형 있는 발전(궁극적 목적, 최종적 목적)을 도모함을 목적으로 한다.

5. 공정거래법의 적용 범위

(1) 적용 대상

1) 사업자 or 사업자 단체

공정거래법 제2조 제1호, 제4호에 의해 모든 사업자 또는 사업자 단체를 적용 대상으로 하고 있다. 사업자 단체는 업종의 제한 없이 사업을 행하는 자는 모든 사업자(약사 단체, 의사 협회, 변호사협회 등등 사업자 단체)이다. 사업이란 경제적 이익의 교환을 반복, 계속적으로 행하는 경제활동으로 정의 할 수 있으며, 경제활동이기 때문에 대가 또는 반대급부를 받은 행위이지만 반드시 영리를 목적으로 할 필요는 없다.

2) 국가, 지방자치단체, 비영리법인

국가나 지방자치단체는 원칙적으로 고유한 공공업무는 경제활동이 아니기 때문에 공정거래법의 적용 대상이 아니지만, 사경제의 주체로서 활동한다면 그 범위 내에서는 공정거래법상 사업자로 본다. 적용 대상을 확정하는 것은 행정 주체가 중심요소가 아니라 행정 주체가 영위하는 사업 내용이 관건이다. 비영리법인도 영리를 목적으로 하지 않지만, 경제활동을 영위한다면 공정거래법상의 사업자가 될 수 있다는 것이 일반적 견해이다.

3) 자유전문직업인

의사, 변호사, 건축사 등 자유전문직업인은 상인으로 보지 않으므로 이들의 경제활동에 대하여 상법이 적용되지 않는다. 공정거래법상 경제활동을 영위한다면 면에서 사업자로

8) [공정거래법 제1조] (목적) 이 법은 사업자의 시장지배적지위의 남용과 과도한 경제력의 집중을 방지하고, 부당한 공동행위 및 불공정거래행위를 규제하여 공정하고 자유로운 경쟁을 촉진함으로써 창의적인 기업활동을 조장하고 소비자를 보호함과 아울러 국민경제의 균형 있는 발전을 도모함을 목적으로 한다.

인정될 수 있다. 판례에서도 대한의사협회, 변호사 단체, 약사 단체 등을 사업자 단체에 해당한다고 판시하였다.[9)]

Ⅱ 시장지배적 사업자

1. 시장지배적 사업자의 의의[10)]

(1) 개념

일정한 거래분야(재화나 용역시장)의 공급자나 수급자로서 (요건: 연간 매출액 or 구매액)단독으로 또는 다른 사업자와 함께(요건: 1인 사업자, 3인 이하 사업자) 상품이나 용역의 가격, 수량, 품질 기타의 거래조건을 결정, 유지 또는 변경할 수 있는 시장지위를 가진 사업자를 말한다.

(2) 요건[11)]

구분	기준과 범위	
시장지배적 사업자 (A 회사) 스마트폰 제작 or 구매	사업규모(매출액 기준)	연간 매출액 or 구매액 40억원 이상
	시장점유율 (사업자 기준)	① 시장점유율이 50% 이상인 1인 사업자(A) 시장지배적 사업자: A ② 시장점유율이 75% 이상인 3인 이하의 사업자(A: 45%, B: 25%, C: 9%) 시장지배적 사업자: A, B ※ ②의 경우에서 10% 미만인 자는 제외한다.

시장점유율에 대해서는 일정한 비율 이상을 차지하는 경우 그 사업자가 시장지배적 사업자로 추정된다. 시장지배적 사업자의 요건을 적용하는 경우에 당해 사업자와 그 계열회

9) 대판 2003.2.20. 선고, 2001두5347 전원합의체판결 참조.

10) [공정거래법 제2조] (정의) 이 법에서 사용하는 용어의 뜻은 다음과 같다. 제3호 3. "시장지배적사업자"란 일정한 거래분야의 공급자나 수요자로서 단독으로 또는 다른 사업자와 함께 상품이나 용역의 가격, 수량, 품질, 그 밖의 거래조건을 결정·유지 또는 변경할 수 있는 시장지위를 가진 사업자를 말한다.

11) [공정거래법 제6조] (시장지배적사업자의 추정) 일정한 거래분야에서 시장점유율이 다음 각 호의 어느 하나에 해당하는 사업자(일정한 거래분야에서 연간 매출액 또는 구매액이 40억원 미만인 사업자는 제외한다)는 시장지배적사업자로 추정한다.
1. 하나의 사업자의 시장점유율이 100분의 50 이상
2. 셋 이하의 사업자의 시장점유율의 합계가 100분의 75 이상. 다만, 이 경우에 시장점유율이 100분의 10 미만인 자를 제외한다.

사는 이를 하나의 사업자로 본다(시행령 제2조 제2항).[12] 예컨대 3인 이하 사업자에서 A 40%, A`(계열회사 10%), B 회사 20%, C 회사 9% 시장에서 A, A` 는 하나의 회사로 본다.

2. 시장지배적 지위남용행위의 금지

(1) 제도의 목적

시장구조의 악화, 경쟁사업자의 사업활동 방해, 일반소비자의 이익 침해 등 우려가 있으므로 일반 사업자의 불공정거래행위보다 엄격하게 규제하고 있다. 시장지배적 사업자의 모든 행위를 규제하는 것은 아니고 지위남용행위만 금지하고 있다. 목적은 단기적으로 경쟁사업자와 소비자를 보호, 장기적으로 인위적인 시장지배로부터 경쟁을 보호, 독과점적 시장구조를 경쟁적 시장구조로 전환하는 데 있다.

(2) 지위남용행위의 유형[13]

1) 부당한 가격 결정(가격 남용)

시장지배적 사업자의 가격 결정 그 자체는 문제 삼지 않고, 수요공급의 원칙에 의해 가격결정의 부당성이 존재하는 경우에 지위남용행위에 해당된다.[14]

2) 부당한 출고 조절

상품의 판매 또는 용역의 제공을 중단하거나 감축 또는 유지하는 행위를 말한다.

3) 부당한 사업활동 방해(일반 불공정거래행위도 존재)

시장지배적 사업자의 지위남용행위에서 부당한 사업활동 방해와 불공정거래행위의 타

---

12) [공정거래법 시행령 제2조] (시장지배적사업자의 기준) ② 법 제2조(정의)제3호에 따라 시장지배적사업자를 판단하는 경우에는 해당 사업자와 그 계열회사를 하나의 사업자로 본다.

13) [공정거래법 제5조] (시장지배적지위의 남용금지)
① 시장지배적사업자는 다음 각호의 1에 해당하는 행위(이하 "남용행위"라 한다)를 하여서는 아니 된다. 〈개정 1999.2.5.〉
1. 상품의 가격이나 용역의 대가(이하 "가격"이라 한다)를 부당하게 결정·유지 또는 변경하는 행위
2. 상품의 판매 또는 용역의 제공을 부당하게 조절하는 행위
3. 다른 사업자의 사업활동을 부당하게 방해하는 행위
4. 새로운 경쟁사업자의 참가를 부당하게 방해하는 행위
5. 부당하게 경쟁사업자를 배제하기 위하여 거래하거나 소비자의 이익을 현저히 저해할 우려가 있는 행위
② 남용행위의 유형 또는 기준은 대통령령으로 정할 수 있다. 〈신설 1996.12.30., 1999.2.5.〉[제3조에서 이동 〈1996.12.30.〉]

14) BC카드 주식회사와 12개 회원은행을 하나의 사업자로 판단할 수 있는가에 대하여, 공정거래위원회는 하나의 사업자로 판단하였으나(공정거래위원회 9305독343 의결), 법원은 판결은 하나의 사업자로 판단하지 않았다(대판 2003두6283판결).

사업자의 사업활동 방해(공정거래법 제45조 제8호)는 행위 유형이 유사하기 때문에 무엇을 우선 적용할 것인지 문제가 된다. 다른 사업자의 사업활동을 방해한 사업자가 시장지배적 사업자인 경우에는 공정거래법 제5조가 우선 적용되고, 그렇지 않은 경우 불공정거래행위의 해당 규정이 적용된다.

4) 신규 진입 방해

시장지배적 지위를 유지하기 위해 새로운 경쟁사업자가 시장에 참가하는 것을 부당하게 방해하는 행위를 말한다. 새로운 경쟁사업자는 독점이윤을 보고 참가하려 한다.

5) 부당한 경쟁사업자 배제 또는 소비자 이익의 현저한 저해

시장지배적 지위를 이용하여 부당하게 경쟁사업자를 배제하기 위하여 거래하거나 또는 다른 시장에 진입하여 그 시장의 경쟁질서를 교란하는 행위를 하고, 거래조건 등을 일방적으로 자신에게 유리하도록 설정하여 소비자의 이익 침해를 하는 경우를 말한다.

(3) 시정조치[15)]

1) 가격인하명령과 가격인상명령

오로지 시장지배적 지위남용에만 있는 것은 가격인하명령이다. 가격인상명령은 신중한 고려 요한다.

2) 시정명령 받은 사실의 공표

기존에는 법 위반 사실의 공표를 명하였으나 이는 헌법상 무죄추정의 원칙, 과잉금지의 원칙에 반한다 하여 헌법재판소에서 위헌결정을 내렸다.

3) 사죄광고 허용여부

판례는 사죄광고(인격권에 반하기 때문)는 허용되지 않는다고 한다.[16)]

---

15) [공정거래법 제7조] (시정조치) 공정거래위원회는 제5조(시장지배적지위의 남용금지)의 규정에 위반하는 행위가 있을 때에는 당해 시장지배적사업자에 대하여 가격의 인하, 당해 행위의 중지, 시정명령을 받은 사실의 공표 기타 시정을 위한 필요한 조치를 명할 수 있다. 〈개정 1996.12.30., 2004.12.31.〉

16) 대판 1989. 11. 10. 선고, 89누3137 판결 참조.

4) 시정명령의 명확성

판례는 다소간의 포괄성과 추상성을 인정하고 있다.[17)]

(4) 과징금 및 벌칙 부여

	시장지배적 지위남용행위(적용)	불공정거래행위
과징금	매출액 6% 또는 20억 원 이내	매출액 4% 또는 10억 원 이내
벌칙	3년 이하 징역 2억 원 이하 벌금	2년 이하 징역 1억 5천만 원 이하 벌금

17) 대판 2003. 2. 2. 선고, 2001두5347 전원합의체판결 참조.

사안의 해결

스마트폰 제조판매시장의 시장점유율은 갑 60%, 을 25%, 병 8%, 정 4%, 기타 3개 회사가 합쳐서 3%이며, 스마트폰 부품인 LCD패널 제조시장의 시장점유율은 A 40%, B 34%, C 8%, 기타 6개 회사 각 3%이다.

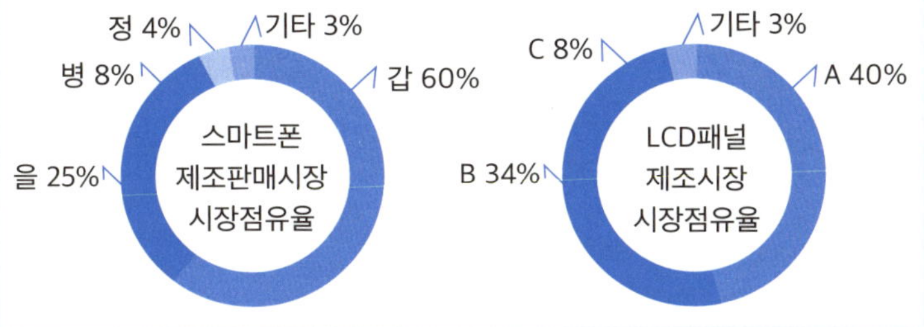

Q1 스마트폰 제조판매시장에서 시장지배적 지위로 추정되는 사업자는 누구일까?

A1 갑이다. 시장점유율(사업자 기준) 기준으로 1인 사업자는 50% 이상 점유 시 시장지배적 사업자로 추정된다.

Q2 LCD패널 제조시장에서 시장지배적 지위로 추정되는 사업자는 누구일까?

A2 A, B이다. 시장점유율(사업자 기준) 기준으로 3인 이하의 사업자가 75% 이상을 점유할 경우 시장지배적 사업자로 추정된다.

경제와 법(2)

- 기업결합(M&A)과 영업양도

생각해 보기

A는 서울시 이문동에서 OK마트를 경영하였다. OK마트는 서울시 이문동에서 가장 유명하고 고객이 많은 마트였다. A는 B에게 이 마트를 팔았다. 한편 A에게 채권을 가지고 있는 채권자 甲이 있었고, A에게 채무를 부담하고 있는 채무자 乙이 있었다.

Q1 만약 A가 동일영업을 근처에서 하고 있다면 B는 어떻게 해야 할까?

Q2 만약 B가 상호를 그대로 사용하고 있을 경우, 甲이 B에게 채권을 청구할 경우 B는 어떻게 해야 할까?

I 기업결합과 경제

1. 기업결합 = 합병(M&A)

(1) 의의

합병이란 둘 이상의 회사가 경제적으로뿐만 아니라 법적으로도 하나의 회사로 통합되는 가장 견고한 기업결합 방식이다. 즉, 독립된 법인격을 가진 둘 이상의 회사가 법에서 정한 절차에 따라 하나의 법인격을 가진 회사로 되는 것이다.

(2) 유형

1) 흡수합병

흡수합병은 A회사(법인격)와 B회사(법인격-소멸)과 합병하여 A회사가 되거나 B회사가 되는 것을 말한다. 이러한 흡수합병을 간소화 방안으로 간이합병과 소규모합병이 있다. 간이합병이란 소멸회사의 주주총회 승인결의를 이사회의 승인으로 갈음할 수 있고, 소규모합병이란 존속회사의 주주총회 승인결의를 이사회의 승인으로 갈음할 수 있다. 또한 2012년 개정 상법에 삼각합병제도가 도입되었다.[18)]

2) 신설합병

신설합병이란 A회사(소멸)와 B회사(소멸)가 합병하여 새로운 C회사(신설)로 되는 것을 말한다.

(3) 경제적 목적

합병의 경제적 목적은 규모의 경제를 실현하기 위해, 경영합리화를 위해, 경쟁력 강화를 위해, 시장지배력의 확대를 위해, 부실기업의 구제를 위해 등 여러 가지 목적이 존재한다. 무엇보다 가장 큰 이유는 보다 많은 이윤을 확보해 시장을 독점하기 위함이다.

(4) 합병의 자유와 제한

1) 합병의 자유

상법상 어떠한 종류의 회사와 가능하고(상법 제174조 제1항), 실제로는 동일한 회사 간에 이루어지며, 주로 주식회사 간에 이루어진다. 상법상 회사에는 합명회사, 합자회사, 주식회사, 유한회사, 유한책임회사 5종이 있다.

2) 합병의 제한(상법상 제한)

합병을 하는 회사의 일방 또는 쌍방이 주식회사 또는 유한회사인 때에는 존속회사 또는

---

18) 삼각합병제도란 모회사의 주식을 합병대가로 지급하는 것을 삼각합병이라 한다. 즉 회사의 흡수합병 시 소멸회사의 주주에 대하여 합병대가로 존속회사의 모회사의 주식이 교부되는 것이다(상법 제523조의 2).

신설회사는 주식회사 또는 유한회사이어야 한다(상법 제174조 제2항). 유한회사와 주식회사가 합병하는 경우 존속회사와 신설회사가 주식회사일 경우 법원의 인가를 요한다(상법 제600조 제1항). 유한회사와 주식회사가 합병하는 경우 존속회사와 신설회사가 유한회사일 경우 주식회사가 사채를 완료하여야 한다(제600조 제2항).

(5) 합병 절차

합병은 다음과 같은 절차로 진행된다. 이사회의 결의 → 합병계약서 작성 → 합병대차대조표의 공시 → 합병승인결의 또는 간이합병 → 주식매수청구(반대주주보호) → 채권자보호 → 합병실행 → 창립총회(신설합병) 또는 보고총회(흡수합병)→ 합병등기 순으로 진행된다.

(6) 합병의 효과

합병의 효과로는 회사의 소멸과 설립, 권리·의무의 포괄적 승계, 주주의 지위 이전 등이 있다.

2. 합병무효의 소

(1) 원인

상법에는 규정이 없으나, 해석론에서는 합병 제한 규정 위반, 합병계약서의 기재요건 흠결, 합병결의 하자, 채권자 보호 절차 위반, 합병비율의 불공정 등이 있다.

(2) 당사자

원고(소송제기자)는 주주, 이사, 감사, 청산인, 파산관재인, 회사채권자이고 피고(소송제기 당하는 자)는 존속 또는 신설회사이다.

(3) 절차

합병무효의 소는 합병등기 후 6개월 이내에 제기해야 한다.

(4) 효과

합병무효의 등기, 대세적 효력과 소급효, 합병 전으로 환원이 된다.

Ⅱ 영업양도(대표적 기업 이전 방식)

기초 다지기

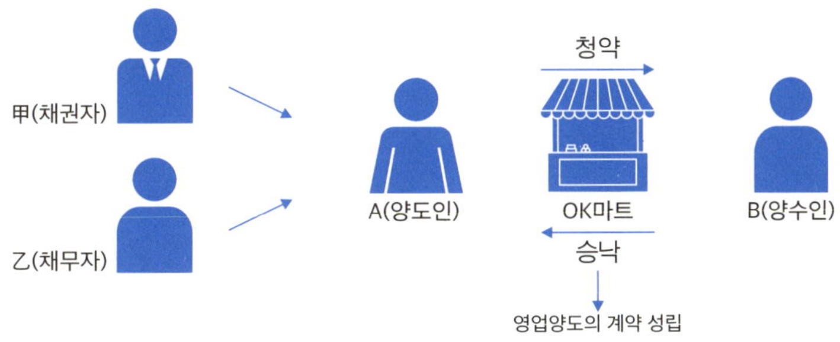

논점: 영업양도의 효과(효력)

1. 양수인 보호(양도인의 경업금지의무)
(1) A와 B 사이 양수인 보호 약정이 있을 경우 20년간 양도인의 경업이 금지된다.
(2) A와 B 사이 양수인 보호 약정이 없을 경우 10년간 양도인의 경업이 금지된다.
※ 위 규정 위반 시 어떠한 제재를 가하는지 법에 규정이 없지만(입법의 불비) 손해배상청구, 경업금지청구가 가능하다.

2. 양도인(A)의 채권자(甲) 보호
(1) B(양수인)이 상호를 계속 사용(속용)할 때, 甲이 B에게 3억 변제청구 시 B는 甲에게 변제해야 한다. 그러나 양도인과 양수인이 채권자에게 통지 또는 양수인이 채무 없음을 등기한 경우에는 변제책임이 없다.
(2) B(양수인)이 상호 불속용할 때, 甲이 B에게 3억 변제청구 시 B는 변제할 필요가 없다. 그러나 채무인수 광고를 한 경우 양수인이 상호 불속용하더라도 B는 변제책임이 있다.

3. 양도인(A)의 채무자(乙) 보호
(1) B가 상호 속용하고, 乙은 선의, 무중과실로 B를 A로 알고 변제를 한 경우 변제 효과가 있다. 또한 A에게 다시 변제할 필요 없다.

1. 영업양도 절차

(1) 당사자

영업양도의 당사자는 양도인(상인이면 된다)과 양수인(상인. 비상인 불문, 비상인일 경우 영업을 양수함으로써 상인자격 취득하기 때문)이 된다.

(2) 영업양도계약

영업양도계약이기 때문에 양도인과 양수인의 의사표시 합의만으로 성립한다.

(3) 영업양도계약 성질

영업양도는 채권계약이지만 합병과 달리 포괄승계가 아니라 개별적 이전행위를 필요로 한다.

2. 영업양도의 효과

상법은 양수인보호를 위해 양도인에게 경업금지의무를 부과하고 영업상 채권자 및 채무자보호 규정을 두고 있다.

(1) 양도인 경업금지의무(상법 제41조)[19]

양수인보호에 관한 약정 있을 때는 20년간, 양수인보호 약정이 없을 때에는 10년간 양도인에게 경업금지의무를 부담하고 있다.

1) 범위

동일하거나 동일한 행정구역에서 동종영업(양도한 영업과 경쟁관계에 있거나 대체관계 있는 영업까지 포괄하는 넓은 개념)을 의미한다.

2) 경업금지의무를 부담하는 자

개인상인은 양도인, 회사는 회사 자체가 의무를 부담한다.

3) 효과

경업금지만 규정하고 있고 위반한 경우에 관하여 규정을 두고 있지 않다(입법의 불비). 하지만 경업중지나 손해배상을 청구할 수 있다.

---

19) [상법 제41조] (영업양도인의 경업금지)
① 영업을 양도한 경우에 다른 약정이 없으면 양도인은 10년간 동일한 특별시·광역시·시·군과 인접 특별시·광역시·시·군에서 동종영업을 하지 못한다. 〈개정 1984. 4. 10., 1994. 12. 22., 1995. 12. 29.〉
② 양도인이 동종영업을 하지 아니할 것을 약정한 때에는 동일한 특별시·광역시·시·군과 인접 특별시·광역시·시·군에 한하여 20년을 초과하지 아니한 범위내에서 그 효력이 있다. 〈개정 1984. 4. 10., 1994. 12. 22., 1995. 12. 29.〉

(2) 영업상 채권자 보호

1) 취지

개개의 재산이 따로 이전, 이전재산이 채무인 경우 양도인의 제3자에 대한 영업상 채무라 하더라도 채무인수가 없다면 영업양도라는 사실만으로 양수인이 책임져야 할 이유가 없다. 그러나 양수인이 상호를 계속사용(상호속용)하거나 채무인수를 광고 낸 경우 외관의 법리에 의해 양수인도 양도인의 채무에 대해 책임을 부담하게 된다.

2) 양수인 변제책임 요건

양수인이 양도인의 채무를 변제해야 하는 경우로는 a. 상호속용(상법 제42조 제1항)[20], b. 채무인수의 광고(상법 제44조)[21], c. 영업으로 인한 채권, d. 제3자 선의(양도인과 직접 거래한 채권자, 양도인의 직접상대방으로부터 채권을 양수한 자 포함) 등을 요건으로 한다.

3) 양수인이 변제책임

양도인과 양수인은 부진정 연대책임관계에 있고 양수인재산에 강제집행 불가한 것이 판례의 태도이다.

4) 면책(상법 제42조 제2항)[22] 및 책임의 소멸(상법 제45조)[23]

양수인이 책임 없음을 지체 없이 등기하거나 양도인과 양수인이 지체 없이 책임 없음을 양도인의 채권자에게 통지하면 면책된다. 또한 양수인 변제책임 있는 경우 양도인의 제3자에 대한 채무는 영업양도 또는 광고(통지)후 2년이 경과하면 소멸한다.

---

20) [상법 제42조] (상호를 속용하는 양수인의 책임) ①영업양수인이 양도인의 상호를 계속사용하는 경우에는 양도인의 영업으로 인한 제3자의 채권에 대하여 양수인도 변제할 책임이 있다.

21) [상법 제44조] (채무인수를 광고한 양수인의 책임) 영업양수인이 양도인의 상호를 계속사용하지 아니하는 경우에 양도인의 영업으로 인한 채무를 인수한 것을 광고한 때에는 양수인도 변제할 책임이 있다.

22) [상법 제42조] (상호를 속용하는 양수인의 책임) ②전항의 규정은 양수인이 영업양도를 받은 후 지체없이 양도인의 채무에 대한 책임이 없음을 등기한 때에는 적용하지 아니한다. 양도인과 양수인이 지체없이 제3자에 대하여 그 뜻을 통지한 경우에 그 통지를 받은 제3자에 대하여도 같다.

23) [상법 제45조] (영업양도인의 책임의 존속기간) 영업양수인이 제42조 제1항 또는 전조의 규정에 의하여 변제의 책임이 있는 경우에는 양도인의 제3자에 대한 채무는 영업양도 또는 광고후 2년이 경과하면 소멸한다.

(3) 영업상 채무자 보호(상법 제43조)[24)]

양수인이 상호속용 시만 인정되고 채무자가 선의. 중대한 과실 없이 양수인에게 변제한 때에는 그 효력이 있다. 즉, 채권양도가 없는 경우에만 적용된다(민법 제450조).

24) [상법 제43조] (영업양수인에 대한 변제) 전조 제1항(상호속용)의 경우에 양도인의 영업으로 인한 채권에 대하여 채무자가 선의이며 중대한 과실없이 양수인에게 변제한 때에는 그 효력이 있다.

사안의 해결

A는 서울시 이문동에서 OK마트를 경영하였다. OK마트는 서울시 이문동에서 가장 유명하고 고객이 많은 마트였다. A는 B에게 이 마트를 팔았다. 한편 A에게 채권을 가지고 있는 채권자 甲이 있었고, A에게 채무를 부담하고 있는 채무자 乙이 있었다.

Q1 만약 A가 동일영업을 근처에서 하고 있다면 B는 어떻게 해야 할까?

A1 위 사안의 경우 A와 B가 경업을 하지 않기로 약정한 경우에는 동일한 특별시, 광역시, 시, 구에서 20년간 동종영업을 할 수 없다. 만약 약정을 하지 않더라도 10년간 동종영업을 할 수 없게 된다(상법 제41조).

Q2 만약 B가 상호를 그대로 사용하고 있을 경우, 甲이 B에게 채권을 청구할 경우 B는 어떻게 해야 할까?

A2 B의 경우, 유명하고 고객들에게 인지도가 있는 OK마트의 상호를 그대로 사용하려고 할 것이다. 이것을 상호속용이라고 한다. 이러한 경우 甲이 변제를 청구할 경우 B는 변제를 해야 한다. 그러나, B가 책임 없음을 등기하거나, A와 B가 甲에게 그 뜻을 통지한 경우에는 책임이 없다(상법 제41조).

경제와 법(3)

- 소비자기본법, 약관규제법, 방문판매법, 할부판매법

생각해 보기

Q1 A는 집으로 방문한 방문판매자 B의 권유에 따라 아이들 전래 동화 1질을 50만 원에 구입하기로 하고 계약금으로 5만 원을 지급했다. 며칠 후 전집을 보니 판매원 B의 말과는 달리 내용이 조잡하고 인쇄 상태도 엉망이었다. A는 계약금을 환불받을 수 있을까?

Q2 A는 혈액순환에 장애가 있어 다리가 붓기 시작했다. 마침 정보지에 나와 있는 다리 붓기를 완화해 준다는 다리 안마 마사지 기계의 광고를 보게 되었다. 광고에 표시된 전화번호로 전화를 걸어 기계를 주문하고 대금 30만 원을 송금했다. 기계를 받은 후 광고 내용과 달리 치료의 효과를 보지 못했다. A는 대금을 환불받을 수 있을까?

I 소비자기본법

1. 의의 및 개요

소비자란 상품(물건, 재화), 서비스(용역)의 구입과 소비의 주체로서 국민 모두를 포함하므로 국민경제에 있어서 최대의 집단이 된다. 나아가 진정한 의미에서의 소비자는 상품의 생산 주체인 기업과 소비 주체인 소비자 그리고 조정자라 할 수 있는 정부가 상호협력으로 노력함으로써 이를 수 있다. 국가는 소비자의 기본적 권리가 실현되도록 관계법을 제정하고, 필요한 행정조직을 정비하고 운영을 개선하고 필요한 소비자 시책을 수립 및 실시하며, 소비자의 건전한 조직활동을 육성. 지원하여야 할 의무가 있다. 그리고 경제 주체의 3요소는 기업, 소비자, 국가(정부)이다.

소비자보호를 위한 주요법으로는 소비자기본법, 약관규제법, 할부거래법, 방문판매법,

전자상거래 등에서 소비자보호에 관한 법률을 규정하고 있다. 소비자보호법이 소비자기본법으로 명칭 변경 및 대폭 개정되면서 한국소비자보호원의 명칭도 한국소비자원으로 변경되고, 소비자의 기본적 책무, 소비자 개인 정보 보호에 관한 사항 등이 규정되었다.

2. 소비자의 기본권

(1) 소비자의 기본적 권리

소비자기본법 제4조(소비자의 기본적 권리)에서 소비자는 다음의 기본적 권리를 가진다.

① 물품 또는 용역(이하 "물품등"이라 한다)으로 인한 생명·신체 또는 재산에 대한 위해로부터 보호받을 권리 - 안전할 권리

② 물품등을 선택함에 있어서 필요한 지식 및 정보를 제공받을 권리 - 알권리

③ 물품등을 사용함에 있어서 거래상대방·구입장소·가격 및 거래조건 등을 자유로이 선택할 권리 - 선택할 권리

④ 소비생활에 영향을 주는 국가 및 지방자치단체의 정책과 사업자의 사업활동 등에 대하여 의견을 반영시킬 권리 - 의견을 반영시킬 권리

⑤ 물품등의 사용으로 인하여 입은 피해에 대하여 신속·공정한 절차에 따라 적절한 보상을 받을 권리 - 피해보상을 받을 권리

⑥ 합리적인 소비생활을 위하여 필요한 교육을 받을 권리 – 교육을 받을 권리

⑦ 소비자 스스로의 권익을 증진하기 위하여 단체를 조직하고 이를 통하여 활동할 수 있는 권리 – 단결권 및 단체행동권

⑧ 안전하고 쾌적한 소비생활 환경에서 소비할 권리 - 쾌적한 환경에서 살 권리

(2) 소비자의 책무

소비자는 자신이 행사하는 권리 못지않게 자신의 행동에 대한 책임도 져야 한다. 소비자가 책임이 따르는 의사 결정을 할 때 가계의 소비생활은 물론, 생산자와 한 나라의 경제에 좋은 영향을 미칠 수 있으며, 중요하다고 여겨지는 몇 가지는 다음과 같다.

① 사업자 등과 더불어 자유시장경제를 구성하는 주체임을 인식하고, 물건을 올바르게 선택, 소비자의 기본적 권리를 정당하게 행사

② 소비자 스스로 권익 증진을 위한 지식과 정보 습득

③ 자주적으로 합리적인 행동과 자원절약형이고 환경친화형인 소비생활을 함으로써 소비생활의 향상과 국민경제의 발전에 적극적인 역할을 다할 것

(3) 국가 및 지방자치단체 등의 책무(소비자기본법 제6조)

① 관계 법령(법률과 명령) 및 조례(시장, 도지사, 구청장)의 제정 및 개정·폐지

② 필요한 행정조직의 정비 및 운영 개선

③ 필요한 시책의 수립 및 실시

④ 소비자의 건전하고 자주적인 조직활동의 지원·육성

(4) 사업자 책무(소비자기본법 제18조, 제19조)

① 사업자는 국가 및 지방자치단체의 소비자권익 증진시책에 적극 협력하여야 한다.

② 사업자는 소비자단체 및 한국소비자원의 소비자 권익증진과 관련된 업무의 추진에 필요한 자료 및 정보제공 요청에 적극 협력하여야 한다.

③ 사업자는 안전하고 쾌적한 소비생활 환경을 조성하기 위하여 물품 등을 제공함에 있어서 환경친화적인 기술의 개발과 자원의 재활용을 위하여 노력하여야 한다.

④ 사업자는 소비자의 생명·신체 또는 재산 보호를 위한 국가·지방자치단체 및 한국소비자원의 조사 및 위해방지 조치에 적극 협력하여야 한다.

⑤ 사업자는 물품등으로 인하여 소비자에게 생명·신체 또는 재산에 대한 위해가 발생하지 아니하도록 필요한 조치를 강구하여야 한다.

⑥ 사업자는 물품등을 공급함에 있어서 소비자의 합리적인 선택이나 이익을 침해할 우려가 있는 거래조건이나 거래방법을 사용하여서는 아니 된다.

⑦ 사업자는 소비자에게 물품등에 대한 정보를 성실하고 정확하게 제공하여야 한다.

⑧ 사업자는 소비자의 개인정보가 분실·도난·누출·변조 또는 훼손되지 아니하도록 그 개인정보를 성실하게 취급하여야 한다.

⑨ 사업자는 물품등의 하자로 인한 소비자의 불만이나 피해를 해결하거나 보상하여야 하며, 채무불이행 등으로 인한 소비자의 손해를 배상하여야 한다.

(5) 소비자단체 업무(소비자기본법 제28조)

① 국가 및 지방자치단체의 소비자의 권익과 관련된 시책에 대한 건의
② 물품등의 규격·품질·안전성·환경성에 관한 시험·검사 및 가격 등을 포함한 거래조건이나 거래방법에 관한 조사·분석
③ 소비자문제에 관한 조사·연구
④ 소비자의 교육
⑤ 소비자의 불만 및 피해를 처리하기 위한 상담·정보제공 및 당사자 사이의 합의의 권고

(6) 한국소비자원 업무(소비자기본법 제35조)

① 소비자의 권익과 관련된 제도와 정책의 연구 및 건의
② 소비자의 권익증진을 위하여 필요한 경우 물품등의 규격·품질·안전성·환경성에 관한 시험·검사 및 가격 등을 포함한 거래조건이나 거래방법에 대한 조사·분석
③ 소비자의 권익증진·안전 및 소비생활의 향상을 위한 정보의 수집·제공 및 국제협력
④ 소비자의 권익증진·안전 및 능력개발과 관련된 교육·홍보 및 방송사업
⑤ 소비자의 불만처리 및 피해구제
⑥ 소비자의 권익증진 및 소비생활의 합리화를 위한 종합적인 조사·연구
⑦ 국가 또는 지방자치단체가 소비자의 권익증진과 관련하여 의뢰한 조사 등의 업무
⑧ 「독점규제 및 공정거래에 관한 법률」 제51조의3 제6항에 따라 공정거래위원회로부터 위탁받은 동의의결의 이행관리
⑨ 그 밖에 소비자의 권익증진 및 안전에 관한 업무

3. 소비자기본법상의 단체소송

(1) 단체소송의 제소권자

제소권을 가지는 소비자단체는 공정거래위원회에 등록한 단체이어야 하고, 제소권을 가지는 경제단체는 상공회의소법에 따른 대한상공회의소, 중소기업협동조합법에 따른 중소기업협동조합중앙회 및 전국 단위 경제단체로는 대통령령이 정하는 단체이다. 비영리민간단체가 제소권을 갖기 위해서는 비영리민간단체지원법 제2조에 따른 요건을 갖추어야 한다.

(2) 단체소송 상대방

소비자기본법 제20조[25)]의 규정을 위반하여 소비자의 생명, 신체 또는 재산에 대한 권익을 침해한 사업자이다. 사업자에는 국내의 사업자는 물론 외국의 사업자도 포함된다.

(3) 단체소송 대상이 되는 사업자의 행위

소비자기본법 제20조의 규정 위반, 소비자권익을 침해하는 행위이다.

(4) 소송물(소송에 있어서 청구의 내용)

단체소송을 통하여 법원에 청구할 수 있는 내용은 사업자의 소비자권익 침해권에 대한 금지, 중지이다. 금전적 배상을 받고자 하는 경우 별도의 손해배상을 청구해야 한다.

(5) 소의 성질

소의 성질은 이행의 소이다.

(6) 전속관할(소비자기본법 제71조)

단체소송의 소는 피고의 주된 사무소 또는 영업소가 있는 곳, 주된 사무소나 영업소가 없는 경우에는 주된 업무담당자의 주소가 있는 곳의 지방법원 본원 합의부의 관할에 전속한다. 외국사업자에 적용하는 경우 대한민국에 있는 이들의 주된 사무소·영업소 또는 업무담당자의 주소에 따라 정한다.

(7) 변호사 강제주의(소비자기본법 제72조)

소송 중 반드시 변호사가 있어야 한다.

---

25) [소비자기본법 제20조] (소비자의 권익증진 관련기준의 준수)
① 사업자는 제8조 제1항의 규정에 따라 국가가 정한 기준에 위반되는 물품등을 제조·수입·판매하거나 제공하여서는 아니 된다.
② 사업자는 제10조의 규정에 따라 국가가 정한 표시기준을 위반하여서는 아니 된다.
③ 사업자는 제11조의 규정에 따라 국가가 정한 광고기준을 위반하여서는 아니 된다.
④ 사업자는 제12조 제2항의 규정에 따라 국가가 지정·고시한 행위를 하여서는 아니 된다.
⑤ 사업자는 제15조 제2항의 규정에 따라 국가가 정한 개인정보의 보호기준을 위반하여서는 아니 된다.

(8) 문제점

적격 단체 범위 및 요건의 문제, 대상 행위에 대한 문제, 금전적 손해배상 제외, 불이행 시 강제 수단 조치의 불비 등이 문제점이다.

II 약관규제법 및 방문판매법, 할부판매법 등

1. 약관규제법

(1) 의의

약관규제법의 적용을 받는 약관은 그 명칭이나 형태 또는 범위에 상관없이 계약의 한쪽 당사자(작성자 또는 사업자)가 여러 명의 상대방(불특정 고객)과 계약을 체결하기 위하여 일정한 형식으로 미리 마련한 계약의 내용이나 명칭과 형태에 상관없다. 조항의 수가 많든 하나에 불과하든 상관없다. 계약 체결 서식에 계약 내용이 될 사항이 포함되어 있으면 위 요건을 갖추는 한 약관규제법의 적용을 받는다.

(2) 작성 및 설명의무 등

1) 작성의무

한글로 작성하고 표준화·체계화된 용어를 사용한다. 약관의 중요한 내용을 부호, 색체, 굵고 큰 문자 등으로 명확하게 표시한다.

2) 명시의무

고객에게 약관의 내용을 분명하게 밝혀야 하고 계약의 종류에 따라 일반적으로 예상되는 방법으로 하여야 한다. 고객이 요구할 경우 그 약관의 사본을 고객에게 내주어 고객이 알 수 있게 하여야 한다.

3) 설명의무

약관의 중요한 내용을 고객이 이해할 수 있도록 설명하여야 한다. 중요한 내용이란 고객의 중대한 이해관계에 관한 사항으로서 그것을 아는 것이 계약 체결 여부에 영향을 미치는 것이다. 설명은 구두(말)로 하는 것이 원칙이고 중요 내용을 일목요연하게 정리한 알기 쉬운 문서(서면)로써도 가능하다. 계약의 성질상 설명이 현저하게 곤란한 경우 설명의무가 배제된다.

4) 의무 위반의 효과

명시의무와 설명의무를 위반하여 계약 체결 시 해당 약관을 계약의 내용으로 주장 불가하고 약관의 일부가 명시된 경우라면 원칙적으로 나머지 약관조항만을 계약의 내용으로 주장할 수 없다.

(3) 약관 해석

1) 객관적 해석의 원칙

고객에 따라 다르게 해석되어서는 안되고 통일적 해석의 원칙이 적용된다. 약관의 해석에서는 기준을 당해 계약의 상대방이 아니라 평균적 고객에 두어야 한다.

2) 불명확성의 원칙

약관의 뜻이 명백하지 않으면(애매모호) 고객에게 유리하게 해석되어야 한다. 고객유리해석의 원칙, 작성자불리의 원칙이 적용된다. 가능한 해석 내용 중에서 고객에게 유리한 것을 택하여야 한다는 의미이고 가능한 범위를 넘어서는 해석은 허용되지 않는다.

2. 소비자 피해구제 절차

소비자가 구입한 상품을 사용하거나 각종 서비스를 이용하는 과정에서 부당하게 피해를 본 경우 공정한 절차를 거쳐 적절한 보상을 받을 권리를 가진다. 여기서 보상이란 품질보증기간 또는 유효 기간 이내의 제조, 유통과정이나 용역의 이용과정에서 발생한 소비자의 피해에 관하여 사업자가 행하는 수리, 교환, 환불, 배상, 해약 등을 말한다.

소비자와 사업자 간 상호교섭 1차 → 한국소비자원, 국가 및 지방자치단체 , 소비자단체를 통한 구제 2차 → 한국소비자원의 실험 및 검사, 자문을 통한 진상규명 후 합의권안에 제시에 따른 구제 3차 → 소비자분쟁조정위원회(30일 이내 조정) 분재의 조정에 따른 구제 4차 → 민사소송 절차 순으로 구제를 받을 수 있다.

Ⅲ 소비자 피해구제 유형

1. 할부거래에 관한 법률

(1) 개념

동산의 매수인 또는 용역을 제공받는 자가 대금을 2개월 이상의 기간에 걸쳐 3회 이상 분할하여 지급하고, 대금의 완납 전에 동산의 인도 또는 용역을 제공받기로 하는 것을 말한다.

(2) 할부계약서 작성

할부계약서에는 다음 사항을 기재한다(할부거래에 관한 법률 제6조).

① 할부거래업자·소비자 및 신용제공자의 성명 및 주소

② 재화(물품) 등의 종류·내용 및 재화 등의 공급 시기

③ 현금가격

④ 할부가격

⑤ 각 할부금의 금액·지급횟수·지급기간 및 지급시기

⑥ 할부수수료의 실제연간요율

⑦ 계약금

⑧ 재화의 소유권 유보에 관한 사항

⑨ 청약철회의 기한·행사방법·효과에 관한 사항

⑩ 할부거래업자의 할부계약의 해제에 관한 사항

⑪ 지연손해금 산정 시 적용하는 비율

⑫ 소비자의 기한의 이익 상실에 관한 사항

⑬ 소비자의 항변권과 행사방법에 관한 사항

(3) 사업자의 의무

계약 내용의 표시, 고지의무, 계약서 작성 및 교부의무 등이 있다.

(4) 매수인의 철회권

충동구매 및 비합리적 구매결정으로부터 매수인을 보호하기 위하여 철회권 부여(할부거래에 관한 법률 제8조)하고 있으나 단순 변심으로 인한 철회는 불가능하고 또한 계약 해제도 불가능하다.

1) 행사 기간

계약서를 교부받은 경우 교부받은 날로부터 7일 이내, 계약서를 교부받지 않은 경우 목적물 인도받은 날부터 7일 이내 행사하여야 한다.

2) 행사 방법

철회의 의사표시가 기재된 서면을 발송해야 한다.

3) 효력 발생 시기

철회의 의사표시를 발송한 날부터 발생한다.

4) 효과

매수인은 인도받은 동산 및 제공받은 용역을 반환, 매도인은 지급받은 할부금 반환, 목적물의 반환에 필요한 비용 부담하는 등 반환의무가 서로 발생하게 된다.

(5) 매수인의 항변권(할부거래에 관한 법률 제16조)

소비자는 다음 각 호의 어느 하나에 해당하는 사유가 있는 경우에는 할부거래업자에게 그 할부금의 지급을 거절할 수 있다.

① 할부계약이 불성립·무효인 경우
② 할부계약이 취소·해제 또는 해지된 경우
③ 재화등의 전부 또는 일부가 제6조 제1항 제2호에 따른 재화등의 공급 시기까지 소비자에게 공급되지 아니한 경우
④ 할부거래업자가 하자담보책임을 이행하지 아니한 경우
⑤ 그 밖에 할부거래업자의 채무불이행으로 인하여 할부계약의 목적을 달성할 수 없는 경우

(6) 매수인의 기한 이익 상실

할부금을 연속하여 2회 이상 지급하지 아니하고 그 지급액이 10% 초과하거나 국내에서 생업에 종사하기 위하여 외국에 이주하는 경우와 외국인과의 결혼 등으로 이주하는 때 기한 이익 상실한다.

(7) 매도인의 할부계약 해제

매수인이 할부금지급의무를 이행하지 아니한 때에는 할부계약을 해제할 수 있는데 매도인은 14일 이상의 기간을 정하여 매수인에게 그 이행을 서면으로 최고하여야 한다.

2. 방문판매법

(1) 개념

이 법은 방문판매, 전화권유판매, 다단계판매, 후원방문판매, 계속거래 및 사업권유거래 등에 의한 재화 또는 용역의 공정한 거래에 관한 사항을 규정함으로써 소비자의 권익을 보호하고 시장의 신뢰도를 높여 국민경제의 건전한 발전에 이바지함을 목적으로 한다(방문판매 등에 관한 법률 제1조)[26].

(2) 방문판매

1) 유형

유형으로는 주거방문판매(외판원이 호별 방문을 통하여 판매하는 경우가 해당), 홈 파티(판매업자가 어떤 집에 많은 주부를 모아 그곳에서 상품 설명회를 갖고 상품을 판매하는 경우), 직장방문판매(식당이나 복도에 진열하여 판매하는 경우나 개개인에게 권유하여 판매), 노상판매(노점이나 자동차에 싣고 순회하여 판매), 주문판매(판매업자가 전화나 우편으로 상대방의 동의를 얻어 방문하여 판매) 등이 있다.

2) 청약의 철회

방문판매의 방법으로 재화 등의 구매에 관한 계약을 체결한 소비자는 계약서를 교부받은 날로부터 14일, 계약서를 교부받지 아니한 경우나 방문판매자의 주소 등이 기재되지 아니한 계약

---

26) [방문판매 등에 관한 법률 제1조] (목적) 이 법은 방문판매, 전화권유판매, 다단계판매, 후원방문판매, 계속거래 및 사업권유거래 등에 의한 재화 또는 용역의 공정한 거래에 관한 사항을 규정함으로써 소비자의 권익을 보호하고 시장의 신뢰도를 높여 국민경제의 건전한 발전에 이바지함을 목적으로 한다.

서를 교부받은 경우 또는 방문판매자 등의 주소 변경 등의 사유로 위 기간 이내에 청약철회를 할 수 없는 경우에는 그 주소를 안 날 또는 알 수 있었던 날부터 14일 이내에 청약을 철회할 수 있다.

3) 철회의 효과

소비자가 청약철회 등을 한 경우에는 이미 공급받은 재화 등을 반환하여야 한다. 만약 재화 등이 일부 소비된 경우 또는 사용된 경우 방문판매자 등은 소비자에게 그 재화 등의 사용 또는 일부 소비에 의하여 소비자가 얻은 이익 또는 그 재화 등의 공급에 소요된 비용에 상당하는 금액의 지급을 청구할 수 있다.

(3) 전화권유판매

전화를 이용하여 소비자에게 권유하거나 전화회신을 유도하는 방법으로 재화등을 판매하는 것을 말한다. 청약의 철회권은 방문판매와 동일하다.

(4) 다단계판매

다단계판매란 다음 각 목의 요건을 모두 충족하는 판매조직(이하 "다단계판매조직"이라 한다)을 통하여 재화 등을 판매하는 것을 말한다(방문판매 등에 관한 법률 제2조 제5호).

① 판매업자에 속한 판매원이 특정인을 해당 판매원의 하위 판매원으로 가입하도록 권유하는 모집방식이 있을 것

② 가목에 따른 판매원의 가입이 3단계(다른 판매원의 권유를 통하지 아니하고 가입한 판매원을 1단계 판매원으로 한다. 이하 같다) 이상 단계적으로 이루어질 것. 다만, 판매원의 단계가 2단계 이하라고 하더라도 사실상 3단계 이상으로 관리·운영되는 경우로서 대통령령으로 정하는 경우를 포함한다.

③ 판매업자가 판매원에게 제9호 나목 또는 다목[27]에 해당하는 후원수당을 지급하는 방식

---

27) [방문판매 등에 관한 법률 제2조] (정의)

9. "후원수당"이란 판매수당, 알선 수수료, 장려금, 후원금 등 그 명칭 및 지급 형태와 상관없이 판매업자가 다음 각 목의 사항과 관련하여 소속 판매원에게 지급하는 경제적 이익을 말한다.

가. 판매원 자신의 재화등의 거래실적

나. 판매원의 수당에 영향을 미치는 다른 판매원들의 재화등의 거래실적

다. 판매원의 수당에 영향을 미치는 다른 판매원들의 조직관리 및 교육훈련 실적

라. 그 밖에 가목부터 다목까지의 규정 외에 판매원들의 판매활동을 장려하거나 보상하기 위하여 지급되는 일체의 경제적 이익

을 가지고 있을 것

(4) 통신판매

1) 개념

"통신판매"란 우편·전기통신, 그 밖에 총리령으로 정하는 방법으로 재화 또는 용역의 판매에 관한 정보를 제공하고 소비자의 청약을 받아 재화 또는 용역(이하 "재화등"이라 한다)을 판매하는 것을 말한다. 다만, 「방문판매 등에 관한 법률」 제2조 제3호에 따른 전화권유판매는 통신판매의 범위에서 제외한다.

2) 청약의 철회

통신판매업자와 재화 등의 구매에 관한 계약을 체결한 소비자는 계약 내용에 관한 서면을 교부받은 날로부터 7일, 다면 그 서면을 교부받은 때보다 재화 등의 공급이 늦게 이루어진 경우에는 재화 등의 공급을 받거나 공급이 개시된 날로부터 7일, 계약 내용에 관한 서면을 교부받지 아니한 경우나 통신판매업자의 주소 등이 기재되지 아니한 서면을 교부받은 경우 또는 통신판매업자의 주소변경 등의 사유로 이 기간 내에 청약의 철회를 할 수 없는 경우에는 그 주소를 안 날 또는 알 수 있었던 날부터 7일 이내에 청약의 철회를 할 수 있다.

3) 청약철회 효과

소비자가 청약의 철회를 한 경우에는 이미 공급받은 재화 등을 반환해야 하며, 통신판매업자는 재화 등을 받은 날부터 3영업일 이내에 이미 지급받은 재화 등의 대금을 환급해야 한다.

사안의 해결

Q1 **A는 집으로 방문한 방문판매자 B의 권유에 따라 아이들 전래 동화 1질을 50만 원에 구입하기로 하고 계약금으로 5만 원을 지급했다. 며칠 후 전집을 보니 판매원 B의 말과는 달리 내용이 조잡하고 인쇄상태도 엉망이었다. A는 계약금을 환불받을 수 있을까?**

A1 [방문판매 등에 관한 법률] 제8조 제1항에 따라 A는 전집을 인도받은 날로부터 14일 이내 계약에 관한 청약을 철회할 수 있다. 이러한 경우 철회의 뜻이 적힌 내용을 내용증명우편과 같은 서면으로 보내는 것이 좋다. 이에 대한 효력은 발송한 날로부터 생긴다. 따라서 14일 이내 철회 통지를 하면 인도받은 전집은 반환하고 계약금은 반환받을 수 있다. 서적회사는 A에게 위약금이나 손해배상을 청구할 수 없다.

Q2 **A는 혈액순환에 장애가 있어 다리가 붓기 시작했다. 마침 정보지에 나와 있는 다리 붓기를 완화해 준다는 다리 안마 마사지 기계의 광고를 보게 되었다. 광고에 표시된 전화번호로 전화를 걸어 기계를 주문하고 대금 30만 원을 송금했다. 기계를 받은 후 광고 내용과 달리 치료의 효과를 보지 못했다. A는 대금을 환불받을 수 있을까?**

A2 도착한 물건이 광고의 내용과 다르기 때문에 A는 기계의 인도 시 동봉된 계약철회서를 3개월 이내에 작성하여 회사에 계약철회의사를 밝혀야 한다. 동봉된 계약철회서가 없는 경우에는 철회의사를 밝힌 내용증명을 회사에 보내야 한다. 만약 회사가 이에 응하지 않을 경우 한국소비자원에 피해구제를 의뢰할 수도 있다.

손해배상책임과 경제

- 채무불이행책임과 불법행위책임

생각해 보기

Q1 A는 B에게 금 1억 원을 이자 연 5%에 변제기 1년 뒤에 상환받기로 하고 돈을 빌려주었다. 그러나 변제기(상환일)에 이행이 되지 않았다. B가 A에게 손해배상책임을 물을 수 있는가?

Q2 A가 자동차를 운전하던 중 횡단보도가 있는 것을 확인하고 신호등이 황색등 변경 후 바로 적색등으로 바뀐 상황에서 그곳을 지나다가 보행자 B를 다치게 하여 전치 5주의 상해를 입혔다. B는 A에게 손해배상을 청구할 수 있는가?

I 채무불이행책임과 손해배상

1. 법적 근거

채무자가 채무의 내용에 좇은 이행을 하지 아니한 때(이행지체, 이행불능, 이행거절, 불완전이행)에는 채권자는 손해배상을 청구할 수 있다. 그러나 채무자의 고의나 과실 없이 이행할 수 없게 된 때에는 그러하지 아니하다(민법 제390조).

2. 채무불이행 효과

채무불이행의 경우 상대방은 강제이행, 손해배상, 계약의 해제를 신청할 할 수 있고 계약의 해제를 하더라도 동시에 손해배상을 청구할 수 있다.

3. 발생 원인

이행지체, 이행불능, 불완전이행, 이행거절 등이 있다.

(1) 이행지체

채무가 약정된 이행기에 이행이 가능함에도 불구하고 채무자의 책임 있는 사유로 채무가 이행되지 않음으로써 위법한 것이 된다.

(2) 이행불능

채권이 성립되었으나 채무자의 책임 있는 사유로 인하여 이행이 불가능한 경우이다.

(3) 불완전이행

채무의 이행행위라고 볼 수 있는 이행행위가 있어야 하고, 그 이행이 불완전이행이어야 한다.

(4) 이행거절

채무자가 채무이행이 가능함에도 불구하고 채무를 이행할 의사가 없음을 채권자에게 진지하고 종국적으로 표시하는 것이다.

II 불법행위책임과 손해배상

1. 내용

고의 또는 과실로 인한 위법행위로 타인에게 손해(인과관계)를 가한 자는 그 손해를 배상할 책임이 있다(민법 제750조). 불법행위책임이 성립하기 위한 요건으로는 ① 고의 또는 과실, ② 위법성 ③ 위법행위와 손해 사이에 인과관계 ④ 손해가 발생 등이 요구된다. 또한 타인의 신체, 자유 또는 명예를 해하거나 기타 정신상 고통을 가한 자는 재산 이외의 손해(정신적 손해 = 위자료)에 대하여도 배상할 책임 있다(민법 제751조 제1항)[28].

28) [민법 제751조] (재산 이외의 손해의 배상) ① 타인의 신체, 자유 또는 명예를 해하거나 기타 정신상고통을 가한 자는 재산 이외의 손해에 대하여도 배상할 책임이 있다.
[민법 제752조] (생명침해로 인한 위자료) 타인의 생명을 해한 자는 피해자의 직계존속, 직계비속 및 배우자에 대하여는 재산상의 손해없는 경우에도 손해배상의 책임이 있다.

2. 타인의 불법행위에 대한 책임

(1) 책임 무능력자의 감독자 책임[29)]

다른 자에게 손해를 가한 자가 책임능력이 없는 경우 그를 감독할 법정의무가 있는 자가 그 손해를 배상할 책임이 있다.

(2) 사용자 책임[30)]

타인을 사용하여 어느 사무에 종사하게 한 자(사용자)는 피용자가 그 사무집행에 관하여 제3자에게 가한 손해를 배상할 책임 있다. 그러나 사용자가 피용자의 선임 및 그 사무감독에 상당한 주의를 한 때 또는 상당한 주의를 하여도 손해가 있을 경우에는 그러하지 아니하다.

예컨대 택시 회사(사용자)와 택시 기사 A(피용자)가 있다. A가 운행 중 손님(B)을 태웠다. 목적지로 이동 중 A가 휴대폰을 보면서 부주의하게 운전을 하는 것을 보고 B가 주의를 주었다. 그러나 A가 무시하고 운전을 하다가 다른 차와 접촉 사고가 나고 B가 전치 3주의 외상을 입었다. 이러한 경우 B는 누구에게 손해배상을 청구해야 할까? B는 택시회사 또는 A에게 손해배상을 청구할 수 있다. B가 택시 회사에게 손해배상 100만 원을 청구하고 손해를 배상받았다면 택시 회사는 A에게 구상권을 청구할 수 있다. 만약, 택시 회사가 우리는 매일 직원들에게 운전 중 휴대전화 사용 금지라는 교육을 시키고 있다면, 이에 대한 책임이 전적으로 피용자에게 있게 된다.

(3) 도급인의 책임[31)]

도급인은 수급인이 그 일에 관하여 제삼자에게 가한 손해를 배상할 책임이 없다. 그러나 도급 또는 지시에 관하여 도급인에게 중대한 과실이 있는 때에는 그러하지 아니하다.

---

29) [민법 제753조] (미성년자의 책임능력) 미성년자가 타인에게 손해를 가한 경우에 그 행위의 책임을 변식할 지능이 없는 때에는 배상의 책임이 없다.
[민법 제754조] (심신상실자의 책임능력) 심신상실 중에 타인에게 손해를 가한 자는 배상의 책임이 없다. 그러나 고의 또는 과실로 인하여 심신상실을 초래한 때에는 그러하지 아니하다.

30) [민법 제756조] (사용자의 배상책임)
① 타인을 사용하여 어느 사무에 종사하게 한 자(사용자)는 피용자가 그 사무집행에 관하여 제삼자에게 가한 손해를 배상할 책임이 있다. 그러나 사용자가 피용자의선임 및 그 사무감독에 상당한 주의를 한 때 또는 상당한 주의를 하여도 손해가 있을경우에는 그러하지 아니하다.
② 사용자에 갈음하여 그 사무를 감독하는 자도 전항의 책임이 있다.<개정 2014. 12. 30.>
③ 전2항의 경우에 사용자 또는 감독자는 피용자에 대하여 구상권을 행사할 수 있다

31) [민법 제757조] (도급인의 책임) 도급인은 수급인이 그 일에 관하여 제삼자에게 가한 손해를 배상할 책임이 없다. 그러나 도급 또는 지시에 관하여 도급인에게 중대한 과실이 있는 때에는 그러하지 아니하다.

(4) 공작물 등의 점유자 및 소유자의 책임과 동물의 점유자의 책임

1) 공작물 등의 점유자 및 소유자의 책임[32)]

공작물의 설치 또는 보존의 하자로 인하여 타인에게 손해를 가한 때에는 공작물 점유자가(1차책임) 손해를 배상할 책임이 있다. 그러나 점유자가 손해의 방지에 필요한 주의를 해태하지 아니한 때에는 그 소유자가 손해를 배상할 책임이(2차 책임) 있다. 이 책임은 무과실책임이다. 이러한 규정은 수목의 재식 또는 보존에 하자 있는 경우에 준용한다. 또한 이러한 경우에 점유자 또는 소유자는 그 손해의 원인에 대한 책임 있는 자에 대하여 구상권을 행사할 수 있다.

2) 동물의 점유자의 책임[33)]

A가 B에게 강아지를 맡겼다. B가 산책을 하다가 강아지가 행인 C를 물었다. 이러한 경우 C에게 손해배상을 B가 해야 한다. 또한 A가 강아지와 산책을 하다가 강아지가 행인 C를 물었다면 A가 책임을 부담한다.

(5) 공동불법행위자 책임[34)]

수인(A, B, C)이 공동의 불법행위로 타인(D, E)에게 손해를 가한 때에는 연대하여 그 손해를 배상할 책임이 있다. 공동 아닌 수인의 행위 중 어느 자의 행위가 그 손해를 가한 것인지를 알 수 없는 때에도 같다. 교사자나 방조자는 공동행위자로 본다. 예컨대 A, B, C가 D, E가 지나가는데 A, B, C가 동시에 돌멩이를 던져서 D, E가 돌멩이에 맞아 머리가 다쳤다. 이러한 경우 D, E는 누구에게 손해배상을 청구할 수 있나? 이것은 바로 공동불법행위에 해당된다.

---

32) [민법 제758조] (공작물등의 점유자, 소유자의 책임)

① 공작물의 설치 또는 보존의 하자로 인하여 타인에게 손해를 가한 때에는 공작물점유자가 손해를 배상할 책임이 있다. 그러나 점유자가 손해의 방지에 필요한 주의를 해태하지 아니한 때에는 그 소유자가 손해를 배상할 책임이 있다.

② 전항의 규정은 수목의 재식 또는 보존에 하자있는 경우에 준용한다.

③ 제2항의 경우에 점유자 또는 소유자는 그 손해의 원인에 대한 책임있는 자에 대하여 구상권을 행사할 수 있다.

33) [민법 제759조] (동물의 점유자의 책임)

① 동물의 점유자는 그 동물이 타인에게 가한 손해를 배상할 책임이 있다. 그러나 동물의 종류와 성질에 따라 그 보관에 상당한 주의를 해태하지 아니한 때에는 그러하지 아니하다.

② 점유자에 갈음하여 동물을 보관한 자도 전항의 책임이 있다.〈개정 2014. 12. 30.〉

34) [민법 제760조] (공동불법행위자의 책임)

① 수인이 공동의 불법행위로 타인에게 손해를 가한 때에는 연대하여 그 손해를 배상할 책임이 있다.

② 공동 아닌 수인의 행위중 어느 자의 행위가 그 손해를 가한 것인지를 알 수 없는 때에도 전항과 같다.

③ 교사자나 방조자는 공동행위자로 본다.

3. 소멸시효[35)]

불법행위로 인한 손해배상의 청구권은 피해자나 그 법정대리인이 그 손해 및 가해자를 안 날로부터 3년간 이를 행사하지 아니하면 시효로 인하여 소멸한다. 불법행위를 한 날로부터 10년을 경과한 때에도 같다. 그러나 미성년자가 성폭력, 성추행, 성희롱, 그 밖의 성적(性的) 침해를 당한 경우에 이로 인한 손해배상청구권의 소멸시효는 그가 성년이 될 때까지는 진행되지 아니한다.〈신설 2020. 10. 20.〉

4. 기타

손해배상은 금전배상이 원칙이고 과실상계도 참작된다.[36)]

---

35) [민법 제766조] (손해배상청구권의 소멸시효)

① 불법행위로 인한 손해배상의 청구권은 피해자나 그 법정대리인이 그 손해 및 가해자를 안 날로부터 3년간 이를 행사하지 아니하면 시효로 인하여 소멸한다.

② 불법행위를 한 날로부터 10년을 경과한 때에도 전항과 같다.

③ 미성년자가 성폭력, 성추행, 성희롱, 그 밖의 성적(性的) 침해를 당한 경우에 이로 인한 손해배상청구권의 소멸시효는 그가 성년이 될 때까지는 진행되지 아니한다. 〈신설 2020. 10. 20.〉

36) [민법 제394조] (손해배상의 방법) 다른 의사표시가 없으면 손해는 금전으로 배상한다.

[민법 제396조] (과실상계) 채무불이행에 관하여 채권자에게 과실이 있는 때에는 법원은 손해배상의 책임 및 그 금액을 정함에 이를 참작하여야 한다.

[민법 제763조] (준용규정) 제393조(손해배상의 범위), 제394조(손해배상의 방법), 제396조(과실상계), 제399조(손해배상자의 대위)의 규정은 불법행위로 인한 손해배상에 준용한다.

사안의 해결

Q1 **A는 B에게 금 1억 원을 이자 연 5%에 변제기 1년 뒤에 상환받기로 하고 돈을 빌려주었다. 그러나 변제기(상환일)에 이행이 되지 않았다. B가 A에게 손해배상책임을 물을 수 있는가?**

A1 위 사안은 채무불이행책임(민법 제390조) 중 이행지체에 해당하여 변제기 이후부터 지연손해가 발생하게 되어 B가 A에게 손해배상을 청구할 수 있다.

Q2 **A가 자동차를 운전하던 중 횡단보도가 있는 것을 확인하고 신호등이 황색등 변경 후 바로 적색등으로 바뀐 상황에서 그곳을 지나다가 보행자 B를 다치게 하여 전치 5주의 상해를 입혔다. B는 A에게 손해배상을 청구할 수 있는가?**

A2 위 사안은 피해자 B가 가해자 A에게 불법행위책임(민법 제750조)의 요건을 구비하였기 때문에 손해배상책임을 청구할 수 있다. 손해배상은 직접손해(치료비), 간접손해(일실이익), 정신적 손해(위자료)를 모두 청구할 수 있다.

제12장

경제활동과 형법적 규제

- 신용카드와 경제범죄

생각해 보기

Q1 A는 길에서 B의 신용카드 한 장을 주웠다. A는 평소 B의 서명을 잘 알고 있었다. 이를 기회로 백화점 명품점에 가서 B의 신용카드로 평소 소장하고 싶은 명품 가방을 구입하였다. A의 행위에 어떤 죄가 성립될 수 있을까?

Q2 위 사례의 A가 B의 신용카드 비밀번호를 우연히 알게 되었고, B의 신용카드로 현금자동지급기(ATM)에서 현금 50만 원을 인출한 경우, A의 행위는 어떠한 죄에 해당될까?

I 형법

1. 죄형법정주의

형법의 대원칙인 죄형법정주의는 법률이 없으면 범죄도, 형벌도 없다는 원칙이다.

2. 범죄의 성립요건

범죄가 성립하기 위한 요건으로는 구성요건의 해당성, 위법성, 책임성이 있어야 한다.

(1) 구성요건의 해당성

구체적인 범죄사실이 형법 각 본조에 규정하는 추상적 구성요건에 해당하면 구성요건에 해당성이 인정된다.(형법전에 죄가 명시되어야 함)

(2) 위법성

구성요건에 해당하는 행위가 법률상 허용되지 않는 성질이어야 한다. 위법성 조각사유가 있으면 범죄가 성립되지 않는다. 위법성 조각사유로는 정당행위, 정당방위, 긴급피난, 자구행위, 피해자의 승낙 등이 있다.

1) 정당방위(형법 제21조)

현재의 부당한 침해(부정)로부터 자기 또는 타인의 법익(法益)을 방위하기 위하여 한 행위는(정) 상당한 이유가 있는 경우에는 벌하지 아니한다. 예컨대 A가 B를 강간하려고 하다가 B에 의해 A의 혀가 짤린다. 이러한 경우 A의 강간행위(부정)에 대하여 B의 방어행위(정)가 성립하면 위법성이 조각된다. 즉, B는 상해죄가 성립되지 않는다. B가 구성요건에 해당하더라도 위법성이 조각되기 때문이다.

2) 긴급피난(형법 제22조)

자기 또는 타인의 법익에 대한 현재의 위난을 피하기 위한 행위는 상당한 이유가 있는 때에는 벌하지 아니한다. 예컨대 광견이 물려고 하는 순간 옆의 가게의 문을 깨고 들어갔다. 이러한 경우가 해당된다.

3) 자구행위(형법 제23조)

법정 절차에 의하여 청구권을 보전하기 불능한 경우에 그 청구권의 실행 불능 또는 현저한 실행 곤란을 피하기 위한 행위는 상당한 이유가 있는 때에는 벌하지 아니한다. 예컨대 채무자가 변제능력이 있음에도 불구하고 해외로 도피하려고 할 경우, 그를 잡아놓는 경우 등이 해당된다.

4) 피해자의 승낙(형법 제24조)

처분할 수 있는 자의 승낙에 의하여 그 법익을 훼손한 행위는 법률에 특별한 규정이 없는 한 벌하지 아니한다.

5) 정당행위(형법 제20조)

법령에 의한 행위 또는 업무로 인한 행위 기타 사회상규에 위배되지 아니하는 행위는 벌하지 아니한다. 예컨대 의사가 여자 환자의 가슴을 만지고 진찰을 하는 경우에 추행죄가 되지 않는다.

(3) 책임성

당해 행위를 한 주체인 행위자에 대한 비난 가능성을 말한다. 즉 책임능력자의 고의, 과실이 있어야 범죄가 성립한다. 책임성조각사유 및 감경 사유에는 형사미성년자, 심신장애인, 농아자, 강요된 행위 등이 있다.

3. 소추조건

(1) 친고죄

친고죄는 고소권자의 고소가 있어야 처벌(모욕죄 등)할 수 있다. 참고로 고소란 피해자와 직접 관련 있는 자가 처벌의 의사표시이고 고발이란 제3자가 처벌의 의사표시를 하는 것을 말한다.

(2) 반의사불벌죄

반의사불벌죄란 피해자의 의사에 반하여 처벌 없는 것을 말한다(명예훼손죄).

4. 범죄의 형태(유형)

기수범(범행이 완료), 미수범(범행이 미완성), 고의범(범의), 과실범, 공범(공동정범, 간접정범, 교사범, 종범) 등이 있다.

5. 형벌

형벌에는 생명형인 사형, 자유형인 징역, 금고(노역은 하지 않음), 구류 등이 있고, 재산형에는 벌금, 과료 , 몰수가 있다. 명예형에는 자격정지, 자격상실이 있다. 과태료는 행정질서벌이다.

II 신용카드와 경제범죄

1. 신용카드

신용카드란 이를 제시함으로써 반복하여 신용카드 가맹점(가게)에서 물품의 구입 또는 용역을 제공받거나 대통령령으로 정하는 사항을 결제할 수 있는 종류로서 신용카드업자(카드회사)가 발행한 것을 말한다.

2. 당사자

카드발행회사, 카드소지인, 카드가맹정(3당사자)이 일반적 카드 당사자가 된다. 백화점카드와 같이 자체적으로 카드를 발행, 사용하는 백화점과 카드소지인의 양 당사자 사이에 이루어지는 2당사자카드가 있다.

3. 기타 체크카드, 직불카드, 선불카드, 현금카드 등

신용카드와 구별되는 기타 카드에는 체크카드, 직불카드, 선불카드, 현금카드 등이 있다.

4. 신용카드와 관련하여 형법적으로 문제되는 경우

① 타인명의 신용카드의 부정발급(A가 B의 명의로 카드발급)

② 타인명의 신용카드의 부정사용(A가 B의 명의로 된 카드를 사용)

③ 자기명의 신용카드의 부정발급과 부정사용(신용카드 대금결제의 의사와 능력 없이 신용카드를 발급받아 사용한 경우)

④ 자기명의 신용카드의 부정사용(대금결제의 의사와 능력 있는 상태에서 카드를 발급받았으나 대금결제의 의사와 능력이 없어진 상태에서 카드를 사용)

5. 여신전문금융법 제70조 제1항의 신용카드부정사용죄

다음에 어느 하나에 해당하는 자는 7년 이하의 징역 또는 5천만 원 이하의 벌금에 처한다.

① 신용카드등을 위조하거나 변조한 자

② 위조되거나 변조된 신용카드등을 판매하거나 사용한 자

③ 분실하거나 도난당한 신용카드나 직불카드를 판매하거나 사용한 자
④ 강취(强取)·횡령하거나, 사람을 기망(欺罔)하거나 공갈(恐喝)하여 취득한 신용카드나 직불카드를 판매하거나 사용한 자
⑤ 행사할 목적으로 위조되거나 변조된 신용카드등을 취득한 자
⑥ 거짓이나 그 밖의 부정한 방법으로 알아낸 타인의 신용카드 정보를 보유하거나 이를 이용하여 신용카드로 거래한 자

6. 구체적 사례

(1) 타인명의 신용카드를 부정발급하고 그 카드를 사용한 경우에 사기죄의 성립 여부를 알아보자.

먼저 사기죄는 기망에 의한 불법영득의사 있어야 한다(이득을 취득). 부정하게 발급받은 타인명의 신용카드를 사용한 행위 가운데(A가 B의 명의로 카드를 발급받아) 가맹점을 기망하여 물품 또는 용역을 제공받은 경우에는 사기죄가 성립하고 나아가 판례는 부정발급 받은 타인명의 신용카드로 현금을 인출한 경우 절도죄도 성립한다고 판시하고 있다.

(2) 타인명의 신용카드를 부정발급 받거나 절취 또는 강취한 때에는 그 자체로서 사기죄, 절도죄, 강도죄가 성립한다.

(3) 자기명의 신용카드의 부정발급과 부정사용한 경우 즉, 카드대금을 지불할 의사나 능력이 없으면서 자기명의로 신용카드를 발급받는 행위가 사기죄에 해당한다(판례).

(4) 자기명의 신용카드의 부정사용한 경우 즉, 신용카드를 정상적으로 발급받았으나 더 이상 대금결제능력과 의사가 없게 된 상태에서 신용카드를 계속 사용한 경우에는 물품의 구입이나 용역의 제공을 받은 경우와 현금서비스를 제공받은 경우를 살펴보자.

① 물품의 구입 또는 용역을 제공받은 경우에는 사기죄가 성립한다(판례).
② 현금자동지급기에서 현금을 인출 한 경우에 사람에 대한 기망이 없기 때문에 사기죄, 컴퓨터사용사기죄, 절도죄, 신용카드부정사용죄 등이 모두 성립하지 않는다.

사안의 해결

Q1 A는 길에서 B의 신용카드 한 장을 주웠다. A는 평소 B의 서명을 잘 알고 있었다. 이를 기회로 백화점 명품점에 가서 B의 신용카드로 평소 소장하고 싶은 명품 가방을 구입하였다. A의 행위에 어떤 죄가 성립될 수 있을까?

A1 타인명의 신용카드부정사용죄가 된다. A가 명품가방을 구입하고 B의 신용카드를 명품점에 제시한 행위는 묵시적으로 대금결제의사를 표시하여 명품점 주인을 기망한 것이며, 이에 A는 카드소유자로서 대금을 결제할 것이라는 착오에 빠져 명품 가방을 건네주는 행위를 통해 결과적으로 대금결제를 받지 못한 카드회사에 재산상 손해를 야기하였기에 사기죄가 성립된다.

Q2 위 사례의 A가 B의 신용카드 비밀번호를 우연히 알게 되었고, B의 신용카드로 현금자동지급기(ATM)에서 현금 50만 원을 인출한 경우, A의 행위는 어떠한 죄에 해당될까?

A2 판례는 현금자동지급기를 설치한 은행에서는 정당한 카드소지인이 신용카드와 비밀번호를 입력한 경우에만 현금인출에 동의한 것으로 이해한다. A는 정당한 카드소지인이 아니므로 현금자동지급기가 설치된 은행의 의사에 반하는 현금인출이며, 이는 재물 절취에 해당한다. 그러나 커피자판기에 진정한 주화(도품, 유실물 불문)를 투입하면 누구라도 커피를 뽑아갈 수 있도록 동의한 것이라고 이해해야 하는 것과 마찬가지로 현금자동지급기의 설치 은행도 유효한 신용카드와 비밀번호를 입력하면 현금인출에 동의한 것이라고 보아야 할 것이다. 결국 A가 주운 B의 카드로 인출하여도 절도죄의 절취행위는 아니지만 신용카드부정사용죄로 처벌될 수 있다.

제4편

금융생활과 법

금융법 일반(1)

- 일반론

I 금융법 의의

1. 의의

금융법(금융과 관련된 모든 법규범)이란 금융거래법, 금융조직법, 금융감독법, 금융분쟁구제법으로 구분된다. 금융시장에서 거래의 질서를 유지하기 위하여 금융시장의 조직과 운영에 관한 사항을 정한 법령의 총체이다.

2. 이념 및 목표

금융시장에서 금융 자산의 최적 배분이라는 효율성과 금융시장 참여자의 공평한 이익 보장이라는 형평성의 달성을 목표로 하고 있다. 또한 금융기관의 건전한 운영, 금융거래의 공정성, 신용 질서유지, 투자자와 예금자 및 보험가입자의 보호, 금융 산업의 건전한 육성과 국민경제의 균형 있는 발전 등을 목적으로 한다.

3. 금융법의 목적 조항

(1) 자본시장 및 금융투자업에 관한 법률(이하 '자본시장법'이라 함)

금융혁신과 공정한 경쟁 촉진, 투자자 보호, 금융 산업을 건전하게 육성함으로써 자본시장의 공정성, 신뢰성, 효율성을 높여 국민경제에 이바지를 목적으로 한다.

(2) 은행법

금융기관의 건전한 운영 기대, 예금자 보호, 신용 질서 유지, 국민경제 발전에 이바지를 목적으로 한다.

(3) 보험업법

보험 사업을 효율적 지도, 감독하고, 보험계약자, 피보험자 기타 이해관계인의 권익을 보호하여 보험 사업의 건전한 육성과 국민경제의 균형 있는 발전에 기여함을 목적으로 한다.

II 금융법의 법원

1. 헌법

재산권(헌법 제23조), 경제질서(헌법 제119조)는 금융관련 법의 기본을 이루고 있다. 헌법은 하위의 금융관련 법령을 제정, 해석, 시행함에 있어서 헌법의 근본정신에 반할 수 없다.

2. 법률

금융관련 법령은 금융거래법, 금융조직법, 금융감독법, 금융분쟁구제법 중에서 금융거래법이 핵심이 된다. 일반적 금융거래는 은행거래(신용카드 거래, 어음수표 거래), 증권거래, 보험거래로 분류된다. 금융거래의 법제로는 민법, 상법, 자본시장법, 은행법, 보험업법, 여신전문금융업법, 공탁법, 대부업 등의 등록 및 금융 이용자보호에 관한 법률, 민사집행법, 소액사건심판법, 이자제한법, 금융실명거래 및 비밀보장에 관한 법률, 전자금융거래법 등이 있다.

3. 명령, 시행규칙, 위임규정 및 자율규정

위 2의 법령들의 시행령, 시행규칙, 각종 위임규정 및 자율단체의 규정들이 있다. 예컨대 금융위원회, 금융감독원, 한국거래소, 증권금융회사, 한국금융투자협회, 한국예탁결재원 등의 규정들이다.

4. 자치법규

회사나 기타 단체가 작성한 정관이다.

5. 약관

금융업자가 다수의 고객과 거래하기 위해 고객과의 합의 사항을 미리 작성해 놓은 것을 말한다. 약관은 법원이 아니며 일정한 요건 아래에서 상대방을 구속하게 된다.

Ⅲ 금융법의 특성

1. 복합성

금융에 관한 모든 사항을 단일 법전으로 포섭하기에는 불가능하다. 금융법이라는 단일 법전을 존재하지 않는다. 금융에 관한 모든 법령을 총칭한 것이다.

2. 규제 및 보호법

금융시장에 참여한 자의 이해관계를 공평하게 보호하고 금융거래를 공정하게 함으로써 금융시장에 대한 일반인의 신뢰를 보호하고 금융시장 참여자(투자자, 예금자, 보험계약자, 피보험자, 보험수익자)에 대한 보호법 내지 금융업자에 대한 규제법의 특성이 지닌다. 이러한 실효성을 확보하기 위해 법 위반에 대한 엄정한 제재와 책임을 가한다.

3. 특별법

금융의 특성상 금융 환경의 변화가 가변적이고 금융관련법규(자본시장법, 은행법, 보험업법)는 일반법인 상법의 특별법의 성질을 지닌다.

Ⅳ 금융법 상호 간 충돌과 우선순위

금융 문제 발생 시 적용할 금융 법규를 찾을 수 없을 때나 동일한 사안에 대하여 다수의 금융 법규가 중복으로 존재하는 경우 어떻게 해결할 것인가를 생각해보아야 한다.

1. 성문법 우선주의

성문법 흠결 시 유추 적용하여 해결해야 한다. 예외적으로 민법 제1조[1]와 상법 제1조[2]에 따라 처리한다.

2. 상급법 우선주의

법 단계설에 의해 해결한다.

헌법 → 법률 → 명령 → 규칙 → 조리 순으로 해결한다.

3. 신법 우선주의

구법보다는 신법이 적용된다.

4. 특별법 우선주의

특별법은 일반법에 우선한다.

일반법과 특별법의 예시

1. 민법과 상법의 관계에서 일반법은 민법이고 상법은 특별법이다.
2. 민법, 주택임대차법, 상가임대차법의 관계에서 민법은 일반법이고, 주택임대차법, 상가임대차법은 특별법이다.
3. 상법과 자본시장법, 보험엄법 및 은행법의 관계에서 상법은 일반법이고, 자본시장법, 보험업법 및 은행법은 특별법이다.

5. 강행법규 우선주의

강행법규의 우선 적용이다. 강행법규란 당사자의 의사와 관계없이 적용되는 법규(사적 자치의 원칙의 제한 가능)이고, 임의법규는 당사자의 의사로 그 적용을 배제할 수 있는 법규이다.

1) [민법 제1조] (법원) 민사에 관하여 법률에 규정이 없으면 관습법에 의하고 관습법이 없으면 조리에 의한다.

2) [상법 제1조] (상사적용법규) 상사에 관하여 본법에 규정이 없으면 상관습법에 의하고 상관습법이 없으면 민법의 규정에 의한다.

6. 자치법 우선주의

자치법규(정관)는 단체 및 회사가 자치적으로 정한 법이다. 정관은 강행법규에는 우선하지 못하고 임의법규에는 우선한다.

V 법의 적용 순서

상사특별법(은행법, 자본시장법, 보험업법 등) → 상법 중 강행법규 → 민법 중 강행법규 → 계약 또는 자치법규(정관) → 관습법 → 상법 중 임의법 → 민법 중 임의법 → 조리 순으로 적용된다.

VI 금융법의 기본 원리

1. 자율성의 원리

소유권 존중의 원리, 계약 자유의 원칙, 과실책임의 원칙 등으로 구체화 된다. 이는 근대 민법의 원리와 같다.

2. 공익성의 원칙(현대 사법 원리 / 근대 사법 원리 수정)

형평의 일반 원리, 금융시장 참여자의 보호 및 금융업자에 대한 규제(금융 정보의 비대칭, 사기 등과 같은 불공정거래행위에 의한 자율적 조정 기능의 상실에 가까운 시장실패가 발생하고 이에 대해 규제가 필요함) 등이 있다.

VII 금융시장

금융시장에서의 금융거래는 은행거래, 증권거래, 보험거래로 나눈다. 금융거래는 자금공급자로부터 자금이 이동하는 형태에 따라 직접금융거래와 간접금융거래로 나눈다. 직접금융거래의 중심이 자본시장이다. 자본시장은 주식, 채권(債券) 등 유가증권을 주축으로 거래가 이루어지는 직접금융시장이다. 자본시장에서의 금융혁신과 경쟁을 촉진하기 위해 자본시장법이 2009년에 제정되어 금융투자회사의 업무 범위가 확대되고 투자자 보호가 강화되었다.

보충 정리

1. 직접금융

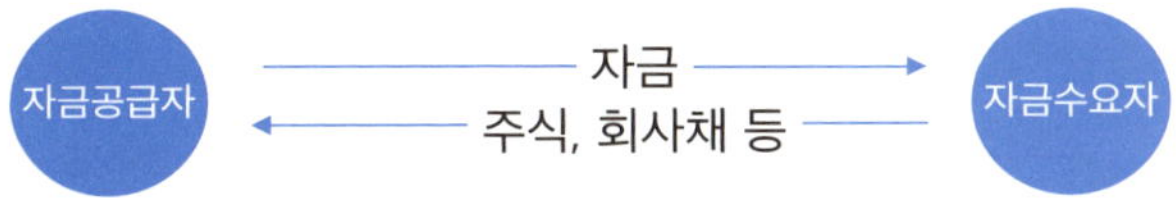

2. 간접금융

1. 금융

금융(金融, financial)이란 남는 돈을 빌려주고, 필요한 돈을 빌리는 것으로서 자금이 공급자로부터 수요자에게 융통(融通, 자금의 흐름)되는 것을 말한다.

2. 금융시장의 기능

금융시장은 자금공급자와 자금수요자 간에 금융거래가 조직적으로 이루어지는 장소이다. 가계 부분의 잉여 자금을 기업 부분으로 이전하여 자본의 효율을 높이고, 이로써 대규모 기업을 설립하여 경제활동을 도모하고 저축에 대한 이자를 높여 저축에 대한 의욕 향상과 자본 형성을 촉진하게 된다.

3. 금융시장 구분

(1) 직접금융거래

자금수요자가 자기명의로 발행한 증권을 자금공급자에게 지급하고 자금을 직접 조달하는 거래로서 주식, 채권을 상품으로 하여 거래가 되는 경우이다.

(2) 간접금융거래

은행, 보험 등과 같은 금융중개기관을 통해 자금공급자에게서 자금수요자로 자금이 간접 이전되는 거래로서 간접금융시장(금융기관)을 말한다. 금융거래 수단으로는 예금, 대출(신용카드 거래) 등이다.

4. 자본시장의 활성화와 투자자 보호 필요성

금융시장 중 자본시장은 기업, 정부 등이 주식, 채권을 중심으로 장기투자자금을 조달하는 직접금융시장은 가계의 여유 자금을 투자 수익이 높은 기업 등에 장기투자재원으로 공급함으로써 국민경제의 자금부족부문과 자금잉여부문의 자금 수급 불균형을 조절하는 기능을 한다. 간접금융시장(금융기관)은 자금을 보수적이고 안정적으로 운영할 수밖에 없는 반면에 자본시장과 같은 직접금융시장은 위험을 선호하는 자금을 시장에 공급하여 혁신형 기업에 대한 자금 공급 기능을 수행하는 등 국가 산업 발전에 중요한 역할을 한다.

보충 정리

1. 금융거래

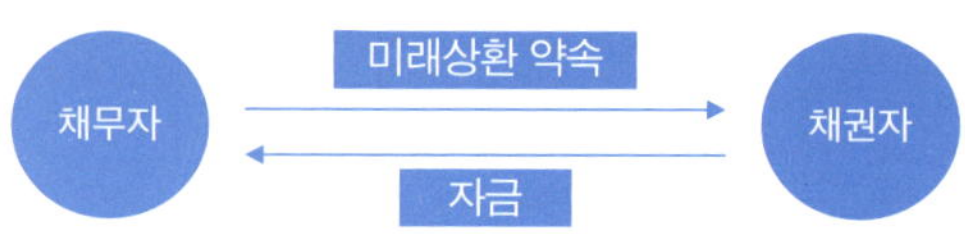

2. 실물거래

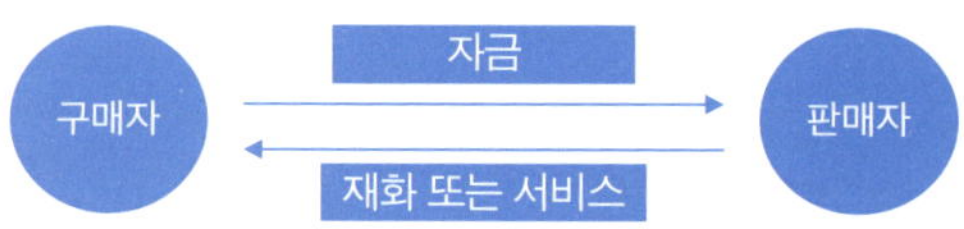

3. 금융투자상품

(1) 원금손실가능성 여부에 따른 금융상품
- 손실가능성O: 금융투자상품
- 손실가능성X: 비금융투자상품

(2) 원금초과손실가능성에 따른 금융투자상품
- 원금초과손실가능성O: 파생상품
- 원금초과손실가능성X: 증권

(3) 정형화된 시장에서 거래여부에 따른 파생생품
- 거래 가능: 장내파생상품
- 거래 불가능: 장외파생상품

※ 금융상품 - 저축상품, 대출상품, 금융투자상품, 보험상품, 연금상품 등이다.

금융법 일반(2)

- 금융거래의 대상 및 당사자

금융거래의 대상이 되는 권리의 일반, 물권(物權), 채권(債權 ○, 債券 ×), 유가증권에 대하여 살펴본다.

Ⅰ 권리 일반

1. 종류

권리란 어떤 주체가 어떤 대상에 대하여 이익을 누릴 수 있도록 법적으로 인정한 힘이다.

(1) 이익(내용)에 의한 분류

① 재산권 : 물권, 채권, 무체재산권, 유가증권 등이 있다.

② 사원권 : 단체의 구성원이 그 지위에서 가지는 권리(예: 주주권)이다.

③ 인격권 : 양도할 수 없는 일신존속권(예: 명예, 신용, 초상, 사생활, 정조권 등)이다.

④ 가족권 : 양도할 수 없는 일신존속권(예: 친족, 상속권)이다.

(2) 효력에 의한 분류

① 지배권 : 일정한 객체를 직접 지배하는 권리이다. (예: 물권, 무체재산권, 친권 등)

② 청구권 : 특정인 다른 특정인에게 일정한 행위를 청구할 수 있는 권리이다. (예: 손해배상청구권)

③ 형성권 : 권리자의 일방적 의사표시로 권리의 변동(발생, 변경, 소멸)이 생기는 권리이고, 조건을 붙일 수 없다. (예: 취소권, 해제권 등)

④ 항변권 : 청구권의 행사에 대하여 그 작용을 저지할 수 있는 권리이다. (예: 동시이행의항변권)

2. 권리의 충돌과 우선순위

(1) 물권 상호 간

물권은 상호 배타적이기 때문에 시간적으로 우선한 물권이 뒤에 성립한 물권에 우선하게 된다. 소유권과 제한물권 중에는 제한물권이 우선한다.

(2) 채권 상호 간

채권자 평등의 원칙이 적용된다. 채권자 상호 간에 순위가 없기 때문이다.

(3) 물권과 채권 상호 간

그 성립 시기에 불문하고 물권이 우선한다. 임대차의 경우, 임차인이 대항력을 갖춘 경우에 채권이 물권에 우선하는 경우가 발생하게 된다.

II 물권

1. 물권이란

물권이란 어떤 주체가 '물건'에 대하여 직접적이고 배타적으로 행사할 수 있는 권리이다.

2. 물권의 대상

물건이라 함은 유체물 및 전기 기타 관리할 수 있는 자연력을 말한다[3]. 이러한 물건에는 동산과 부동산이 있다.[4]

(1) 동산

부동산 이외 모든 물권을 동산이라 한다. 선박, 자동차, 항공기, 건설기계는 동산이나 특별법에 의해 등기, 등록이라는 공시 방법을 구비하면 부동산과 마찬가지로 다루어진다. 동산물권의 공시방법은 점유제도가 있다. 공신의 원칙이 인정되기 때문에 선의취득이 가능하다.

(2) 부동산

토지 및 그 정착물을 부동산이라 한다. 토지의 소유권은 정당한 이익이 있는 범위 내에서 토지 상하에 미친다. 그러나 미채굴의 광물이나 하천은 국유에 속한다. 부동산의 공시방법은 등기제도가 있다. 또한 공신의 원칙이 불인정 된다.

3. 물권의 종류

(1) 점유권[5]

물건의 사실상 지배 상태만 중시하기 때문에 도인도 점유권이 있다. 점유자는 소유의 의사(자주 점유)로 선의, 평온, 공연하게 점유한 것으로 추정한다.

(2) 본권(정당한 권원)

1) 소유권[6]

물건을 사용, 수익, 처분할 수 있는 권리이다. 하나의 물건을 1인이 소유하면 단독소유, 2인 이상의 다수가 소유하면 공동소유라 하고 이 공동소유는 공유(아무런 공동의 목적 없이 단순

---

3) [민법 제98조] (물건의 정의) 본법에서 물건이라 함은 유체물 및 전기 기타 관리할 수 있는 자연력을 말한다.

4) [민법 제99조] (부동산, 동산) ①토지 및 그 정착물은 부동산이다. ②부동산 이외의 물건은 동산이다.

5) [민법 제192조] (점유권의 취득과 소멸) ①물건을 사실상 지배하는 자는 점유권이 있다.
② 점유자가 물건에 대한 사실상의 지배를 상실한 때에는 점유권이 소멸한다. 그러나 제204조의 규정에 의하여 점유를 회수한 때에는 그러하지 아니하다.

6) [민법 제211조] (소유권의 내용) 소유자는 법률의 범위내에서 그 소유물을 사용, 수익, 처분할 권리가 있다.

이 2인 이상 모여 동일한 물건을 공동으로 소유하는 경우, 예를 들어 공동상속, 주식 공유, 건물구분소유자 공유 등이 해당된다), 합유(조합재산 등과 같이 일정한 공동 사업을 목적으로 2인 이상 결합하였으나, 그것이 단체로서 독립성을 갖추지 못한 경우), 총유(종중재산, 교회, 사찰, 동창회 등 소유의 주체가 법인이 아닌 경우로서 단체로서의 독립성은 인정 되지만 법인격이 없어서 단독소유가 되지 못하는 경우)로 구분된다.

2) 제한물권(사용, 수익, 처분 중 어느 하나 이상 제한)

가.용익물권(사용, 수익만 가능)[7)]
용익물권에는 지상권, 지역권, 전세권이 있다.

나.담보물권(처분만 가능)[8)]
담보물권에는 유치권, 질권, 저당권이 있다.

Ⅲ 채권

특정인 A가 특정인 B에게 일정한 급부를 요구할 수 있는 권리이다.

1. 채권의 발생

(1) 계약

계약에 의해 발생된다. 즉 당사자 간의 합의(계약)에 의해 채권이 발생하게 된다.

---

7) [민법 제279조] (지상권의 내용) 지상권자는 타인의 토지에 건물 기타 공작물이나 수목을 소유하기 위하여 그 토지를 사용하는 권리가 있다.
[민법 제291조] (지역권의 내용) 지역권자는 일정한 목적을 위하여 타인의 토지를 자기토지의 편익에 이용하는 권리가 있다.
[민법 제303조] (전세권의 내용) ①전세권자는 전세금을 지급하고 타인의 부동산을 점유하여 그 부동산의 용도에 좇아 사용·수익하며, 그 부동산 전부에 대하여 후순위권리자 기타 채권자보다 전세금의 우선변제를 받을 권리가 있다. 〈개정 1984. 4. 10.〉
②농경지는 전세권의 목적으로 하지 못한다.

8) [민법제320조] (유치권의 내용) ①타인의 물건 또는 유가증권을 점유한 자는 그 물건이나 유가증권에 관하여 생긴 채권이 변제기에 있는 경우에는 변제를 받을 때까지 그 물건 또는 유가증권을 유치할 권리가 있다.
②전항의 규정은 그 점유가 불법행위로 인한 경우에 적용하지 아니한다.
[민법 제329조] (동산질권의 내용) 동산질권자는 채권의 담보로 채무자 또는 제삼자가 제공한 동산을 점유하고 그 동산에 대하여 다른 채권자보다 자기채권의 우선변제를 받을 권리가 있다.
[민법 제345조] (권리질권의 목적) 질권은 재산권을 그 목적으로 할 수 있다. 그러나 부동산의 사용, 수익을 목적으로 하는 권리는 그러하지 아니하다.
[민법 제356조] (저당권의 내용) 저당권자는 채무자 또는 제삼자가 점유를 이전하지 아니하고 채무의 담보로 제공한 부동산에 대하여 다른 채권자보다 자기채권의 우선변제를 받을 권리가 있다.

(2) 법률의 규정

법률의 규정에 의해 발생된다. 즉 사무관리, 부당이득, 불법행위 등과 같이 법률의 규정에 의해 채권이 발생하게 된다.

2. 채권양도

채권의 동일성을 유지하면서 계약에 의하여 채권이 이전되는 것을 말한다.

(1) 지명채권양도

특정인을 채권자로 하는 보통채권이다(예: 예금증서). 즉, 채권자가 확실하게 정해진 채권이다. 지명채권은 양도가 가능하나 일정한 경우 제한이 된다. 양도 방법은 양도인과 양수인 간의 채권양도 계약에 의해 효력이 발생한다. 제3자에 대한 대항요건은 확정일자 있는 증서에 의하여야 한다.

(2) 증권적 채권양도

1) 지시채권

특정인 또는 그가 지시하는 자에게 변제하여야 하는 채권이다(예: 어음, 수표), 지시채권의 양도는 배서와 교부이다.

2) 무기명채권

특정 채권자의 이름을 기재하지 아니하고 그 증권의 정당한 소지인에게 변제하여야 하는 채권이다. (예: 상품권, 식권, 승차권 등). 단순히 교부하는 방법으로 양도된다.

3. 채권의 소멸

(1) 변제

채무의 내용인 급부를 이행함으로써 채권자가 만족을 얻게 되는 것을 말한다. 변제의 법정충당은 비용 → 이자 → 원본 순이다.

(2) 대물변제

채권자의 승낙을 얻어 채무자가 부담하는 본래의 급부에 갈음하여 다른 급부를 현실적으로 제공함으로써 채권을 소멸하는 것이다.

(3) 공탁

채권자가 변제를 받지 아니하거나 받을 수 없는 경우(수령 지체), 변제자는 채권자를 위하여 변제의 목적물을 공탁하여 그 채무를 면할 수 있다(변제공탁). 변제자가 채권자를 알 수 없는 경우(채권양도와 압류 경합, 분쟁이 있는 상속 예금)도 같다.

(4) 상계

채무자가 채권자에 대하여 자기도 동종의 채권을 갖는 경우 채무자는 상계의 의사표시만으로 그 채권과 채무를 소멸시키는 것이다. 상계적상에 놓여 있어야 하고 채무자의 일방적 의사표시로 한다. 상계는 단독행위이기 때문에 조건을 붙일 수 없다.

(5) 경개 및 혼동, 면제

경개는 구채무를 소멸하고 신채무를 발생하는 것이다. 채권자 변경, 채무자 변경, 목적물 변경 등이 있다. 혼동은 채권과 채무과 동일인에게 귀속하게 함으로써 채권이 소멸하게 된다. 면제는 채권자의 자신의 채권을 포기하는 것이다. 채권자의 단독행위가 된다.

4. 채권의 인적 담보

채권을 담보하기 위한 인적 담보제도는 연대채무, 보증채무, 연대보증, 신원보증 제도가 있다.

5. 채무자의 일반재산을 확보하기 위한 방법(책임재산 보전)

(1) 채권자대위권

채무자가 자기재산의 보전을 게을리함으로써 일반재산의 감소를 초래하는 경우, 채권자가 채무자의 일반재산(책임재산)을 보전하기 위하여 채무자의 권리를 대신 행사할 수 있는 실체법상 권리이다. 예컨대 A가 B에게 1천만 원의 채권을 가지고 있고 B가 C에게 1천만 원의 예금이 있는 경우, B가 A에게 채무의 이행을 하지 않을 때 A가 C에게 그 권리를 대신하여 행사할 수 있다.

(2) 채권자취소권

채무자가 채권자를 해함을 알면서 자신의 일반재산을 감소시키는 법률행위를 할 경우에 채권자가 소송으로 그 법률행위를 취소하고 재산을 원상회복시킬 수 있는 실체법상의 채권에 종된 권리이다. 예컨대 A가 B에게 3억 원의 채권을 가지고 있다. B에게 유일한 전답 3억 원 가치가 있는 것이 있었다. B가 A를 해할 의도로 C에게 저렴하게 매매하였고 이를 기화로 C는 D에게 정식으로 매매하였다. 이러한 경우 A는 C 또는 D를 상대로 채권자취소권을 행사하여 B에게 재산을 환원시킬 수 있다.

Ⅳ 유가증권

1. 유가증권 의의

재산적 가치가 있는 사권(私權)을 표창한 증권으로서 권리의 발생, 행사, 이전의 전부 또는 일부에 증권의 소지를 요하는 것이다.

2. 종류

(1) 완전유가증권, 불완전유가증권

완전유가증권은 권리의 발생, 행사, 이전 전부가 증권에 의해 이루어지는 유가증권이다(어음, 수표). 불완전유가증권은 권리의 발생, 행사, 이전 중 일부만이 이 증권에 의해 이루어지는 유가증권이다(주권).

(2) 설권증권, 비설권증권

설권증권이란 증권상의 권리가 증권의 작성에 의해 비로소 창설되는 유가증권이다(어음, 수표). 비설권증권은 증권의 작성과 증권상 권리의 발생은 무관하고, 단지 이미 존재하는 권리를 사후적으로 나타내는 증권이다(주권, 보험증권).

(3) 기명증권(특정인만 권리를 행사할 수 있는 증권), 무기명증권(상품권), 지시증권(어음, 수표) 등이 있다.

(4) 요인증권, 무인증권

요인증권은 원인관계의 효력이 증권상의 권리에도 영향을 미치는 유가증권을 말한다(대다수 유가증권). 무인증권이란 원인관계가 무효이거나 최소 되더라도 증권상의 권리에는 아무런 영향을 받지 않는 증권(어음, 수표)이다.

(5) 문언증권(어음, 수표), 비문언증권(주권) 등이 있다.

(6) 채권증권(금전채권, 물건인도 청구권, 서비스채권), 물권증권(유가증권), 사원권증권(주권) 등이 있다.

3. 유가증권 양도 방법

일반적으로 유가증권의 양도 방법은 당사자 간 합의와 증권의 교부로써 효력이 발생한다.

4. 유가증권 분실과 제권판결

유가증권 분실 시 제권판결을 통하여 권리와 증권의 분리가 가능하기 때문에 상실된 증권의 무효화를 선언한 다음에만 증권 없는 권리 행사 또는 증권 재발행을 청구할 수 있다. 공시 최고 절차 후 제권판결을 얻게 된다. 이러한 경우 진정한 권리자를 보호할 것인가? 거래를 안전을 위해 선의취득자를 보호할 것인가?가 문제가 된다. 예컨대 A가 어음을 분실한 경우 B가 어음을 습득하였다. 이를 기회로 B가 C에게 어음을 적법하게 양도한 경우 C가 일정한 요건을 구비하면 어음에 대한 선의취득으로 소유권을 취득하게 된다. A는 분실된 어음에 대한 공시 최고 후 제권판결을 얻어 그의 권리를 회복할 수 있게 된다. 이러한 경우 A와 C 중 누가 어음의 권리자가 되는지 문제가 된다.

5. 유가증권의 무권화 경향

상법상 주권불소지제도 시행으로 주권과 채권은 대체 결제 방식에 의하여, 지급과 송금 기능을 담당하던 수표도 신용카드로 상당 부분 대체되고 있다.

V 금융거래의 당사자

금융거래의 직접 당사자는 자연인, 법인, 금융기관이 있다.

1. 권리능력(금융거래의 주체)

법률관계에서 거래가 가능하기 위해서는 권리능력이 있어야 한다. 권리능력을 갖는 자는 자연인(내외국인), 법인이 있다.

2. 행위능력(금융거래능력)

권리능력을 구비해도 단독으로 유효한 법률행위(금융거래행위)를 할 수 있는 능력인 행위능력이 있어야 한다. 이러한 행위능력이 없는 자는 제한능력자이다. 대표적인 제한능력자가 미성년자가 된다.

3. 의사능력(금융거래결정능력)

유효한 법률행위(금융거래)를 할 수 있는 정신적 판단능력인 지적능력, 즉 정상적인 판단능력이다.

4. 금융기관[9)]

각종 금융기관은 모두 금융거래를 영업으로 하는 상법상 상인이다. 그 영업행위는 상행위이어야 하고, 금융기관의 금융거래행위는 각 금융법에 특별한 규정이 없는 한 상법의 적용을 받게 된다. 각종 금융기관이 영업행위(금융거래행위, 상행위)를 하기 위해서는 일정한 요건을 갖추어야 한다. 이러한 요건에 관한 법률로서 은행법, 보험업법, 자본시장법이 있다.

5. 금융실명제 및 금융정보비밀보장

「금융실명거래 및 비밀보장에 관한 법률」(이하 금융실명제법이라 함)에 따라 금융거래 주체는 모든 금융기관과의 금융거래에서 가명이나 차명이 아닌 실명을 사용하여야 한다. 이때 실명거래는 차명거래가 반드시 위법이라는 뜻은 아니다. 금융실명제와 같이 금융기관 내

9) 금융회사는 취급하는 금융서비스의 성격에 따라 은행(일반은행, 특수은행), 비은행예금취급기관(상호저축은행, 우체국예금, 상호금융(신협, 새마을금고, 농업협동조합), 보험회사, 금융투자회사, 기타 금융회사로 구분된다.

부 통제 기준의 후진성으로 인한 개인정보의 누출 방지를 위한 개인정보의 보호에 대한 심각성도 인식되어야 한다. 금융거래의 비밀은 금융실명제법에 의해 보호받으나 예외도 있다.

6. 금융 손실의 귀속과 보호

금융거래에 따른 제반 손실은 원칙적으로 거래당사자가 부담함이 원칙이다(자기책임의 원칙). 예외적으로 「예금자보호법」에서는 금융 산업의 공익성을 유지하고 금융거래의 당사자를 보호하기 위하여 일정한 예금거래에 대하여 일정한 범위 내에서 손실을 정책적으로 보호해 주는 경우가 있다. 보호 한도는 1인당 최소 5천만 원이다.

금융거래법(1)

- 금융계약법 일반 및 금전(예금)거래와 법

I 금융계약법

1. 계약의 성립 및 효력

계약의 일반적 성립요건으로는 당사자(당사자의 권리능력, 행위능력, 의사능력이 존재), 목적(목적의 확정성, 가능성, 적법성[10], 사회적 타당성), 의사표시(의사와 표시가 일치하고 하자 없을 것)가 있어야 한다. 특별효력요건으로는 대리인의 대리행위 시 대리권 존재, 조건 및 기한에서의 조건 성취 및 기한 도래 등이 있어야 한다.[11]

2. 의사표시의 불일치

비진의 의사표시는 원칙 유효이고 제3자가 악의나 과실이 있으면 무효이다.[12] 통정허위표시는 무효이다.[13] 착오에 의한 의사표시는 법률행위의 중요한 부분에 착오가 있고 표의자에게 중대한 과실이 없는 때 표의자가 취소할 수 있다.[14] 사기, 강박에 의한 의사표시는

10) 적법성인 강행규정은 당사자의 의사 여하를 불문하고 무조건 적용되는 규정으로 반사회질서에 관계있는 규정이다.

11) 특히 강행규정과 관련하여 증권의 포괄적 일임매매약정의 유효, 부당권유행위 금지에 위반한 투자수익보장약 무효, 과당매매에 의한 투자수익보장약정 무효, 증권회사 임직원이 고객에게 일정수익을 보장하기로 한 이익분배약의 효력은 무효, 투자신탁회사의 직원이 주식형 수익증권을 매입하도록 하면서 수익보장약정을 한 경우 효력은 무효, 투자자문회사와 고객 간의 투자자문계약을 체결함에 있어서 투자자 수익을 보장하기로 한 약정은 유효로 보고 있다.

12) [민법 제107조] (진의 아닌 의사표시)①의사표시는 표의자가 진의아님을 알고 한 것이라도 그 효력이 있다. 그러나 상대방이 표의자의 진의아님을 알았거나 이를 알 수 있었을 경우에는 무효로 한다.
②전항의 의사표시의 무효는 선의의 제삼자에게 대항하지 못한다.

13) [민법 제108조] (통정한 허위의 의사표시) ①상대방과 통정한 허위의 의사표시는 무효로 한다.
②전항의 의사표시의 무효는 선의의 제삼자에게 대항하지 못한다.

14) [민법 제109조] (착오로 인한 의사표시) ①의사표시는 법률행위의 내용의 중요부분에 착오가 있는 때에는 취소할 수 있다. 그러나 그 착오가 표의자의 중대한 과실로 인한 때에는 취소하지 못한다.
②전항의 의사표시의 취소는 선의의 제삼자에게 대항하지 못한다.

취소할 수 있다.[15)]

3. 의사표시의 효력 발생

표백주의(표의자의 편지 작성) → 발신주의(우체통 투입) → 도달주의(우편물 배달) → 요지주의(상대방이 읽음) 순서로 진행된다.

II 계약법

1. 계약의 종류

증여, 교환, 매매, 소비대차, 임대차, 사용대차, 위임, 임치, 고용, 도급, 현상광고, 화해, 조합, 종신정기금, 여행계약 15종의 전형계약이 있다.

2. 성질

당사자의 합의만으로 성립하는 계약을 낙성계약이다. 당사자 합의와 일의 완성을 요하는 계약이 요물계약(현상광고, 대물변제, 계약금계약)이다. 쌍무계약은 계약당사자가 서로가 대가적 의무를 부담하는 계약이고, 일방만 부담하거나 쌍방이 부담하더라도 서로 대가적 의무를 갖지 않는다면 편무계약이다. 유상계약은 서로 대가적 의미를 가지는 출연계약이다.

3. 계약의 자유의 원칙과 그 제한

계약 자유의 원칙은 체결의 자유, 상대방 선택의 자유, 내용 결정의 자유, 방식의 자유가 있다. 계약의 성립의 청약과 승낙의 의사표시가 합치하면 성립하게 된다. 계약서는 추후 증거자료에 불과하다.

---

15) [민법 제110조] (사기, 강박에 의한 의사표시) ①사기나 강박에 의한 의사표시는 취소할 수 있다.
② 상대방있는 의사표시에 관하여 제삼자가 사기나 강박을 행한 경우에는 상대방이 그 사실을 알았거나 알 수 있었을 경우에 한하여 그 의사표시를 취소할 수 있다.
③ 전2항의 의사표시의 취소는 선의의 제삼자에게 대항하지 못한다.

4. 자본시장법상 금융투자업자의 약관규제

금융투자업자는 금융투자업의 영위와 관련하여 약관을 제정 또는 변경하고자 하는 경우에 미리 금융위원회에 신고하여야 한다.

III 금전(예금 등)거래와 법

1. 금전채권

일정액의 금전을 지급 받을 것을 내용으로 하는 채권이다. 금전채무불이행에 대한 특칙으로 손해배상액의 정형화이다. 이는 대출 시 이자를 받은 것이다. 손해액에 대한 증명이 불요하다. 또한 무과실책임이다. 즉 이행불능이란 존재하지 않는다.

2. 이자채권

이자의 지급을 목적으로 한다. 원본채권의 존재를 전제로 발생하게 된다. 약정이율과 법정이율이 있다. 민사법정이율은 5%, 상사법정이율은 6%이다. 이자는 법정과실이라 한다.

3. 예금계약

(1) 의의

은행 기타 금융거래를 영업으로 하는 자(금융기관)에 대하여 금전의 보관을 위탁하여 금융기관이 예입금의 소유권을 취득하고, 예금주(위탁자)에 대하여 이를 반환할 것을 약정하는 소비임치계약이다.

(2) 성질

예금의 성질은 임치계약이다. 하지만 판례는 소비임치계약으로 본다. 낙성계약 이외 요물계약이다.

(3) 예금주

당사자는 예금주와 금융기관이다. 금융기관은 문제가 되지 않으나 예금주가 문제가 된다. 예금주가 불명확한 경우 문제가 발생한다. 구체적인 예금거래 유형별 실명 확인 방법은 금융실명거래 관련 법령에서 정하고 있고 원칙적으로 예금계약서상 예금명의자가 예금주가 된다. 자연인, 법인, 단체(민법상 조합, 익명조합, 법인격 없는 사단과 재산) 등이 있다.

(4) 예금채권 양도

예금채권은 지명채권의 일종이기 때문에 양도성이 인정된다. 양도 금지 특약은 선의 제3자에게 대항하지 못한다.

4. 신용보증

(1) 의의

신용보증기금의 신용보증이란 담보 능력이 부족한 기업에 대하여 신용보증기금이 기업의 신용도를 심사하여 신용보증서를 제공함으로써 금융기관으로부터 대출을 받을 수 있는 제도이다.

(2) 종류

신용보증기금의 신용보증, 지역신용보증재단의 신용보증, 햇살론, 기술신용보증, 농림수산업자 신용보증, 주택금융신용보증기금의 신용보증, 주택담보노후연금보증 등이 있다.

(3) 신용보증 대상의 채무 범위

신용보증기금에서는 기업이 부담하는 다양한 채무를 부담하고, 지역신용보증도 현재 담보력이 미약하나 잠재력이 있거나 신용 상태가 우수한 지역 소기업에 보증하는 제도이다. 햇살론은 신용 등급이 낮고 소득이 적은 서민에게 지원하는 제도이다.

금융거래법(2)

- 금융투자상품 및 금융투자업자

자본시장법상 금융투자거래의 대상인 금융투자상품에는 증권과 파생상품이 있다. 금융투자에는 주식, 채권, 투자증권, 파생상품과 같은 금융투자상품과 부동산과 같은 실물상품에 투자하는 것을 말한다. 직접투자란 자신의 판단과 책임 아래 직접 주식, 파생상품, 부동산 등에 투자하는 것을 말하고, 간접투자란 전문적인 투자대행기관(자산운용회사)이 불특정 다수인의 일반투자자로부터 투자 자금을 모아 투자증권, 파생상품, 부동산 실물자산 등에 운용하고 그 결과를 투자자에게 귀속시키는 것을 말한다. 여기에서 투자자를 위한 일반투자자로부터 모아진 자금의 운용 단위를 집합투자기구 또는 펀드라 한다.

I 금융투자상품

1. 의의

금융투자상품의 4가지 개념 요소는 목적(이익을 얻거나 손실을 회피할 목적), 금전 등의 지급(현재 또는 장래의 특정 시점에 금전 그 밖에 재산적 가치가 있는 것을 지급), 계약(약정을 함으로써 취득하는 권리), 위험(그 권리의 취득을 위해 지급하였거나 지급해야 할 금전 등의 총액이 그 권리로부터 회수하였거나 회수할 수 있는 금전 등의 총액을 초과하게 될 위험이 있는 것) 등이다.

2. 포괄주의

자본시장법 시행 이전에는 금융상품 전체를 (1) 예금(은행법 등), (2) 유가증권, 파생상품(증권거래법 등), (3) 보험계약(보험업법) 등으로 구분하고 특히 규율 법제가 없는 신종 금융상품에 대한 열거주의를 채택하였다. 이후 자본시장법의 시행으로 위 (2)의 내용이 금융투자상품(자본시장법)으로 통합되면서 포괄주의로 전환되었다.

3. 금융투자상품 구분

금융상품(저축상품, 대출상품, 금융투자상품, 보험상품, 연금상품 등)에서 원금 손실 가능성이 있는가? 그렇다면 금융투자상품이고 아니면 비금융투자상품이다. 금융투자상품에서 원금 초과 손실 가능성이 있는가? 그렇다면 파생상품이고 아니면 증권(전통적 증권, 투자계약증권 등)이다. 파생상품이 정형화된 시장에서 거래가 되는가? 그렇다면 장내파생상품이고 아니면 장외파생상품으로 구분된다.

(1) 증권

1) 전통적 증권

채무증권(국채, 지방채 등), 지분증권(주권, 신주인수권 등), 수익증권 등이 있다.

2) 새로운 증권

투자계약증권(출자지분), 파생결합증권(주식워런트증권)[16], 증권예약증권(지분증권, 수익증권) 등이 있다.

(2) 파생상품

1) 개념

선도(forword), 스왑(swap), 옵션(option)의 어느 하나에 해당하는 계약상의 권리를 말한다. 선도(forword)는 기초 자산이나 기초 자산의 가격, 이자율, 지표, 이를 기초로 하는 지수 등에 의하여 산출된 금전 등을 장래 특정한 시점에서 인도할 것을 약정한 계약이다. 옵션(option)은 당사자 어느 한쪽의 의사표시에 의하여 기초 자산이나 기초 자산의 가격, 이자율, 지표 또는 이를 기초로 하는 지수 등에 의하여 산출된 금전 등을 수수하는 거래를 성립시킬 수 있는 권리를 부여하는 계약이다. 스왑(swap)은 장래 일정한 기간 동안 미리 정한 가격으로 기초 자산이나 기초 자산의 가격, 이자율, 지표 또는 이를 기초로 하는 지수 등에 의하여 산출된 금전 등을 교환할 것을 약정하는 계약이다.

16) 주식워런트증권(ELW)이란 주식 등의 자산을 미리 정한 만기에 미리 정해진 가격에 사거나 팔 수 있는 권리를 나타내는 증권을 말한다.

2) 파생상품시장 기능[17]

현물시장
농산물
에너지
주식
주가지수
채권

상품 설계 →

파생상품시장
옥수수(밀) 선물/옵션
원유, 휘발유 선물
00(주) 전자주식 옵션
kospi 2000 선물/옵션
국제선물/옵션

거래 유형
해지거래 (위험회피)
투기거래
차익거래

(3) 주식

1) 주식과 주권

주식은 자본의 구성 단위이고 주주권을 나타낸다. 주권은 주식을 유가증권화한 것이다.

2) 주식의 종류

액면주식과 무액면주식, 종류주식, 기명주식 등이 있다. 무기명주식은 2014년도에 폐지되었다. 종류주식에는 잔여재산 및 이익분배에 대한 종류주식, 의결권 배제 및 제한에 관한 종류주식, 상환에 관한 종류주식, 전환에 관한 종류주식이 있다.

3) 주식의 유통

주식의 양도는 자유이다. 일정한 경우 제한이 있다. 정관과 상법에 따라 제한된다.

4) 주식 담보

주식은 약식질과 등록질로 나눈다. 약식질은 질권설정자와 질권자 간의 질권설정 합의와 질권자에 대한 주권의 교부로써 성립한다. 등록질은 합의와 교부 이외 주주명부와 주권에 그 성명을 기재해야 한다.

17) 키코(KIKO)계약의 유효성과 은행의 키코 위험성 설명의무에 대한 전원합의체 판결(대법원 2013. 9.26. 선고 2012다1146판결)이 우리에게 주는 시사점은 매우 크다.

5) 주권의 선의취득

양도인이 무권리자이고, 양수인의 선의, 무중과실이고, 적법한 양도에 의한 양도가 이루어진 경우 양수인이 소유권을 취득하게 된다.

6) 주식의 소각, 병합, 분할

주식의 소각이란 회사의 존속 중에 특정 주식을 절대적으로 소멸시키는 회사의 행위이다. 주식의 병합이란 수 개의 주식을 합하여 종전의 주식 수를 줄이는 것을 말한다. 주식의 분할이란 자본금을 증가하지 않고 발행한 주식 수를 증가시키는 것을 말한다.

7) 주주의 법적 지위

가.주주권

주주가 주식회사의 출자자로서 회사에 대하여 가지는 단체법상의 권리이다. 주주는 회사에 대하여 보유 주식 수에 비례하여 회사에 평등하게 권리를 가진다(주식 평등의 원칙).

나.분류

공익권이란 회사 및 주주의 공동이익을 위하여 회사의 운영에 참가하거나 경영을 감독하기 위한 권리이다. 자익권이란 주주가 재산적, 경제적 이익을 확보하기 위한 권리이다. 단독주주권은 단 1주라도 소유한 주주이면 행사 가능한 것을 말하고 소수주주권은 일정한 비율 이상을 지닌 주주만 행사 가능한 권리이다.

다.의결권

의결권이란 주주총회가 소집되면 제안된 안건에 대하여 의사결정을 하는 것이다. 주주는 이러한 권리를 가지게 된다. 1주 1의결권 원칙이 적용된다. 예외로는 의결권 없는 종류주식, 회사가 보유한 자기주식, 모자회사 간 등이 속한다. 의결권 행사 방법으로는 직접 행사, 대리 행사, 서면 행사, 불통일 행사, 전자적 행사 등이 있다.

라.이익배당청구권

이익배당이란 회사의 이익을 주주에게 분배하는 것이고 이는 영리성의 본질이다. 이익배당의 방법으로는 협의의 금전 지급이나 주식 및 현물로도 할 수 있다.

마.신주인수권

신주인수권은 기존 주주나 제3자에게 배정할 수 있다. 특히 제3자에게 배정할 경우 신기술 도입의 재무 구조 개선이나 회사의 경영상 목적을 달성하기 위해 필요한 경우에 한하여 배정하고 있다.

바.주식매수청구권

회사의 영업의 전부 또는 중요한 일부의 양도, 합병 및 분할 합병 그리고 주식의 포괄적 교환 및 이전과 같이 주주의 이해관계에 중대한 영향을 미치는 사항에 대하여 주주총회 특별결의가 있는 경우 이에 반대한 주주는 서면으로 회사에 대하여 자기 소유 주식의 매수를 청구할 수 있다.

사.이사의 업무 집행에 대한 주주의 직접감독권

이사의 위법행위유지청구권 및 주주의 대표 소송이 여기에 해당된다. 특히 다중 대표 소송도 인정되는 점이 특징이다.

아.주주명부

주식발행회사는 주식, 주권, 주주에 관한 사항을 명백하게 하기 위해서 주주명부를 작성해야 한다. 주주명부의 효력은 대항력(주식양도의 대항요건), 추정력, 면책력 등이 있다. 주권불소지제도도 인정된다.

(4) 사채

1) 의의

사채란 타인 자본으로 자금 조달을 하는 방법이다. 회사가 채권 발행 방법으로 직간접적으로 특정인 또는 일반 대중으로부터 집단적 대량적으로 부담하게 되는 회사 채무가 된다.

2) 특수한 사채

가. 전환사채

사채권자에게 소정의 기간 내에 소정의 조건으로 사채를 당해 기채회사의 주식으로 전환할 수 있는 권리가 인정된 사채이다.

나. 신주인수권부사채

사채권자에게 기채회사에 대한 신주인수권이 부여된 사채로 신주발행청구권부사채를 의미한다. 따라서 사채권자가 기채회사에 신주발행을 청구하여 기채회사가 신주를 발행하게 되면 사채권자는 당연히 주주가 된다.

다. 교환사채

채권소지인에게 소정의 기간 내에 사전에 합의된 조건으로 당해 사채발행회사가 보유하고 있는 주식이나 그 밖의 유가증권으로 교환을 청구할 수 있는 권리가 부여된 사채이다.

II 금융투자업

1. 의의

자본시장법상 금융투자업이란 이익을 얻을 목적으로 계속, 반복적인 방법으로 행하는 6가지(투자매매업, 투자중개업, 집합투자업, 투자자문업, 투자일임업, 신탁업) 업을 말한다.

2. 분류

(1) 투자매매업(dealing)

투자매매업이란 누구의 명의로 하든지 '자기의 계산'으로 금융투자상품의 매도, 매수, 증권의 발행, 인수 또는 그 청약의 권유, 청약, 청약의 승낙을 영업으로 하는 것을 말한다. 특히 '타인의 계산'으로 하는 투자중개업과 다르다.

(2) 투자중개업(arranging deals)

투자중개업이란 누구의 명의로 하든지 '타인의 계산'으로 금융투자상품의 매도, 매수, 그 중개나 청약의 권유, 청약, 청약의 승낙 또는 증권의 발행, 인수에 대한 청약의 권유, 청약, 청약의 승낙을 영업으로 하는 것을 말한다.

(3) 집합투자업(collective investment)

집합투자업이란 집합투자를 영업으로 하는 것을 말하고, 집합투자란 2인 이상의 투자자로부터 모은 금전 등 또는 국가재정법 제81조[18]에 따른 여유 자금을 독립된 제3자가 투자자 또는 각 기금 관리 주체로부터 일상적인 운용 지시를 받지 아니하면서 재산적 가치가 있는 투자 대상 자산을 취득, 처분, 그 밖의 방법으로 운용하고, 그 결과를 펀드회사의 주주인 투자자 또는 각 기금 관리 주체에게 배당하여 귀속시키는 것을 말한다.

(4) 투자자문업

금융투자상품 또는 투자 대상 자산의 가치 또는 금융투자상품 등에 대한 '투자판단'에 관한 자문에 응하는 것을 영업으로 하는 것을 말한다.

(5) 투자일임업

투자자로부터 금융투자상품 등에 대한 '투자판단'의 전부 또는 일부를 일임 받아 투자자별로 구분하여 그 투자자의 재산 상태나 투자 목적 등을 고려하여 금융투자상품 등을 취득, 처분 그 밖의 방법으로 운용하는 것을 영업으로 한다.

(6) 신탁업

신탁업은 현재 신탁법에 의한 신탁을 영업으로 하는 것을 말한다. 참고로 집합투자업은 펀드 투자자는 펀드운용회사인 펀드매니저에게 운용 지시를 내릴 수 없지만, 신탁의 경우에는 위탁자(고객인 개인 또는 법인)가 수탁자(관리회사인 은행, 증권회사 등)에게 자산 운용의 방침이나 지시를 내릴 수 있다.

18) [국가재정법 제81조] (여유자금의 통합운용) 기획재정부장관은 기금 여유자금의 효율적인 관리·운용을 위하여 각 기금관리주체가 예탁하는 여유자금을 대통령령으로 정하는 기준과 절차에 따라 선정된 금융기관으로 하여금 통합하여 운용하게 할 수 있다. 〈개정 2008. 2. 29., 2020. 6. 9.〉

3. 금융 기능별 진입 규제 방식

(1) 자본시장법 제정 후

자본시장법 제정 후 우리나라 금융 시스템에 대한 규제 시스템은 은행법, 보험업법, 자본시장법, 서민금융관련금융법(대부업법)으로 구분되고, 은행과 보험회사는 기존 관련업 법에 따라 규제를 받고 있다. 인가 및 등록을 받지 아니한 경우 무인가, 무등록 영업으로 처벌받고, 인가 및 등록을 받은 후에는 금융투자업의 진입에 대한 진입 규제와 건전성 규제 및 공동영업행위 규제를 적용받으면서 영업을 해야 한다. 금융 기능에 따라 금융 규제의 차등 적용하는 것은 투자자를 보호하는 것이다.

(2) 진입요건 분류

1) 인가제 및 등록제[19)]

금융투자업에 대한 진입 규제에 있어서는 투자자가 노출되는 위험의 크기에 따라 구분한 것이다.

2) 금융투자상품의 특성을 진입요건으로 반영

금융상품의 취급 대상의 위험 크기에 따라 장외파생상품 등 위험 금융투자상품을 대상으로 하는 영업행위에 대해서는 일반 금융투자상품보다 강화된 진입요건이 설정되어야 한다.

3) 위험성 감수 능력

투자자의 특성 중 특히 위험성 감수 능력을 고려하여 일반투자자를 상대로 하는 금융투자업의 경우에는 전문투자자를 상대로 하는 경우보다 강화된 진입요건을 설정해야 한다.

---

19) 인가대상인 금융투자업에는 투자매매업, 투자중개업, 집합투자업, 신탁업 등이 있고, 등록대상인 금융투자업에는 투자일임업, 투자자문업이 있다.

Ⅲ 투자자 보호

1. 분류

(1) 투자자의 기능적 분류

자본시장법은 금융투자업의 거래상대방인 투자자를 위험 감수 능력 기준으로 전문투자자와 일반투자자로 구분한다. 전문투자자에 대해서는 투자자 보호와 관련한 규제의 대부분을 적용 대상에서 제외하고 있다.

(2) 전문 투자자 및 일반 투자자

전문투자자는 금융투자상품에 관한 전문성 구비, 소유자산 규모 등에 비추어 투자에 따른 위험 감수 능력이 있는 투자자로서 국가, 한국은행, 등이 속하게 된다. 일반투자자란 전문투자자가 일반 투자자와 같은 대우를 받겠다는 의사를 금융투자업자에게 서면으로 통지한 경우 금융투자업자가 동의한 경우에는 일반투자자로 된다.

2. 투자자 보호

투자자 보호는 자본시장법의 핵심이다. 자본시장법상 투자자를 보호하기 위한 제도적 장치가 있다.

(1) 설명의무

금융투자업자는 일반투자자를 상대로 투자 권유를 하는 경우에 금융투자상품의 내용, 투자에 따른 위험, 그 밖에 대통령령이 정하는 사항을 설명함에 있어서 투자자의 합리적 투자 판단 또는 해당 금융투자상품의 가치에 중대한 영향을 미칠 수 있는 중요한 사항을 거짓 또는 왜곡되게 설명하거나 중요 사항을 누락하여서는 안된다. 일반투자자가 이해할 수 있도록 설명해야 한다.

(2) 적합성 원칙 및 적정성 원칙

금융투자업자는 투자 권유를 하기 전에 일반투자자의 특성 등을 면담하여 투자자를 파악하도록 요구해야 한다는 것이 적합성의 원칙이다. 일반투자자의 투자 목적 등을 고려하여 당해 투자자에게 가장 적합한 금융투자상품을 권유하는 것을 적정성의 원칙이라 한다.

(3) 재권유 금지제도

투자자가 요청하지 않은 투자 권유를 금지하는 제도이다.

(4) 이해 상충 방지

금융투자업의 영업행위에 대한 규제 중에서 가장 중요한 규제이다. 금융투자업자와 투자자 간에 항상 정보의 비대칭이 존재하기 때문에 금융투자업자가 투자자의 이익을 희생하여 자신이나 제3자의 이익을 추구할 가능성이 있기 때문이다.

(5) 발행 공시 규제

투자자가 투자 판단에 필요한 충분한 정보에 의해 투자를 결정할 수 있도록 공모 발생 시에 발행 공시 규제를 적용하고 있다.

(6) 자본시장법상 투자자 보호를 위한 제도

신의성실 원칙, 투자자 확인, 적합성 및 적정성 원칙, 설명의무, 부당 권유 금지, 광고 제한, 이익 보장 금지, 내부 통제 기준(준법감사인), 불공정거래 방지 등이 있다.

Ⅳ 불공정한 투자거래의 규제

1. 내부자거래 규제

내부자거래란 일반인에게 공개되지 않은 중요한 정보를 이용하여 당해 기업의 유가증권을 매매하는 행위를 말한다. 여기에는 미공개 정보의 이용 금지, 임원 등의 특정 증권 소유 상황 변동 보고, 장내파생상품의 대량 보유 보고 등이 있다.

2. 시세 조종행위 금지

누구든지 상장증권 또는 장내파생상품의 매매에 관하여 그 매매가 잘못되거나 타인의 그릇된 판단을 하게 할 목적으로 시세를 조종하는 행위를 하여서는 아니 된다. 위반한 자는 손해배상책임을 부담하게 된다. 손해배상청구권은 청구권자가 위반행위가 있었던 사실을 안 때부터 1년간, 그 행위가 있었던 때부터 3년간 이를 행사하지 아니하면 소멸하게 된다.

3. 부정거래행위 금지

누구든지 금융투자상품의 매매, 그 밖의 거래와 관련하여 부정한 수단, 계획 또는 기교를 사용하는 행위, 중요 사항에 관하여 거짓의 기재 또는 표시 등을 하여서는 안된다. 또한 다음과 같은 행위도 하여서는 안 된다. 즉 타인에게 오해를 유발시키지 않기 위하여 필요한 중요 사항의 기재하여야 하고 표시가 누락 된 문서를 이용하면 안 된다. 그 밖에 이익을 얻고자 하는 행위, 금융투자상품의 매매행위, 거래를 유인할 목적으로 거짓의 시세를 이용하는 행위를 하여서는 안 된다.

4. 사기적 거래 금지

누구든지 금융투자상품의 매매, 그 밖의 거래를 할 목적으로 그 시세의 변동을 도모할 목적으로 풍문의 유포, 위계 사용, 폭행 또는 협박을 하여서는 안 된다.

금융거래법(3)

- 보험계약 및 특수금융거래와 법

Ⅰ 보험계약

1. 보험계약 성립(상법 제638조)

"보험계약은 당사자 일방이 약정한 보험료를 지급하고 재산 또는 생명이나 신체에 불확정한 사고가 발생한 경우에 상대방이 일정한 보험금이나 그 밖의 급여를 지급할 것을 약정함으로써 효력이 생긴다."

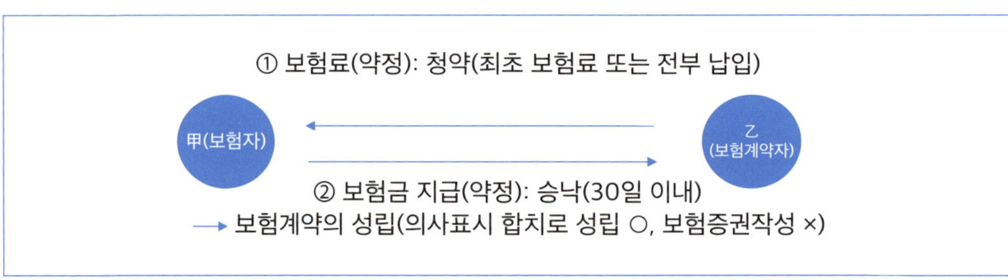

2. 보험계약의 법적 성질

(1) 낙성, 불요식

보험계약은 보험자와 보험계약자 사이의 의사 합치만으로 성립하고, 특별한 요식행위를 요하지 않는다(상법 제638조). 요식계약도 요물계약도 아니다. 보험료 수령이나 보험증권의 작성이나 발행의무와도 무관하다. 보험자의 책임은 당사자 간 다른 약정이 없으면 최초 보험료의 지급을 받은 때로부터 개시된다(상법 제656조).

(2) 유상, 쌍무

보험자와 보험계약자간 서로 대가관계를 이루고 있으므로 유상, 쌍무계약이다.

(3) 단체성

보험자와 보험계약자 사이에 개별적으로 체결되고, 보험계약자 상호 간의 직접적인 결합관계는 존재하지 아니하며, 보험계약자는 보험자에 대하여 개별적으로 권리의무를 가질 뿐이다. 보험계약관계는 개별성과 단체성의 상관관계가 맺어지고 개별적인 보험계약도 언제나 그 단체성을 전제로 한다.

(4) 사행계약성, 최대선의성

보험계약도 복권이나 도박처럼 사행계약이다. 그러나 다른 사행계약이 공서양속에 반하여 무효로 처리되는 데 반하여 보험계약은 사회적 상당성이 있는 적법계약이다. 이러한 보험거래의 사행성을 통제하고 보험이 투기수단화하는 것을 막는 보험계약의 내재적 속성의 하나가 보험계약의 최대선의성이다. 신의성실은 보험계약에서도 강조되고 있다.

(5) 상행위성

상법은 보험을 영업적 상행위로 규정하고 있고(상법 제46조 제17호), 보험자가 보험계약을 체결하는 것을 영업으로 하는 것을 말한다.

(6) 기타

계속계약성(일회적인 급부로 종결되는 것이 아니라 일정한 기간 계속되는 계약), 독립계약성(상법상 독립된 계약, 상법상 전형계약), 부합계약성(동일 또는 유사한 계약을 대량으로 체결-약관에 관한 내용과 거의 동일) 등이 있다.

3. 보험계약상 중요한 고지의무

(1) 의의

보험계약자와 피보험자가 보험계약 체결 시 중요한 사실을 고하고, 부실한 사실을 고지하지 아니 할 의무이다(상법 제651조). 보험계약 전 의무이다.

(2) 법적성질

고지의무자가 고의, 중과실로 위반 시 보험자가 이를 이유로 계약 해지할 수 있다. 즉 완전한 효력 발생 위한 전제조건이고 간접의무와 수동적 의무이다.

(3) 내용

고지의무 당사자로 고지의무자는 보험계약자와 피보험자(손해보험, 인보험 포함)이고 고지수령권자는 보험자와 보험자를 위해 고지 받을 대리권을 가진자이다. 고지시기는 계약 성립 시를 기준으로 한다. 고지 방법은 서면 또는 구두로 한다. 고지 사항(중요 사항)은 보험계약 내용을 결정하기 위한 표준으로 객관적으로 관찰 판단한다.

(4) 고지의무 위반요건

객관적 요건으로는 중요한 사항에 대해 불고지(알리지 않은 것- 소극적 요건) 또는 부실한 고지(진실에 일치하지 않는 것 - 적극적 요건)가 있어야 하고 주관적 요건으로는 보험계약자, 피보험자가 고의(중요한 사실 알면서 고지 않는 것, 거짓 고지) 또는 중과실(조금만 주의하면 되는 것을 주의를 다하지 못해 불고지 또는 부실한 고지를 한 것)이 있을 것을 요한다. 입증책임은 보험자가 부담한다.

(5) 고지의무 위반 효과

보험자는 입증 후 보험계약 해지할 수 있다(상법 제651조 본문, 장래 효). 이는 형성권(보험 사고 전후를 불문하고 해지 가능, 권리포기도 가능)이다. 해지권이 제한되는 경우는 제척 기간의 경과가 되면 제한된다. 즉 고지의무 위반 사실을 안 날(확실한 증거 잡은 때)로부터 1개월, 계약 성립 한 날로부터 3년이 경과 되면 해지권이 제한된다.

II 특수(신종)금융거래와 법

1. 금융리스거래

리스는 리스이용자가 선정한 특정 물건을 공급자로부터 리스회사가 취득하거나 대여 받아 리스이용자에게 일정한 기간 동안 사용하게 하고, 그 기간에 걸쳐 일정한 대가를 정기적으로 분할하여 지급받으며 그 기간 종료 후에 물건의 처분에 관하여 당사자 간의 약정으로 정하는 방식의 금융이다.

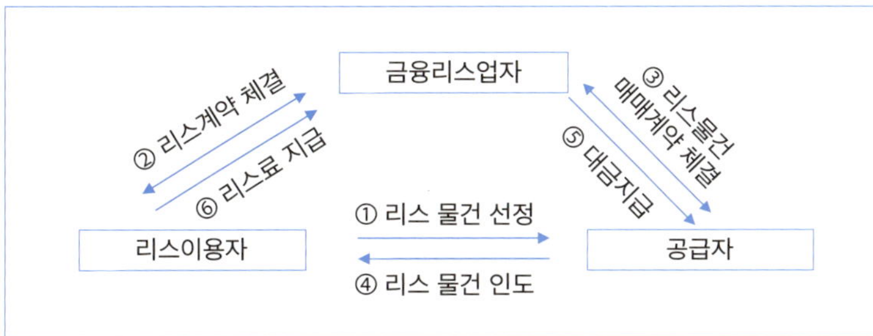

2. 채권매입업

타인이 물건·유가증권의 판매, 용역의 제공 등에 의하여 취득하였거나 취득할 영업상의 채권(이하 이 장에서 "영업채권"이라 한다)을 매입하여 회수하는 것을 영업으로 하는 자를 채권매입업자라 한다. 영업채권의 채무자(소비자)가 그 채무를 이행하지 아니하는 경우 채권매입업자는 채권매입계약의 채무자(판매상인)에게 그 영업채권액의 상환을 청구할 수 있다.

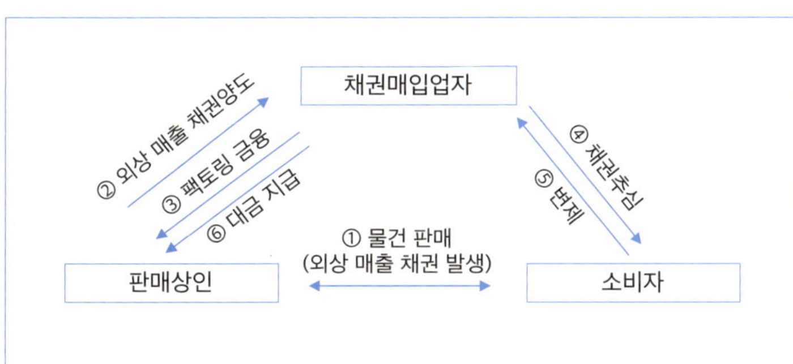

제6장

금융거래법(4)

- 전자금융거래와 법 및 타인을 이용한 금융업무처리와 법

I 전자금융거래와 법

1. 전자거래

(1) 의의

넓은 의미의 전자거래라 함은 재화나 용역의 거래에 있어서 그 전부 또는 일부가 전자문서에 의하여 처리되는 거래를 말한다(전자문서 및 전자거래기본법 제2조). 좁은 의미의 전자금융거래는 금융회사 또는 전자금융업자가 전자적 장치를 통하여 금융상품 및 서비스를 제공하고, 이용자가 금융회사 또는 전자금융업자의 종사자와 직접 대면하거나 의사소통을 하지 않고도 자동화된 방식으로 이를 이용하는 거래를 말한다(전자금융거래법 제2조 제2호).

(2) 전자문서 및 전자거래기본법

1) 의의

전자문서라 함은 컴퓨터 등이 정보처리능력을 가진 장치 등에 의하여 전자적 형태로 작성되어 송수신 또는 저장되는 정보를 말한다.

2) 전자문서 효력

다른 법률에 특별한 규정이 있는 경우를 제외하고는 전자적 형태로 되어 있다는 이유로 문서로서의 효력이 부인되지 않는다.

3) 효력 발생 시기

전자문서는 수신자 또는 그 대리인이 해당 전자문서를 수신할 수 있는 정보처리시스템에 입력한 때 송신된 것으로 본다.

(3) 전자금융거래

금융회사 또는 전자금융업자가 전자적 장치를 통하여 금융상품 및 서비스를 제공하고, 이용자가 금융회사 또는 전자금융업자의 종사자와 직접 대면하거나 의사소통을 하지 아니하고 자동화된 방식으로 이를 이용하는 거래를 말한다.

전자지급거래라 함은 자금을 주는 자(지급인)가 금융회사 또는 전자금융업자로 하여금 전자지급 수단을 이용하여 자금을 받는 자(수취인)에게 자금을 이동하게 하는 전자금융거래이다.

전자지급 수단이란 전자자금 이체, 직불 전자지급 수단, 선불 전자지급 수단, 전자화폐, 신용카드, 전자채권 그 밖에 전자적 방법에 따른 지급 수단을 말한다.

(4) 전자상거래

전자거래의 방법으로 하는 상행위(통신판매)을 말한다. 통신판매란 우편, 전기통신, 그 밖에 총리령으로 정하는 방법으로 재화 또는 용역의 판매에 관한 정보를 제공하고 소비자의 청약을 받아 재화와 용역을 판매하는 것이다. 주의할 것은 방문판매등에 관한 법률 제2조 제3호 즉 전화권유판매는 통신판매에서 제외된다.

II 타인을 이용한 금융업무처리와 법

1. 대리인

(1) 의의

대리라 함은 본인으로부터 대리권을 수여 받은 대리인이 본인을 위하여 법률행위를 하면 그 법률효과가 직접 본인에게 귀속되는 것을 말한다.

(2) 대리권

① 대리권의 발생은 대리권 수여에 의한 임의대리와 법률의 규정에 의한 법정대리가 있다.
② 법정대리권의 범위는 법에 그 범위가 정해지고 임의대리권의 범위는 본인의 수권에 의해 정해진다.
③ 공동대리에는 능동대리와 수동대리가 있다. 대리권이 제한되는 경우에는 자기계약 및 쌍방대리가 원칙적 금지가 된다.
④ 대리권은 본인의 사망, 대리인 사망, 대리인의 성년후견의 개시, 대리인의 파산에 의해 소멸된다.

(3) 대리행위

현명주의가 원칙이다. 상행위는 비현명주의가 가능하다. 대리인은 행위능력자임을 요하지 아니한다. 대리의 효과는 본인에게 귀속된다.

(4) 무권대리

무권대리에는 협의의 무권대리와 표현대리가 있다. 표현대리[20] 에는 민법 제125조, 민법 제126조, 민법 제129조의 대리가 있다.

2. 상업사용인

(1) 지배인[21]

지배인은 영업주에 갈음하여 그 영업에 관하여 재판상, 재판 외 모든 행위에 대하여 포괄적 지배권을 가진다. 지배인 여부의 판단은 그의 명칭에 의하지 아니하고 지배권의 유무

20) [민법 제125조] (대리권수여의 표시에 의한 표현대리) 제삼자에 대하여 타인에게 대리권을 수여함을 표시한 자는 그 대리권의 범위내에서 행한 그 타인과 그 제삼자간의 법률행위에 대하여 책임이 있다. 그러나 제삼자가 대리권없음을 알았거나 알 수 있었을 때에는 그러하지 아니하다.
[민법 제126조] (권한을 넘은 표현대리) 대리인이 그 권한외의 법률행위를 한 경우에 제삼자가 그 권한이 있다고 믿을 만한 정당한 이유가 있는 때에는 본인은 그 행위에 대하여 책임이 있다.
[민법 제129조] (대리권소멸후의 표현대리) 대리권의 소멸은 선의의 제삼자에게 대항하지 못한다. 그러나 제삼자가 과실로 인하여 그 사실을 알지 못한 때에는 그러하지 아니하다.

21) [상법 제10조] (지배인의 선임) 상인은 지배인을 선임하여 본점 또는 지점에서 영업을 하게 할 수 있다.
[상법 제11조] (지배인의 대리권) ①지배인은 영업주에 갈음하여 그 영업에 관한 재판상 또는 재판외의 모든 행위를 할 수 있다.
②지배인은 지배인이 아닌 점원 기타 사용인을 선임 또는 해임할 수 있다.
③지배인의 대리권에 대한 제한은 선의의 제3자에게 대항하지 못한다.

로 판단된다. 지배인의 권한은 포괄성, 획일성, 정형성을 지닌다. 표현지배인은 외관의 법리에 따라 그 믿고 거래한 제3자를 보호하게 된다. 상인(영업주)가 지배인을 선임한다.

(2) 부분적 포괄대리권을 가진 상업사용인, 물건판매점포의 사용인[22)]

이들은 상인 또는 지배인이 선임한다. 이들의 권한은 제한적이다.

(3) 의무

상업사용인에게는 경업금지의무와 겸직금지의무가 적용된다(상법 제17조). 이를 경업피지의무라고 한다.

3. 중개인[23)]

타인 간의 계약이 성립되도록 중간에서 노력하는 행위이다. 대리와 마찬가지로 중개인은 고객의 명의로 하든지 불문하고, 고객의 계산(타인계산)으로 중개하고, 그 대가로 수수료를 받는다. 이 경우 대리권 수여는 필요가 없다. 중개인의 의무로는 중개의무, 견품보관의무, 결약서교부의무, 일기장 작성의무, 성명 및 상호묵비의무, 개입의무 등이 있다.

4. 위탁매매인[24)]

위탁자로부터 매매의 위탁은 받은 위탁매매인은 자기명의, 타인계산(주선)으로 물건 또는 유가증권 매매를 영업으로 하는 자이다. 위탁매매인의 의무 중 지정가액준수의무가 중요하다. 위탁물의 귀속은 위탁자에게 속한다.

5. 위임 및 위탁매매와 신탁에 속하는 금융투자업

일반적 위탁매매와 신탁에 속하는 자본시장법상 금융투자업으로는 투자일임, 자문법, 집합투자업, 신탁업이 있고, 투자일임, 자문업자, 집합투자업자(펀드자금을 보관하는 수탁회사

---

22) [상법 제15조] (부분적 포괄대리권을 가진 사용인) ①영업의 특정한 종류 또는 특정한 사항에 대한 위임을 받은 사용인은 이에 관한 재판외의 모든 행위를 할 수 있다.
[상법 제16조] (물건판매점포의 사용인) ①물건을 판매하는 점포의 사용인은 그 판매에 관한 모든 권한이 있는 것으로 본다.

23) [상법 제87조] (대리상 의의) 일정한 상인을 위하여 상업사용인이 아니면서 상시 그 영업부류에 속하는 거래의 대리 또는 중개를 영업으로 하는 자를 대리상이라 한다.
[상법 제93조] (중개상 의의) 타인간의 상행위의 중개를 영업으로 하는 자를 중개인이라 한다.

24) [상법 제101조] (위탁매매상 의의) 자기명의로써 타인의 계산으로 물건 또는 유가증권의 매매를 영업으로 하는 자를 위탁매매인이라 한다.

포함), 신탁업자는 각각 위탁매매인(수임인)과 수탁자에 해당한다.

투자일임업이란 투자자(위탁자)로부터 금융투자상품 등에 대한 투자 판단의 전부 또는 일부를 일임 받아 투자자별로 구분하여 그 투자자의 재산 상태나 투자 목적을 고려하여 금융투자상품 등을 취득, 처분, 그 밖의 방법으로 운용하는 것을 영업으로 하는 것을 말한다. 집합투자기구의 형태에는 신탁형, 회사형, 조합형이 있다.

금융거래법(5)

- 금융지주회사와 법 및 금융거래 비용·결제와 법

Ⅰ 금융지주회사와 법

1. 지주회사의 개념 및 분류

(1) 개념

지주회사란 타 회사의 주식 전부의 소유를 통하여 타 회사의 사업 내용을 지배하는 것을 주된 사업으로 하는 회사이다. 이를 일반적으로 규율한 법률이 금융지주회사법이다. 여기에는 금융지주회사, 금융투자지주회사, 은행지주회사, 보험지주회사, 독점규제법상 지주회사가 있다.

(2) 분류

사업 활동에 따라 순수지주회사(어떠한 사업 활동을 하지 않고 다른 회사의 주식을 소유함으로써 그 회사를 직접 지배하는 것을 목적)와 사업지주회사(어떠한 사업 활동을 함과 동시에 다른 회사를 지배하기 위하여 주식을 소유하는 것)가 있다.

2. 지주회사의 설립 방법

설립 방법으로는 주식매수 방식, 증자 방식, 영업양도 방식, 주식교환 방식, 주식이전 방식 등이 있다.

Ⅱ 금융거래 비용 및 결제와 법

1. 금융거래 비용(보수)

(1) 수수료(보수)

민사는 무상이 원칙이고 상사는 유상이 원칙이다.

(2) 금융거래 결제 수단

1) 환어음·약속어음·수표

가.환어음·약속어음·수표의 정의

환어음은 발행인이 제3자(지급인)에게 일정한 금액의 지급을 위탁하는 유가증권이고(지급위탁증권), 약속어음은 발행인 자신이 일정한 금액을 지급할 것을 약속하는 유가증권이다(지급약속증권), 그리고 수표는 발행인이 제3자(은행)에게 일정한 금액의 지급을 위탁하는 유가증권이다. 수표는 지급위탁증권인 점에서 환어음과 같다. 수표는 만기가 일람출급이고 지급인이 은행으로 되어 있는 점에 그 특징이 있다.

나.환어음·약속어음·수표의 공통점

환어음·약속어음·수표는 모두 일정한 금액의 지급을 목적으로 하는 금전채권 증권이다. 또한 이들은 제시증권, 상환증권, 면책증권, 문언증권, 법률상 당연한 지시증권 등 유가증권의 일반적 속성을 가진다. 이들은 다른 유가증권과는 달리 설권증권, 무인증권, 절대적 요식증권이다.

다.환어음·약속어음·수표의 차이점

① 경제적 기능의 차이

어음은 주로 신용 수단인 데 비하여, 수표는 주로 지급 수단으로 이용되고 있다.

② 법률적 차이

a. 당사자

환어음과 수표에는 발행인, 수취인, 지급인의 3당사자가 있고, 약속어음은 발행인과 수취인의 2당사자가 있다. 수표는 지급증권으로서 신용을 확보하기 위하여 지급인을 은행으로 한정하는 점이 환어음과 다르다.

b. 주채무자

약속어음은 주채무자가 발행인 자신인데, 환어음과 수표는 지급위탁증권이므로 발행 단계에서는 지급인이 당연히 지급채무를 부담하는 것은 아니므로 발행 단계에서는 주채무자가 없다. 따라서 환어음과 수표에서는 지급의 확실을 기하기 위하여 환어음에는 인수, 수표에는 지급보증의 제도를 두었다. 환어음에서는 지급인이 인수를 하면 최종적인 지급의무를 부담하는 주채무자가 된다(어음법 제28조). 수표에서는 지급인이 지급보증을 하여도 지급제시 기간 내에 지급제시가 있는 때에 한하여 지급채무를 부담할 뿐, 그 외의 경우에는 최종적인 지급채무를 부담하는 것이 아니므로 주채무자가 되는 것이 아니다.

즉 약속어음에서는 발행 당초부터 발행인이 주채무자로서 존재하고, 환어음에서는 지급인이 인수한 경우에만 그때부터 주채무자로 된다. 이에 반하여 수표에 있어서는 끝까지 주채무자가 없게 된다.

c. 상환청구권자와 상환청구의무자(소구의무자)

상환청구의무자(소구의무자)란 환어음의 인수가 거절된다거나 환어음·약속어음·수표의 지급이 거절된 경우에 합동하여 어음금 또는 수표금을 지급하여야 할 의무를 부담하는 자로서, 주채무자가 아닌 자를 말한다. 상환청구의무자(소구의무자)는 주채무자와 달리 적법한 지급제시 등 소구의 요건을 갖춘 경우에만 지급의무를 부담한다. 약속어음의 경우에는 배서인 · 보증인만이 상환청구의무자(소구의무자)이고, 환어음의 경우에는 배서인과 보증인 이외에 발행인도 상환청구의무자(소구의무자)가 되고, 수표의 경우에는 배서인, 발행인 외에 지급보증인까지 상환청구의무자(소구의무자)이다.

환어음, 약속어음, 수표의 비교			
	환어음	약속어음	수표
의의	지급위탁(신용증권)	지급약속	지급위탁(지급 수단)
최초 당사자	발행인, 수취인, 지급인(인수인)	발행인, 수취인	발행인 수취인(수표요건 아님) 지급인(은행)
주채무자	인수인(지급인) ※ 발행인은 최종 소구의무자임	발행인	없음

	환어음	약속어음	수표
만기[25]	4가지 인정 (일람출급, 일람 후 정기출급, 발행일후 정기출급, 확정일출급)	4가지 인정 (일람출급, 일람 후 정기출급, 발행일자후 정기출급, 확정일출급)	없음(항상 일람출급, 지급증권이므로)
인수제도	인수	-	인수불허(지급보증)
어음행위	발행, 배서, 보증, 인수(인수참가)	발행, 배서, 보증	발행, 배서, 보증, 지급보증
공통점	인수거절이나 지급거절된 경우에 어음, 수표행위를 한 자(주채무자, 상환청구의무자 모두)는 합동하여 소지인에게 의무 부담		

2) 신용카드와 직불카드

신용카드는 이를 제시함으로써 반복하여 신용카드가맹점에서 물품의 구입 또는 용역의 제공을 받을 수 있는 증표로서, 신용카드업자가 발행한 것을 말한다. 직불카드란 신용카드가맹점 간에 전자 또는 자기적 방법으로 금융거래계좌에서 자동이체 되는 등의 방법으로 물품이나 용역의 제공과 그 대가의 지급이 동시에 이행할 수도 있도록 신용카드업자가 발행한 증표이다.

25) 어음의 만기는 보통 확정일출급 또는 발행일자 후 정기출급이고, 일람출급과 일람 후 정기출금은 극히 드물다. 어음에 만기의 기재가 없는 때에는 일람출급어음으로 본다(어음법 제2조). 확정일출급이란 확정한 날을 만기로 하는 어음이고, 발행일자 후 정기출급이란 발행일로부터 일정기간 경과한 날 만기로 하는 어음이고, 일람출급이란 지급을 위한 제시가 있었던 날 만기로 하는 어음이고, 일함 후 정기출금이란 인수날짜 또는 거절증서에 기록된 날짜에 의하여 만기가 정해지는 어음이다.

제8장

금융사고(불법행위) 및 금융거래 분쟁과 구제

Ⅰ 불법행위 일반론

1. 채무불이행 책임과 손해배상

(1) 법적 근거

채무자가 채무의 내용에 좇은 이행을 하지 아니한 때(이행지체, 이행불능, 불완전이행, 이행거절)에는 채권자는 손해배상을 청구할 수 있다. 그러나 채무자의 고의나 과실 없이 이행할 수 없게 된 때에는 그러하지 아니하다(민법 제390조).

(2) 채무불이행의 경우 상대방은 강제이행, 손해배상, 계약의 해제를 신청할 할 수 있고 계약의 해제를 하더라도 동시에 손해배상을 청구할 수 있다.

(3) 발생 원인

이행지체, 이행불능, 불완전이행, 이행거절 등이 있다. 이행지체란 채무가 약정된 이행기에 이행이 가능함에도 불구하고 채무자의 책임 있는 사유로 채무가 이행되지 않음으로써 위법한 것이다. 이행불능이란 채권이 성립되었으나 채무자의 책임 있는 사유로 인하여 이행이 불가능한 경우이다. 불완전이행이란 채무의 이행행위라고 볼 수 있는 이행행위가 있어야 하고, 그 이행이 불완전이행이어야 한다. 이행거절이란 채무자가 채무이행이 가능함에도 불구하고 채무를 이행할 의사가 없음을 채권자에게 통지하고 종국적으로 의사표시하는 것이다.

2. 불법행위책임과 손해배상

(1) 내용

고의 또는 과실로 인한 위법행위로 타인에게 손해(인과관계)를 가한 자는 그 손해를 배상할 책임이 있다. (민법 제750조)

(2) 불법행위책임 성립하기 위한 요건

불법행위책임의 성립요건으로는 ① 고의 또는 과실, ② 위법성 ③ 위법행위와 손해 사이에 인과관계 ④ 손해가 발생해야 한다. 나아가 타인의 신체, 자유 또는 명예를 해하거나 기타 정신상 고통을 가한 자는 재산 이외의 손해(정신적 손해 = 위자료)에 대하여도 배상할 책임이 있다(민법 제751조 제1항).

(3) 특수한 불법행위

민법 제750조 이외의 특수한 형태의 불법행위가 존재하게 된다. 타인의 불법행위에 대한 책임으로 책임 무능력자의 감독자 책임(민법 제753조), 사용자 책임(민법 제756조), 도급인의 책임(민법 제757조), 공작물 등의 점유자 및 소유자의 책임(민법 제758조), 동물의 점유자 책임(민법 제759조), 공동불법행위자 책임(민법 제760조) 등이 있다.

II 자본시장법 및 보험법상 불법행위

1. 자본시장법

중요 사항의 거짓 기재로 인한 손해배상으로 증권신고서와 투자설명서 중 중요 사항에 관하여 거짓의 기재 또는 표시가 있거나 중요 사항이 기재 또는 표시되지 않음으로써 증권의 취득자가 손해를 입은 경우에는 배상책임자는 손해배상책임을 부담하게 된다. 상당한 주의를 하였음에도 알 수 없음을 증명하였거나 취득자가 악의인 경우에는 예외로 한다.

2. 보험법

보험업법 제102조 규정에 의하여 보험 모집을 위탁한 보험자의 배상책임이 있다. 보험자는 그 임직원, 보험설계사 또는 보험대리점이 모집을 하면서 보험계약자에게 손해를 입힌 경우 배상할 책임이 있다. 상당한 주의를 하였고 손해 방지를 위해 노력한 경우에는 보험자는 면책된다.

Ⅲ 금융거래 분쟁과 구제(금융법의 위반과 제재 및 금융거래 분쟁과 구제)

1. 금융법의 위반과 제재

(1) 민사적 제재

금융법 위반에 대한 사법적 제재로 실체법상 당해 행위의 실효와 채무불이행에 대한 구제방법으로 강제이행 및 손해배상책임을 묻는 손해배상책임이 있다.

실체법상 효력 상실에서 법률행위의 하자가 있는 경우 무효가 되거나 취소가 된다. 일시적 계약인 경우에는 해제할 수 있고, 계속적 계약인 경우에는 해지할 수 있다. 취소와 해제에는 소급효가 발생하게 된다.

채무불이행에 대한 구제 수단으로는 강제이행의 방법이 있다. 채무불이행 또는 불법행위로 인한 손해을 입은 자는 배상을 청구할 수 있다. 손해에는 적극적 손해, 소극적 손해, 정신적 손해로 구분된다. 산정된 손해에 대하여 다시 손익상계와 과실상계에 의하여 공제된다.

(2) 행정적 제재

금융 법규 위반에 대한 행정적 제제와 규제는 주로 금융위원회가 담당한다. 행정적 규제와 감독의 수단이 되는 것은 주로 행정관청의 금지, 허가, 인가, 승인, 명령, 과태료 부과, 과징금 부과 등의 행정 처분이다. 행정 규제 완화라는 시대적 흐름에 따라 사전 예방적인 규제에서 사후적인 감시체제로, 공적 규제에서 자율적 규제로의 전환하는 경향을 보이고 있다.

1) 금융위원회

국무총리 소속의 합의체 행정기관이다. 금융감독 관련 중요 사항의 심의 및 의결, 금융감독원에 대한 지시 및 감독, 금융 산업 및 기업의 구조조정 추진 등의 업무를 관장한다.

2) 금융감독원

금융위원회 및 증권선물위원회의 집행기구로서 검사 대상 금융기관의 업무 및 재산 상황에 대하여 검사 및 제재를 할 수 있다.

3) 기타 기관

기획재정부, 한국은행, 예금보험공사 등에서 규제 및 감독 기능을 하고 있다.

(3) 형사적 제재

금융법의 위반행위에 대하여 형법과 개별 금융법에서 형사처벌 조항을 두고 있다. 형사처벌은 법에서 명시적으로 규정하고 있는 것에 한정되고 그 절차는 형사소송법에 의한다.

금융시장에서 거래 질서를 교란하는 행위에 대하여 상법과 개별 금융법에서 형법과 별도의 가중된 형사처벌 조항을 두고 있다.

형사처벌은 법률에 명시적인 규정이 있는 경우에 한하고 특히 경제범은 양벌 규정도 두고 있다. 그 절차는 형사소송법에 의한다.

2. 금융거래 분쟁과 구제

(1) 법원 밖에서 해결

1) 조정

당사자가 자율적인 해결이 가장 바람직하지만 여의치 않은 경우는 제3자에게 분쟁해결을 맡길 수 밖에 없다. 제3자에 의한 보다 간이한 구제 방법으로는 금융감독기구설치법에 근거한 금융분쟁조정위원회에 의한 조정이 있다. 이러한 조정은 당사자에 의하여 합의되는 경우 재판상 화해와 동일한 효력이 있다.

2) 금융분쟁조정기구

금융분쟁조정위원회는 [금융위원회의설치등에 관한 법률]에 의해 금융감독원에 설치된 분쟁조정기관이다. 분쟁조정대상기관은 은행, 농협, 수협, 축협, 종합금융회사, 상호저축은행, 신용협동조합, 여신전문금융회사, 증권회사, 투자신탁회사, 선물회사, 보험회사 등이다.

(2) 법원 안에서 해결

법원 안에서 민사적 구제는 법원에서 민사소송법에서 정한 정식 소송 절차에 의하는 것이 원칙이고, 시간과 비용이 많이 요구된다. 특히 소액사건인 경우(소가 3천만 원 이하) 소액사건심판에 따라 신속하게 해결할 수 있다. 특히 증권 관련 집단소송법은 증권의 거래 과정에서 발생한 집단적인 피해를 효율적으로 구제하고 이를 통해 기업의 경영 투명성을 높이기 위해 증권관련집단소송에 대한 민사소송법에 대한 특례를 정하는 것을 목적으로 한다.

부 록

대한민국헌법

[시행 1988. 2. 25.] [헌법 제10호, 1987. 10. 29., 전부개정]

전문

유구한 역사와 전통에 빛나는 우리 대한국민은 3·1운동으로 건립된 대한민국임시정부의 법통과 불의에 항거한 4·19민주이념을 계승하고, 조국의 민주개혁과 평화적 통일의 사명에 입각하여 정의·인도와 동포애로써 민족의 단결을 공고히 하고, 모든 사회적 폐습과 불의를 타파하며, 자율과 조화를 바탕으로 자유민주적 기본질서를 더욱 확고히 하여 정치·경제·사회·문화의 모든 영역에 있어서 각인의 기회를 균등히 하고, 능력을 최고도로 발휘하게 하며, 자유와 권리에 따르는 책임과 의무를 완수하게 하여, 안으로는 국민생활의 균등한 향상을 기하고 밖으로는 항구적인 세계평화와 인류공영에 이바지함으로써 우리들과 우리들의 자손의 안전과 자유와 행복을 영원히 확보할 것을 다짐하면서 1948년 7월 12일에 제정되고 8차에 걸쳐 개정된 헌법을 이제 국회의 의결을 거쳐 국민투표에 의하여 개정한다.
1987년 10월 29일

제1장 총강

제1조 ①대한민국은 민주공화국이다.
②대한민국의 주권은 국민에게 있고, 모든 권력은 국민으로부터 나온다.
제2조 ①대한민국의 국민이 되는 요건은 법률로 정한다.
②국가는 법률이 정하는 바에 의하여 재외국민을 보호할 의무를 진다.
제3조 대한민국의 영토는 한반도와 그 부속도서로 한다.
제4조 대한민국은 통일을 지향하며, 자유민주적 기본질서에 입각한 평화적 통일정책을 수립하고 이를 추진한다.
제5조 ①대한민국은 국제평화의 유지에 노력하고 침략적 전쟁을 부인한다.
②국군은 국가의 안전보장과 국토방위의 신성한 의무를 수행함을 사명으로 하며, 그 정치적 중립성은 준수된다.
제6조 ①헌법에 의하여 체결·공포된 조약과 일반적으로 승인된 국제법규는 국내법과 같은 효력을 가진다.
②외국인은 국제법과 조약이 정하는 바에 의하여 그 지위가 보장된다.
제7조 ①공무원은 국민전체에 대한 봉사자이며, 국민에 대하여 책임을 진다.
②공무원의 신분과 정치적 중립성은 법률이 정하는 바에 의하여 보장된다.
제8조 ①정당의 설립은 자유이며, 복수정당제는 보장된다.
②정당은 그 목적·조직과 활동이 민주적이어야 하며, 국민의 정치적 의사형성에 참여하는데 필요한 조직을 가져야 한다.
③정당은 법률이 정하는 바에 의하여 국가의 보호를 받으며, 국가는 법률이 정하는 바에 의하여 정당운영에 필요한 자금을 보조할 수 있다.
④정당의 목적이나 활동이 민주적 기본질서에 위배될 때에는 정부는 헌법재판소에 그 해산을 제소할 수 있고, 정당은 헌법재판소의 심판에 의하여 해산된다.
제9조 국가는 전통문화의 계승·발전과 민족문화의 창달에 노력하여야 한다.

제2장 국민의 권리와 의무

제10조 모든 국민은 인간으로서의 존엄과 가치를 가지며, 행복을 추구할 권리를 가진다. 국가는 개인이 가지는 불가침의 기본적 인권을 확인하고 이를 보장할 의무를 진다.

제11조 ①모든 국민은 법 앞에 평등하다. 누구든지 성별·종교 또는 사회적 신분에 의하여 정치적·경제적·사회적·문화적 생활의 모든 영역에 있어서 차별을 받지 아니한다.

②사회적 특수계급의 제도는 인정되지 아니하며, 어떠한 형태로도 이를 창설할 수 없다.

③훈장등의 영전은 이를 받은 자에게만 효력이 있고, 어떠한 특권도 이에 따르지 아니한다.

제12조 ①모든 국민은 신체의 자유를 가진다. 누구든지 법률에 의하지 아니하고는 체포·구속·압수·수색 또는 심문을 받지 아니하며, 법률과 적법한 절차에 의하지 아니하고는 처벌·보안처분 또는 강제노역을 받지 아니한다.

②모든 국민은 고문을 받지 아니하며, 형사상 자기에게 불리한 진술을 강요당하지 아니한다.

③체포·구속·압수 또는 수색을 할 때에는 적법한 절차에 따라 검사의 신청에 의하여 법관이 발부한 영장을 제시하여야 한다. 다만, 현행범인인 경우와 장기 3년 이상의 형에 해당하는 죄를 범하고 도피 또는 증거인멸의 염려가 있을 때에는 사후에 영장을 청구할 수 있다.

④누구든지 체포 또는 구속을 당한 때에는 즉시 변호인의 조력을 받을 권리를 가진다. 다만, 형사피고인이 스스로 변호인을 구할 수 없을 때에는 법률이 정하는 바에 의하여 국가가 변호인을 붙인다.

⑤누구든지 체포 또는 구속의 이유와 변호인의 조력을 받을 권리가 있음을 고지받지 아니하고는 체포 또는 구속을 당하지 아니한다. 체포 또는 구속을 당한 자의 가족등 법률이 정하는 자에게는 그 이유와 일시·장소가 지체없이 통지되어야 한다.

⑥누구든지 체포 또는 구속을 당한 때에는 적부의 심사를 법원에 청구할 권리를 가진다.

⑦피고인의 자백이 고문·폭행·협박·구속의 부당한 장기화 또는 기망 기타의 방법에 의하여 자의로 진술된 것이 아니라고 인정될 때 또는 정식재판에 있어서 피고인의 자백이 그에게 불리한 유일한 증거일 때에는 이를 유죄의 증거로 삼거나 이를 이유로 처벌할 수 없다.

제13조 ①모든 국민은 행위시의 법률에 의하여 범죄를 구성하지 아니하는 행위로 소추되지 아니하며, 동일한 범죄에 대하여 거듭 처벌받지 아니한다.

②모든 국민은 소급입법에 의하여 참정권의 제한을 받거나 재산권을 박탈당하지 아니한다.

③모든 국민은 자기의 행위가 아닌 친족의 행위로 인하여 불이익한 처우를 받지 아니한다.

제14조 모든 국민은 거주·이전의 자유를 가진다.

제15조 모든 국민은 직업선택의 자유를 가진다.

제16조 모든 국민은 주거의 자유를 침해받지 아니한다. 주거에 대한 압수나 수색을 할 때에는 검사의 신청에 의하여 법관이 발부한 영장을 제시하여야 한다.

제17조 모든 국민은 사생활의 비밀과 자유를 침해받지 아니한다.

제18조 모든 국민은 통신의 비밀을 침해받지 아니한다.

제19조 모든 국민은 양심의 자유를 가진다.

제20조 ①모든 국민은 종교의 자유를 가진다.

②국교는 인정되지 아니하며, 종교와 정치는 분리된다.

제21조 ①모든 국민은 언론·출판의 자유와 집회·결사의 자유를 가진다.

②언론·출판에 대한 허가나 검열과 집회·결사에 대한 허가는 인정되지 아니한다.

③통신·방송의 시설기준과 신문의 기능을 보장하기 위하여 필요한 사항은 법률로 정한다.

④언론·출판은 타인의 명예나 권리 또는 공중도덕이나 사회윤리를 침해하여서는 아니된다. 언론·출판이 타인의 명예나 권리를 침해한 때에는 피해자는 이에 대한 피해의 배상을 청구할 수 있다.

제22조 ①모든 국민은 학문과 예술의 자유를 가진다.

②저작자·발명가·과학기술자와 예술가의 권리는 법률로써 보호한다.

제23조 ①모든 국민의 재산권은 보장된다. 그 내용과 한계는 법률로 정한다.

②재산권의 행사는 공공복리에 적합하도록 하여야 한다.

③공공필요에 의한 재산권의 수용·사용 또는 제한 및 그에 대한 보상은 법률로써 하되, 정당한 보상을 지급하여야 한다.

제24조 모든 국민은 법률이 정하는 바에 의하여 선거권을 가진다.

제25조 모든 국민은 법률이 정하는 바에 의하여 공무담임권을 가진다.

제26조 ①모든 국민은 법률이 정하는 바에 의하여 국가기관에 문서로 청원할 권리를 가진다.
②국가는 청원에 대하여 심사할 의무를 진다.

제27조 ①모든 국민은 헌법과 법률이 정한 법관에 의하여 법률에 의한 재판을 받을 권리를 가진다.
②군인 또는 군무원이 아닌 국민은 대한민국의 영역 안에서는 중대한 군사상 기밀·초병·초소·유독음식물공급·포로·군용물에 관한 죄중 법률이 정한 경우와 비상계엄이 선포된 경우를 제외하고는 군사법원의 재판을 받지 아니한다.
③모든 국민은 신속한 재판을 받을 권리를 가진다. 형사피고인은 상당한 이유가 없는 한 지체없이 공개재판을 받을 권리를 가진다.
④형사피고인은 유죄의 판결이 확정될 때까지는 무죄로 추정된다.
⑤형사피해자는 법률이 정하는 바에 의하여 당해 사건의 재판절차에서 진술할 수 있다.

제28조 형사피의자 또는 형사피고인으로서 구금되었던 자가 법률이 정하는 불기소처분을 받거나 무죄판결을 받은 때에는 법률이 정하는 바에 의하여 국가에 정당한 보상을 청구할 수 있다.

제29조 ①공무원의 직무상 불법행위로 손해를 받은 국민은 법률이 정하는 바에 의하여 국가 또는 공공단체에 정당한 배상을 청구할 수 있다. 이 경우 공무원 자신의 책임은 면제되지 아니한다.
②군인·군무원·경찰공무원 기타 법률이 정하는 자가 전투·훈련등 직무집행과 관련하여 받은 손해에 대하여는 법률이 정하는 보상 외에 국가 또는 공공단체에 공무원의 직무상 불법행위로 인한 배상은 청구할 수 없다.

제30조 타인의 범죄행위로 인하여 생명·신체에 대한 피해를 받은 국민은 법률이 정하는 바에 의하여 국가로부터 구조를 받을 수 있다.

제31조 ①모든 국민은 능력에 따라 균등하게 교육을 받을 권리를 가진다.
②모든 국민은 그 보호하는 자녀에게 적어도 초등교육과 법률이 정하는 교육을 받게 할 의무를 진다.
③의무교육은 무상으로 한다.
④교육의 자주성·전문성·정치적 중립성 및 대학의 자율성은 법률이 정하는 바에 의하여 보장된다.
⑤국가는 평생교육을 진흥하여야 한다.
⑥학교교육 및 평생교육을 포함한 교육제도와 그 운영, 교육재정 및 교원의 지위에 관한 기본적인 사항은 법률로 정한다.

제32조 ①모든 국민은 근로의 권리를 가진다. 국가는 사회적·경제적 방법으로 근로자의 고용의 증진과 적정임금의 보장에 노력하여야 하며, 법률이 정하는 바에 의하여 최저임금제를 시행하여야 한다.
②모든 국민은 근로의 의무를 진다. 국가는 근로의 의무의 내용과 조건을 민주주의원칙에 따라 법률로 정한다.
③근로조건의 기준은 인간의 존엄성을 보장하도록 법률로 정한다.
④여자의 근로는 특별한 보호를 받으며, 고용·임금 및 근로조건에 있어서 부당한 차별을 받지 아니한다.
⑤연소자의 근로는 특별한 보호를 받는다.
⑥국가유공자·상이군경 및 전몰군경의 유가족은 법률이 정하는 바에 의하여 우선적으로 근로의 기회를 부여받는다.

제33조 ①근로자는 근로조건의 향상을 위하여 자주적인 단결권·단체교섭권 및 단체행동권을 가진다.
②공무원인 근로자는 법률이 정하는 자에 한하여 단결권·단체교섭권 및 단체행동권을 가진다.
③법률이 정하는 주요방위산업체에 종사하는 근로자의 단체행동권은 법률이 정하는 바에 의하여 이를 제한하거나 인정하지 아니할 수 있다.

제34조 ①모든 국민은 인간다운 생활을 할 권리를 가진다.
②국가는 사회보장·사회복지의 증진에 노력할 의무를 진다.
③국가는 여자의 복지와 권익의 향상을 위하여 노력하여야 한다.
④국가는 노인과 청소년의 복지향상을 위한 정책을 실시할 의무를 진다.
⑤신체장애자 및 질병·노령 기타의 사유로 생활능력이 없는 국민은 법률이 정하는 바에 의하여 국가의 보호를 받는다.
⑥국가는 재해를 예방하고 그 위험으로부터 국민을 보호하기 위하여 노력하여야 한다.

제35조 ①모든 국민은 건강하고 쾌적한 환경에서 생활할 권리를 가지며, 국가와 국민은 환경보전을 위하여 노

력하여야 한다.

②환경권의 내용과 행사에 관하여는 법률로 정한다.

③국가는 주택개발정책등을 통하여 모든 국민이 쾌적한 주거생활을 할 수 있도록 노력하여야 한다.

제36조 ①혼인과 가족생활은 개인의 존엄과 양성의 평등을 기초로 성립되고 유지되어야 하며, 국가는 이를 보장한다.

②국가는 모성의 보호를 위하여 노력하여야 한다.

③모든 국민은 보건에 관하여 국가의 보호를 받는다.

제37조 ①국민의 자유와 권리는 헌법에 열거되지 아니한 이유로 경시되지 아니한다.

②국민의 모든 자유와 권리는 국가안전보장·질서유지 또는 공공복리를 위하여 필요한 경우에 한하여 법률로써 제한할 수 있으며, 제한하는 경우에도 자유와 권리의 본질적인 내용을 침해할 수 없다.

제38조 모든 국민은 법률이 정하는 바에 의하여 납세의 의무를 진다.

제39조 ①모든 국민은 법률이 정하는 바에 의하여 국방의 의무를 진다.

②누구든지 병역의무의 이행으로 인하여 불이익한 처우를 받지 아니한다.

제3장 국회

제40조 입법권은 국회에 속한다.

제41조 ①국회는 국민의 보통·평등·직접·비밀선거에 의하여 선출된 국회의원으로 구성한다.

②국회의원의 수는 법률로 정하되, 200인 이상으로 한다.

③국회의원의 선거구와 비례대표제 기타 선거에 관한 사항은 법률로 정한다.

제42조 국회의원의 임기는 4년으로 한다.

제43조 국회의원은 법률이 정하는 직을 겸할 수 없다.

제44조 ①국회의원은 현행범인인 경우를 제외하고는 회기 중 국회의 동의없이 체포 또는 구금되지 아니한다.

②국회의원이 회기 전에 체포 또는 구금된 때에는 현행범인이 아닌 한 국회의 요구가 있으면 회기 중 석방된다.

제45조 국회의원은 국회에서 직무상 행한 발언과 표결에 관하여 국회 외에서 책임을 지지 아니한다.

제46조 ①국회의원은 청렴의 의무가 있다.

②국회의원은 국가이익을 우선하여 양심에 따라 직무를 행한다.

③국회의원은 그 지위를 남용하여 국가·공공단체 또는 기업체와의 계약이나 그 처분에 의하여 재산상의 권리·이익 또는 직위를 취득하거나 타인을 위하여 그 취득을 알선할 수 없다.

제47조 ①국회의 정기회는 법률이 정하는 바에 의하여 매년 1회 집회되며, 국회의 임시회는 대통령 또는 국회재적의원 4분의 1 이상의 요구에 의하여 집회된다.

②정기회의 회기는 100일을, 임시회의 회기는 30일을 초과할 수 없다.

③대통령이 임시회의 집회를 요구할 때에는 기간과 집회요구의 이유를 명시하여야 한다.

제48조 국회는 의장 1인과 부의장 2인을 선출한다.

제49조 국회는 헌법 또는 법률에 특별한 규정이 없는 한 재적의원 과반수의 출석과 출석의원 과반수의 찬성으로 의결한다. 가부동수인 때에는 부결된 것으로 본다.

제50조 ①국회의 회의는 공개한다. 다만, 출석의원 과반수의 찬성이 있거나 의장이 국가의 안전보장을 위하여 필요하다고 인정할 때에는 공개하지 아니할 수 있다.

②공개하지 아니한 회의내용의 공표에 관하여는 법률이 정하는 바에 의한다.

제51조 국회에 제출된 법률안 기타의 의안은 회기 중에 의결되지 못한 이유로 폐기되지 아니한다. 다만, 국회의원의 임기가 만료된 때에는 그러하지 아니하다.

제52조 국회의원과 정부는 법률안을 제출할 수 있다.

제53조 ①국회에서 의결된 법률안은 정부에 이송되어 15일 이내에 대통령이 공포한다.

②법률안에 이의가 있을 때에는 대통령은 제1항의 기간내에 이의서를 붙여 국회로 환부하고, 그 재의를 요구할 수 있다. 국회의 폐회 중에도 또한 같다.

③대통령은 법률안의 일부에 대하여 또는 법률안을 수정하여 재의를 요구할 수 없다.

④재의의 요구가 있을 때에는 국회는 재의에 붙이고, 재적의원 과반수의 출석과 출석의원 3분의 2 이

상의 찬성으로 전과 같은 의결을 하면 그 법률안은 법률로서 확정된다.

⑤대통령이 제1항의 기간 내에 공포나 재의의 요구를 하지 아니한 때에도 그 법률안은 법률로서 확정된다.

⑥대통령은 제4항과 제5항의 규정에 의하여 확정된 법률을 지체없이 공포하여야 한다. 제5항에 의하여 법률이 확정된 후 또는 제4항에 의한 확정법률이 정부에 이송된 후 5일 이내에 대통령이 공포하지 아니할 때에는 국회의장이 이를 공포한다.

⑦법률은 특별한 규정이 없는 한 공포한 날로부터 20일을 경과함으로써 효력을 발생한다.

제54조 ①국회는 국가의 예산안을 심의·확정한다.

②정부는 회계연도마다 예산안을 편성하여 회계연도 개시 90일 전까지 국회에 제출하고, 국회는 회계연도 개시 30일 전까지 이를 의결하여야 한다.

③새로운 회계연도가 개시될 때까지 예산안이 의결되지 못한 때에는 정부는 국회에서 예산안이 의결될 때까지 다음의 목적을 위한 경비는 전년도 예산에 준하여 집행할 수 있다.

1. 헌법이나 법률에 의하여 설치된 기관 또는 시설의 유지·운영
2. 법률상 지출의무의 이행
3. 이미 예산으로 승인된 사업의 계속

제55조 ①한 회계연도를 넘어 계속하여 지출할 필요가 있을 때에는 정부는 연한을 정하여 계속비로서 국회의 의결을 얻어야 한다.

②예비비는 총액으로 국회의 의결을 얻어야 한다. 예비비의 지출은 차기국회의 승인을 얻어야 한다.

제56조 정부는 예산에 변경을 가할 필요가 있을 때에는 추가경정예산안을 편성하여 국회에 제출할 수 있다.

제57조 국회는 정부의 동의 없이 정부가 제출한 지출예산 각항의 금액을 증가하거나 새 비목을 설치할 수 없다.

제58조 국채를 모집하거나 예산 외에 국가의 부담이 될 계약을 체결하려 할 때에는 정부는 미리 국회의 의결을 얻어야 한다.

제59조 조세의 종목과 세율은 법률로 정한다.

제60조 ①국회는 상호원조 또는 안전보장에 관한 조약, 중요한 국제조직에 관한 조약, 우호통상항해조약, 주권의 제약에 관한 조약, 강화조약, 국가나 국민에게 중대한 재정적 부담을 지우는 조약 또는 입법사항에 관한 조약의 체결·비준에 대한 동의권을 가진다.

②국회는 선전포고, 국군의 외국에의 파견 또는 외국군대의 대한민국 영역 안에서의 주류에 대한 동의권을 가진다.

제61조 ①국회는 국정을 감사하거나 특정한 국정사안에 대하여 조사할 수 있으며, 이에 필요한 서류의 제출 또는 증인의 출석과 증언이나 의견의 진술을 요구할 수 있다.

②국정감사 및 조사에 관한 절차 기타 필요한 사항은 법률로 정한다.

제62조 ①국무총리·국무위원 또는 정부위원은 국회나 그 위원회에 출석하여 국정처리상황을 보고하거나 의견을 진술하고 질문에 응답할 수 있다.

②국회나 그 위원회의 요구가 있을 때에는 국무총리·국무위원 또는 정부위원은 출석·답변하여야 하며, 국무총리 또는 국무위원이 출석요구를 받은 때에는 국무위원 또는 정부위원으로 하여금 출석·답변하게 할 수 있다.

제63조 ①국회는 국무총리 또는 국무위원의 해임을 대통령에게 건의할 수 있다.

②제1항의 해임건의는 국회재적의원 3분의 1 이상의 발의에 의하여 국회재적의원 과반수의 찬성이 있어야 한다.

제64조 ①국회는 법률에 저촉되지 아니하는 범위 안에서 의사와 내부규율에 관한 규칙을 제정할 수 있다.

②국회는 의원의 자격을 심사하며, 의원을 징계할 수 있다.

③의원을 제명하려면 국회재적의원 3분의 2 이상의 찬성이 있어야 한다.

④제2항과 제3항의 처분에 대하여는 법원에 제소할 수 없다.

제65조 ①대통령·국무총리·국무위원·행정각부의 장·헌법재판소 재판관·법관·중앙선거관리위원회 위원·감사원장·감사위원 기타 법률이 정한 공무원이 그 직무집행에 있어서 헌법이나 법률을 위배한 때에는 국회는 탄핵의 소추를 의결할 수 있다.

②제1항의 탄핵소추는 국회재적의원 3분의 1 이상의 발의가 있어야 하며, 그 의결은 국회재적의원 과반수의 찬성이 있어야 한다. 다만, 대통령에 대한 탄핵소추는 국회재적의원 과반수의 발의와 국회재

적의원 3분의 2 이상의 찬성이 있어야 한다.

③탄핵소추의 의결을 받은 자는 탄핵심판이 있을 때까지 그 권한행사가 정지된다.

④탄핵결정은 공직으로부터 파면함에 그친다. 그러나, 이에 의하여 민사상이나 형사상의 책임이 면제되지는 아니한다.

제4장 정부

제1절 대통령

제66조 ①대통령은 국가의 원수이며, 외국에 대하여 국가를 대표한다.

②대통령은 국가의 독립·영토의 보전·국가의 계속성과 헌법을 수호할 책무를 진다.

③대통령은 조국의 평화적 통일을 위한 성실한 의무를 진다.

④행정권은 대통령을 수반으로 하는 정부에 속한다.

제67조 ①대통령은 국민의 보통·평등·직접·비밀선거에 의하여 선출한다.

②제1항의 선거에 있어서 최고득표자가 2인 이상인 때에는 국회의 재적의원 과반수가 출석한 공개회의에서 다수표를 얻은 자를 당선자로 한다.

③대통령후보자가 1인일 때에는 그 득표수가 선거권자 총수의 3분의 1 이상이 아니면 대통령으로 당선될 수 없다.

④대통령으로 선거될 수 있는 자는 국회의원의 피선거권이 있고 선거일 현재 40세에 달하여야 한다.

⑤대통령의 선거에 관한 사항은 법률로 정한다.

제68조 ①대통령의 임기가 만료되는 때에는 임기만료 70일 내지 40일 전에 후임자를 선거한다.

②대통령이 궐위된 때 또는 대통령 당선자가 사망하거나 판결 기타의 사유로 그 자격을 상실한 때에는 60일 이내에 후임자를 선거한다.

제69조 대통령은 취임에 즈음하여 다음의 선서를 한다.

"나는 헌법을 준수하고 국가를 보위하며 조국의 평화적 통일과 국민의 자유와 복리의 증진 및 민족문화의 창달에 노력하여 대통령으로서의 직책을 성실히 수행할 것을 국민 앞에 엄숙히 선서합니다."

제70조 대통령의 임기는 5년으로 하며, 중임할 수 없다.

제71조 대통령이 궐위되거나 사고로 인하여 직무를 수행할 수 없을 때에는 국무총리, 법률이 정한 국무위원의 순서로 그 권한을 대행한다.

제72조 대통령은 필요하다고 인정할 때에는 외교·국방·통일 기타 국가안위에 관한 중요정책을 국민투표에 붙일 수 있다.

제73조 대통령은 조약을 체결·비준하고, 외교사절을 신임·접수 또는 파견하며, 선전포고와 강화를 한다.

제74조 ①대통령은 헌법과 법률이 정하는 바에 의하여 국군을 통수한다.

②국군의 조직과 편성은 법률로 정한다.

제75조 대통령은 법률에서 구체적으로 범위를 정하여 위임받은 사항과 법률을 집행하기 위하여 필요한 사항에 관하여 대통령령을 발할 수 있다.

제76조 ①대통령은 내우·외환·천재·지변 또는 중대한 재정·경제상의 위기에 있어서 국가의 안전보장 또는 공공의 안녕질서를 유지하기 위하여 긴급한 조치가 필요하고 국회의 집회를 기다릴 여유가 없을 때에 한하여 최소한으로 필요한 재정·경제상의 처분을 하거나 이에 관하여 법률의 효력을 가지는 명령을 발할 수 있다.

②대통령은 국가의 안위에 관계되는 중대한 교전상태에 있어서 국가를 보위하기 위하여 긴급한 조치가 필요하고 국회의 집회가 불가능한 때에 한하여 법률의 효력을 가지는 명령을 발할 수 있다.

③대통령은 제1항과 제2항의 처분 또는 명령을 한 때에는 지체없이 국회에 보고하여 그 승인을 얻어야 한다.

④제3항의 승인을 얻지 못한 때에는 그 처분 또는 명령은 그때부터 효력을 상실한다. 이 경우 그 명령에 의하여 개정 또는 폐지되었던 법률은 그 명령이 승인을 얻지 못한 때부터 당연히 효력을 회복한다.

⑤대통령은 제3항과 제4항의 사유를 지체없이 공포하여야 한다.

제77조 ①대통령은 전시·사변 또는 이에 준하는 국가비상사태에 있어서 병력으로써 군사상의 필요에 응하거

나 공공의 안녕질서를 유지할 필요가 있을 때에는 법률이 정하는 바에 의하여 계엄을 선포할 수 있다.

②계엄은 비상계엄과 경비계엄으로 한다.

③비상계엄이 선포된 때에는 법률이 정하는 바에 의하여 영장제도, 언론·출판·집회·결사의 자유, 정부나 법원의 권한에 관하여 특별한 조치를 할 수 있다.

④계엄을 선포한 때에는 대통령은 지체없이 국회에 통고하여야 한다.

⑤국회가 재적의원 과반수의 찬성으로 계엄의 해제를 요구한 때에는 대통령은 이를 해제하여야 한다.

제78조 대통령은 헌법과 법률이 정하는 바에 의하여 공무원을 임면한다.

제79조 ①대통령은 법률이 정하는 바에 의하여 사면·감형 또는 복권을 명할 수 있다.

②일반사면을 명하려면 국회의 동의를 얻어야 한다.

③사면·감형 및 복권에 관한 사항은 법률로 정한다.

제80조 대통령은 법률이 정하는 바에 의하여 훈장 기타의 영전을 수여한다.

제81조 대통령은 국회에 출석하여 발언하거나 서한으로 의견을 표시할 수 있다.

제82조 대통령의 국법상 행위는 문서로써 하며, 이 문서에는 국무총리와 관계 국무위원이 부서한다. 군사에 관한 것도 또한 같다.

제83조 대통령은 국무총리·국무위원·행정각부의 장 기타 법률이 정하는 공사의 직을 겸할 수 없다.

제84조 대통령은 내란 또는 외환의 죄를 범한 경우를 제외하고는 재직 중 형사상의 소추를 받지 아니한다.

제85조 전직대통령의 신분과 예우에 관하여는 법률로 정한다.

제2절 행정부

제1관 국무총리와 국무위원

제86조 ①국무총리는 국회의 동의를 얻어 대통령이 임명한다.

②국무총리는 대통령을 보좌하며, 행정에 관하여 대통령의 명을 받아 행정각부를 통할한다.

③군인은 현역을 면한 후가 아니면 국무총리로 임명될 수 없다.

제87조 ①국무위원은 국무총리의 제청으로 대통령이 임명한다.

②국무위원은 국정에 관하여 대통령을 보좌하며, 국무회의의 구성원으로서 국정을 심의한다.

③국무총리는 국무위원의 해임을 대통령에게 건의할 수 있다.

④군인은 현역을 면한 후가 아니면 국무위원으로 임명될 수 없다.

제2관 국무회의

제88조 ①국무회의는 정부의 권한에 속하는 중요한 정책을 심의한다.

②국무회의는 대통령·국무총리와 15인 이상 30인 이하의 국무위원으로 구성한다.

③대통령은 국무회의의 의장이 되고, 국무총리는 부의장이 된다.

제89조 다음 사항은 국무회의의 심의를 거쳐야 한다.

1. 국정의 기본계획과 정부의 일반정책
2. 선전·강화 기타 중요한 대외정책
3. 헌법개정안·국민투표안·조약안·법률안 및 대통령령안
4. 예산안·결산·국유재산처분의 기본계획·국가의 부담이 될 계약 기타 재정에 관한 중요사항
5. 대통령의 긴급명령·긴급재정경제처분 및 명령 또는 계엄과 그 해제
6. 군사에 관한 중요사항
7. 국회의 임시회 집회의 요구
8. 영전수여
9. 사면·감형과 복권
10. 행정각부간의 권한의 획정
11. 정부 안의 권한의 위임 또는 배정에 관한 기본계획
12. 국정처리상황의 평가·분석
13. 행정각부의 중요한 정책의 수립과 조정
14. 정당해산의 제소

15. 정부에 제출 또는 회부된 정부의 정책에 관계되는 청원의 심사
16. 검찰총장·합동참모의장·각군참모총장·국립대학교총장·대사 기타 법률이 정한 공무원과 국영기업체관리자의 임명
17. 기타 대통령·국무총리 또는 국무위원이 제출한 사항

제90조 ①국정의 중요한 사항에 관한 대통령의 자문에 응하기 위하여 국가원로로 구성되는 국가원로자문회의를 둘 수 있다.
②국가원로자문회의의 의장은 직전대통령이 된다. 다만, 직전대통령이 없을 때에는 대통령이 지명한다.
③국가원로자문회의의 조직·직무범위 기타 필요한 사항은 법률로 정한다.

제91조 ①국가안전보장에 관련되는 대외정책·군사정책과 국내정책의 수립에 관하여 국무회의의 심의에 앞서 대통령의 자문에 응하기 위하여 국가안전보장회의를 둔다.
②국가안전보장회의는 대통령이 주재한다.
③국가안전보장회의의 조직·직무범위 기타 필요한 사항은 법률로 정한다.

제92조 ①평화통일정책의 수립에 관한 대통령의 자문에 응하기 위하여 민주평화통일자문회의를 둘 수 있다.
②민주평화통일자문회의의 조직·직무범위 기타 필요한 사항은 법률로 정한다.

제93조 ①국민경제의 발전을 위한 중요정책의 수립에 관하여 대통령의 자문에 응하기 위하여 국민경제자문회의를 둘 수 있다.
②국민경제자문회의의 조직·직무범위 기타 필요한 사항은 법률로 정한다.

제3관 행정각부

제94조 행정각부의 장은 국무위원 중에서 국무총리의 제청으로 대통령이 임명한다.

제95조 국무총리 또는 행정각부의 장은 소관사무에 관하여 법률이나 대통령령의 위임 또는 직권으로 총리령 또는 부령을 발할 수 있다.

제96조 행정각부의 설치·조직과 직무범위는 법률로 정한다.

제4관 감사원

제97조 국가의 세입·세출의 결산, 국가 및 법률이 정한 단체의 회계검사와 행정기관 및 공무원의 직무에 관한 감찰을 하기 위하여 대통령 소속하에 감사원을 둔다.

제98조 ①감사원은 원장을 포함한 5인 이상 11인 이하의 감사위원으로 구성한다.
②원장은 국회의 동의를 얻어 대통령이 임명하고, 그 임기는 4년으로 하며, 1차에 한하여 중임할 수 있다.
③감사위원은 원장의 제청으로 대통령이 임명하고, 그 임기는 4년으로 하며, 1차에 한하여 중임할 수 있다.

제99조 감사원은 세입·세출의 결산을 매년 검사하여 대통령과 차년도국회에 그 결과를 보고하여야 한다.

제100조 감사원의 조직·직무범위·감사위원의 자격·감사대상공무원의 범위 기타 필요한 사항은 법률로 정한다.

제5장 법원

제101조 ①사법권은 법관으로 구성된 법원에 속한다.
②법원은 최고법원인 대법원과 각급법원으로 조직된다.
③법관의 자격은 법률로 정한다.

제102조 ①대법원에 부를 둘 수 있다.
②대법원에 대법관을 둔다. 다만, 법률이 정하는 바에 의하여 대법관이 아닌 법관을 둘 수 있다.
③대법원과 각급법원의 조직은 법률로 정한다.

제103조 법관은 헌법과 법률에 의하여 그 양심에 따라 독립하여 심판한다.

제104조 ①대법원장은 국회의 동의를 얻어 대통령이 임명한다.
②대법관은 대법원장의 제청으로 국회의 동의를 얻어 대통령이 임명한다.

③대법원장과 대법관이 아닌 법관은 대법관회의의 동의를 얻어 대법원장이 임명한다.

제105조 ①대법원장의 임기는 6년으로 하며, 중임할 수 없다.

②대법관의 임기는 6년으로 하며, 법률이 정하는 바에 의하여 연임할 수 있다.

③대법원장과 대법관이 아닌 법관의 임기는 10년으로 하며, 법률이 정하는 바에 의하여 연임할 수 있다.

④법관의 정년은 법률로 정한다.

제106조 ①법관은 탄핵 또는 금고 이상의 형의 선고에 의하지 아니하고는 파면되지 아니하며, 징계처분에 의하지 아니하고는 정직·감봉 기타 불리한 처분을 받지 아니한다.

②법관이 중대한 심신상의 장해로 직무를 수행할 수 없을 때에는 법률이 정하는 바에 의하여 퇴직하게 할 수 있다.

제107조 ①법률이 헌법에 위반되는 여부가 재판의 전제가 된 경우에는 법원은 헌법재판소에 제청하여 그 심판에 의하여 재판한다.

②명령·규칙 또는 처분이 헌법이나 법률에 위반되는 여부가 재판의 전제가 된 경우에는 대법원은 이를 최종적으로 심사할 권한을 가진다.

③재판의 전심절차로서 행정심판을 할 수 있다. 행정심판의 절차는 법률로 정하되, 사법절차가 준용되어야 한다.

제108조 대법원은 법률에 저촉되지 아니하는 범위 안에서 소송에 관한 절차, 법원의 내부규율과 사무처리에 관한 규칙을 제정할 수 있다.

제109조 재판의 심리와 판결은 공개한다. 다만, 심리는 국가의 안전보장 또는 안녕질서를 방해하거나 선량한 풍속을 해할 염려가 있을 때에는 법원의 결정으로 공개하지 아니할 수 있다.

제110조 ①군사재판을 관할하기 위하여 특별법원으로서 군사법원을 둘 수 있다.

②군사법원의 상고심은 대법원에서 관할한다.

③군사법원의 조직·권한 및 재판관의 자격은 법률로 정한다.

④비상계엄하의 군사재판은 군인·군무원의 범죄나 군사에 관한 간첩죄의 경우와 초병·초소·유독음식물공급·포로에 관한 죄 중 법률이 정한 경우에 한하여 단심으로 할 수 있다. 다만, 사형을 선고한 경우에는 그러하지 아니하다.

제6장 헌법재판소

제111조 ①헌법재판소는 다음 사항을 관장한다.

1. 법원의 제청에 의한 법률의 위헌여부 심판
2. 탄핵의 심판
3. 정당의 해산 심판
4. 국가기관 상호간, 국가기관과 지방자치단체간 및 지방자치단체 상호간의 권한쟁의에 관한 심판
5. 법률이 정하는 헌법소원에 관한 심판

②헌법재판소는 법관의 자격을 가진 9인의 재판관으로 구성하며, 재판관은 대통령이 임명한다.

③제2항의 재판관중 3인은 국회에서 선출하는 자를, 3인은 대법원장이 지명하는 자를 임명한다.

④헌법재판소의 장은 국회의 동의를 얻어 재판관 중에서 대통령이 임명한다.

제112조 ①헌법재판소 재판관의 임기는 6년으로 하며, 법률이 정하는 바에 의하여 연임할 수 있다.

②헌법재판소 재판관은 정당에 가입하거나 정치에 관여할 수 없다.

③헌법재판소 재판관은 탄핵 또는 금고 이상의 형의 선고에 의하지 아니하고는 파면되지 아니한다.

제113조 ①헌법재판소에서 법률의 위헌결정, 탄핵의 결정, 정당해산의 결정 또는 헌법소원에 관한 인용결정을 할 때에는 재판관 6인 이상의 찬성이 있어야 한다.

②헌법재판소는 법률에 저촉되지 아니하는 범위 안에서 심판에 관한 절차, 내부규율과 사무처리에 관한 규칙을 제정할 수 있다.

③헌법재판소의 조직과 운영 기타 필요한 사항은 법률로 정한다.

제7장 선거관리

제114조 ①선거와 국민투표의 공정한 관리 및 정당에 관한 사무를 처리하기 위하여 선거관리위원회를 둔다.
②중앙선거관리위원회는 대통령이 임명하는 3인, 국회에서 선출하는 3인과 대법원장이 지명하는 3인의 위원으로 구성한다. 위원장은 위원 중에서 호선한다.
③위원의 임기는 6년으로 한다.
④위원은 정당에 가입하거나 정치에 관여할 수 없다.
⑤위원은 탄핵 또는 금고 이상의 형의 선고에 의하지 아니하고는 파면되지 아니한다.
⑥중앙선거관리위원회는 법령의 범위 안에서 선거관리·국민투표관리 또는 정당사무에 관한 규칙을 제정할 수 있으며, 법률에 저촉되지 아니하는 범위 안에서 내부규율에 관한 규칙을 제정할 수 있다.
⑦각급 선거관리위원회의 조직·직무범위 기타 필요한 사항은 법률로 정한다.

제115조 ①각급 선거관리위원회는 선거인명부의 작성 등 선거사무와 국민투표사무에 관하여 관계 행정기관에 필요한 지시를 할 수 있다.
②제1항의 지시를 받은 당해 행정기관은 이에 응하여야 한다.

제116조 ①선거운동은 각급 선거관리위원회의 관리하에 법률이 정하는 범위 안에서 하되, 균등한 기회가 보장되어야 한다.
②선거에 관한 경비는 법률이 정하는 경우를 제외하고는 정당 또는 후보자에게 부담시킬 수 없다.

제8장 지방자치

제117조 ①지방자치단체는 주민의 복리에 관한 사무를 처리하고 재산을 관리하며, 법령의 범위 안에서 자치에 관한 규정을 제정할 수 있다.
②지방자치단체의 종류는 법률로 정한다.

제118조 ①지방자치단체에 의회를 둔다.
②지방의회의 조직·권한·의원선거와 지방자치단체의 장의 선임방법 기타 지방자치단체의 조직과 운영에 관한 사항은 법률로 정한다.

제9장 경제

제119조 ①대한민국의 경제질서는 개인과 기업의 경제상의 자유와 창의를 존중함을 기본으로 한다.
②국가는 균형있는 국민경제의 성장 및 안정과 적정한 소득의 분배를 유지하고, 시장의 지배와 경제력의 남용을 방지하며, 경제주체간의 조화를 통한 경제의 민주화를 위하여 경제에 관한 규제와 조정을 할 수 있다.

제120조 ①광물 기타 중요한 지하자원·수산자원·수력과 경제상 이용할 수 있는 자연력은 법률이 정하는 바에 의하여 일정한 기간 그 채취·개발 또는 이용을 특허할 수 있다.
②국토와 자원은 국가의 보호를 받으며, 국가는 그 균형있는 개발과 이용을 위하여 필요한 계획을 수립한다.

제121조 ①국가는 농지에 관하여 경자유전의 원칙이 달성될 수 있도록 노력하여야 하며, 농지의 소작제도는 금지된다.
②농업생산성의 제고와 농지의 합리적인 이용을 위하거나 불가피한 사정으로 발생하는 농지의 임대차와 위탁경영은 법률이 정하는 바에 의하여 인정된다.

제122조 국가는 국민 모두의 생산 및 생활의 기반이 되는 국토의 효율적이고 균형있는 이용·개발과 보전을 위하여 법률이 정하는 바에 의하여 그에 관한 필요한 제한과 의무를 과할 수 있다.

제123조 ①국가는 농업 및 어업을 보호·육성하기 위하여 농·어촌종합개발과 그 지원등 필요한 계획을 수립·시행하여야 한다.
②국가는 지역간의 균형있는 발전을 위하여 지역경제를 육성할 의무를 진다.
③국가는 중소기업을 보호·육성하여야 한다.
④국가는 농수산물의 수급균형과 유통구조의 개선에 노력하여 가격안정을 도모함으로써 농·어민의

이익을 보호한다.

⑤국가는 농·어민과 중소기업의 자조조직을 육성하여야 하며, 그 자율적 활동과 발전을 보장한다.

제124조 국가는 건전한 소비행위를 계도하고 생산품의 품질향상을 촉구하기 위한 소비자보호운동을 법률이 정하는 바에 의하여 보장한다.

제125조 국가는 대외무역을 육성하며, 이를 규제·조정할 수 있다.

제126조 국방상 또는 국민경제상 긴절한 필요로 인하여 법률이 정하는 경우를 제외하고는, 사영기업을 국유 또는 공유로 이전하거나 그 경영을 통제 또는 관리할 수 없다.

제127조 ①국가는 과학기술의 혁신과 정보 및 인력의 개발을 통하여 국민경제의 발전에 노력하여야 한다.

②국가는 국가표준제도를 확립한다.

③대통령은 제1항의 목적을 달성하기 위하여 필요한 자문기구를 둘 수 있다.

제10장 헌법개정

제128조 ①헌법개정은 국회재적의원 과반수 또는 대통령의 발의로 제안된다.

②대통령의 임기연장 또는 중임변경을 위한 헌법개정은 그 헌법개정 제안 당시의 대통령에 대하여는 효력이 없다.

제129조 제안된 헌법개정안은 대통령이 20일 이상의 기간 이를 공고하여야 한다.

제130조 ①국회는 헌법개정안이 공고된 날로부터 60일 이내에 의결하여야 하며, 국회의 의결은 재적의원 3분의 2 이상의 찬성을 얻어야 한다.

②헌법개정안은 국회가 의결한 후 30일 이내에 국민투표에 붙여 국회의원선거권자 과반수의 투표와 투표자 과반수의 찬성을 얻어야 한다.

③헌법개정안이 제2항의 찬성을 얻은 때에는 헌법개정은 확정되며, 대통령은 즉시 이를 공포하여야 한다.

부칙〈제10호, 1987. 10. 29.〉

제1조 이 헌법은 1988년 2월 25일부터 시행한다. 다만, 이 헌법을 시행하기 위하여 필요한 법률의 제정·개정과 이 헌법에 의한 대통령 및 국회의원의 선거 기타 이 헌법시행에 관한 준비는 이 헌법시행 전에 할 수 있다.

제2조 ①이 헌법에 의한 최초의 대통령선거는 이 헌법시행일 40일 전까지 실시한다.

②이 헌법에 의한 최초의 대통령의 임기는 이 헌법시행일로부터 개시한다.

제3조 ①이 헌법에 의한 최초의 국회의원선거는 이 헌법공포일로부터 6월 이내에 실시하며, 이 헌법에 의하여 선출된 최초의 국회의원의 임기는 국회의원선거후 이 헌법에 의한 국회의 최초의 집회일로부터 개시한다.

②이 헌법공포 당시의 국회의원의 임기는 제1항에 의한 국회의 최초의 집회일 전일까지로 한다.

제4조 ①이 헌법시행 당시의 공무원과 정부가 임명한 기업체의 임원은 이 헌법에 의하여 임명된 것으로 본다. 다만, 이 헌법에 의하여 선임방법이나 임명권자가 변경된 공무원과 대법원장 및 감사원장은 이 헌법에 의하여 후임자가 선임될 때까지 그 직무를 행하며, 이 경우 전임자인 공무원의 임기는 후임자가 선임되는 전일까지로 한다.

②이 헌법시행 당시의 대법원장과 대법원판사가 아닌 법관은 제1항 단서의 규정에 불구하고 이 헌법에 의하여 임명된 것으로 본다.

③이 헌법 중 공무원의 임기 또는 중임제한에 관한 규정은 이 헌법에 의하여 그 공무원이 최초로 선출 또는 임명된 때로부터 적용한다.

제5조 이 헌법시행 당시의 법령과 조약은 이 헌법에 위배되지 아니하는 한 그 효력을 지속한다.

제6조 이 헌법시행 당시에 이 헌법에 의하여 새로 설치될 기관의 권한에 속하는 직무를 행하고 있는 기관은 이 헌법에 의하여 새로운 기관이 설치될 때까지 존속하며 그 직무를 행한다.

참고문헌

강민구, 『부동산 · 형사소송 변호사의 생활법률』, 박영사, 2018.

김엘림 외 2인, 『생활법률』, KNOUPRESS, 2015.

김홍배 · 박재홍, 『금융과 법』, 탑북스, 2015.

문재완 외 14인, 『미디어와 법』, 커뮤니케이션북스, 2017.

박규용 외 2인, 『알기쉬운 생활법률』, 정독, 2021.

박승룡, 『공정거래법』, KNOUPRESS, 2018.

박희호 · 박진아, 『민법사례연습 V : 친족상속법』, 세창출판사, 2023.

법무부, 『한국인의 법과 생활』, 박영사, 2020.

변해철 외 3인, 『신법학입문』, 삼우사, 2016.

송희진, 『범죄와 생활법률』, 박영사, 2018.

이윤환 외 3인, 『새로 쓴 법과 사회』, 정독, 2021.

장덕조, 『보험법』, 법문사, 2020.

전경근, 『생활법률』, 박영사, 2018.

최문기 외 7인, 『법과 경제』, 신지서원, 2013.

최완진, 『신법학통론』, 세창출판사, 2019.

최종고, 『법과 생활』, 박영사, 2019.

찾아보기

ㄱ

ㄴ

ㄷ

ㄹ

ㅁ

ㅈ

ㅊ

ㅌ

ㅍ

ㅎ

법률과 일상생활

초판 1쇄 발행 2024년 1월 5일
초판 2쇄 발행 2024년 8월 30일

지은이 박한성
발행인 박연관
기획 신선호
편집장 장혜정
도서편집 박미현
디자인 최재영
인사행정 이근영 김지은
재무회계 박소현
마케팅·사전 이지현
캐릭터 김세원
발행처 한국외국어대학교 지식출판콘텐츠원
02450 서울특별시 동대문구 이문로 107
전화 02)2173-2494~7
FAX 02)2173-3363
홈페이지 http://press.hufs.ac.kr
전자우편 press@hufs.ac.kr
출판등록 제6-6호(1969. 4. 30)
인쇄·제본 주)케이랩 053)583-6885

ISBN 979-11-5901-994-4 [13360] **정가** 26,000원

* 잘못된 책은 교환하여 드립니다.

HU:iNE 은 한국외국어대학교출판부의 어학도서, 사회과학도서, 지역학도서 Sub Brand이다. 한국외대의 영문명인 HUFS, 현명한 국제전문가 양성(International+Intelligent)의 의미를 담고 있으며, 휴인(携引)의 뜻인 '이끌다, 끌고 나가다'라는 의미처럼 출판계를 이끄는 리더로서, 혁신의 이미지를 담고 있다.